본조여사

조선 여성의
숨은 역사

조선 여성의
숨은 역사

本朝女史

본조여사

김상집 편저

황수연·김기림·서경희
이연순·김경미 역주

보고사
BOGOSA

머리말

경북 예천군 우망리에 쌍절암과 쌍절각비가 있다. 청주 한씨(한행의 딸, 정영후의 아내, 1569~1592)와 동래 정씨(정식의 딸, 1575~1592)를 기리기 위해 만들어진 것들이다. 두 여성에 관한 일화는 《본조여사》에 총 100여자 정도의 짧은 글로 이루어져 있다.

영남 사인 정영후의 처는 한씨이다. 임진왜란이 일어나자 시누이와 함께 살고 있던 마을의 북쪽 강가에 있는 절벽 위로 올라가 서로 약속하기를 "여기가 우리 두 사람의 생사가 갈릴 곳이다."라고 했다. 하루는 한씨가 집안 할머니와 이야기를 나누다가 말하기를, "꿈 속에서 한 부인이 제게 다리 10개를 주었는데 이것이 무슨 징조일까요?"라고 하니 그 할머니가 "길한 징조이다."라고 했다. 한씨는 "이런 처지에 이르렀는데 죽을 곳만 제대로 얻는다면 길한 것이겠지요."라고 하였다.

며칠 후 적이 이르자 함께 손잡고 강으로 뛰어들어 죽었다. 종 명춘이 울면서 강가를 따라가며 시신을 찾았다. 정씨는 긴 머리에 비녀가 꽂혀 있지 않아 머리카락이 나무에 걸려 떠내려가지 않았다. 한씨는 오직 얼굴을 가렸던 적삼만이 나무에 걸려 있을 뿐이었다.

《우복집》

《본조여사》에 실린 기록만으로 행간의 의미 파악이 어려워 관련 자료를 살펴 이야기를 재구성해보면 다음과 같다.

1592년 4월 부산항에 도착한 일본군은 기세를 몰아 상주로 진격하고 있었다. 상주와 이웃한 예천에 살고 있던 정영후 가족은 혼란스런 가운데 일단 4월 24일 대동산 속으로 들어가 숨어 지내고 있었다. 그러나 얼마 지나지 않아 이곳도 위험해지자 5월 1일 또 다른 곳으로 피난처를 옮기려고 하였다. 하지만 정영후의 아내와 여동생은 안전이 보장되지 않은 곳으로 이동하다가 자신들의 죽음을 선택할 기회마저 빼앗길 것을 걱정하며 피난을 거부했다. 마침내 왜적이 산에서 내려오는 소리가 들리자 가족들의 만류에도 불구하고 절벽 바위에 올라가 물 아래로 몸을 던졌다. 정경세는 〈쌍절비명〉에서 한씨와 정씨가 함께 손잡고 뛰어내렸다고 하였지만 청주 한씨의 시동생 정영방의 글 〈임진조변사적(壬辰遭變事蹟)〉은 이와 다르다. 정영방은 형수 청주 한씨가 먼저 물에 뛰어들었고 이어 누나 동래 정씨가 그 뒤를 따랐다고 하였다. 정영방은 두 여성이 투신하는 것을 직접 목격하였기 때문에 그의 기록이 정확하다고 할 수 있다. 청주 한씨는 이때 24세였고 16개월 된 아들이 하나 있었다. 동래 정씨는 18세였고 미혼이었다. 이들이 자결한 날은 1592년 5월 2일이다. 임진왜란이 시작된 1592년 4월 13일에서 불과 20여 일 만에 일어난 일이다. 아내와 여동생이 죽었지만 노모를 모시고 있던 정영후는 종 명춘을 남겨두어 시신을 수습하도록 하고 계속하여 피난길에 올랐다.

관련 자료를 함께 살필 때 비로소 "여기가 우리 두 사람의 생사가 갈릴 곳이다."라고 한 말과 한씨의 꿈에 대한 의미 등 행간에 숨은 뜻을 이해할 수 있다. 두 여성은 몸을 깨끗하게 보전하고 죽고자 했기에 사는 방법을 구하는 것보다 제대로 죽을 곳을 찾는 것이 더 중요했다. 한씨와 정씨는 성적 순결을 지키고자 하는 이유도 있었겠지만 그보다는 위급한 상황에서 자신들의 자유 의지를 실행하고자 목숨 대신 자존을 선택한 것이다. 적의 침입을 당했을 때 스스로 목숨을 끊는 남성들도 있다. 이런 경우 남성의 죽음은 '충절'로 인정되는 반면 여성의 죽음은 순결을 지키는 '정절'로 인식된다. 하지만 전쟁에서 적을 피해 목숨을 버린 여성들 역시 성적 순결에 대한 강박 때문이 아니라 죽음을 스스로 선택하는 자유의지를 실현하기 위해서였다.

충남 부여 규암면 진변리에 이희지 아내 연일 정씨와 그의 시어머니 가림 조씨의 정려비가 있다.

가림 조씨의 남편은 노론 대신 이사명(1647~1689)이다. 이사명은 갑자사화 때 목숨을 잃었고 그의 아들 이희지(1681~1722)는 신임사화 때 죽었다. 가림 조씨는 아들 이희지가 장살을 당하자 투신하였고 며느리 연일 정씨 역시 시어머니를 따라 투신하였다고 전해진다. 이 두 여성에 대한 기록은 18세기 여성생활사 자료집에 실린, 이재가 작성한 〈유인 완산 이씨 묘지명〉에 보인다. 이 글은 이사명의 딸에 대한 기록인데 유인의 동생 이희지가 고문받아 죽었고 유인의 새어머니 조씨와 유인의 언니(김보택의 아내)와 올케인 이희지의 아내 정씨가 모두 자결했다는 단편적인 기록이 있다. 그리고 이희지의 딸이 연좌되어 유배되었는데 유인이 가련하게 여겨 금하는 것을 무릅쓰고 데려와 자기 딸처럼 길러서 시집보냈다는 내용도 함께 보인다. 그런데 이희지 아내 정씨가 죽으면서 썼다는 절명시가 《본조여사》〈절부〉편에 수록되어 있다. 그 내용을 보면 목숨을 끊기 위해 4차례 약을 먹고 하룻밤에 세 번 목을 매도 죽지 않아 6월 4일 새벽 혈서를 쓰고 강물로 가서 투신한다는 내용이다. 죽으면서 의지할 곳 없는 강보의 어린 딸을 걱정하며 애통해하는 마음도 담겨 있다.

조선왕조실록에 이희지 집안 여성들에 관한 기록이 있다. 가림 조씨와 김보택의 아내의 언문 편지에 이희지와 공모한 단서가 있었고 이들 집안의 부녀자들이 어떤 방식으로든 사화와 관련된 정치적 행위에 연루되었음을 시사하는 내용이다. 사건에 대한 자세한 경위는 알 수 없지만 이들은 정치적 혐의를 받고 있었고 그들의 죽음은 정치적 행위에 대한 저항적 성격을 갖는다고 할 수 있다.

위에 언급한 여성들 중에서 가림 조씨를 제외한 세 여성 모두 《본조여사》에 등장한다. 잘 알려져 있지 않은 여성들이지만 오랜 세월이 지난 지금도 이 땅의 어딘가에 자신들의 존재를 드러내며 사람들에 의해 기억되고 있다. 그러나 그들은 일정한 가정과 가문, 지역 내에서 제한적으로 알려져 있으며 왜곡되어 전해지기도 한다. 자결이라는 방식을 선택한 청주 한씨, 동래 정씨, 연일 정씨 세 여성의 죽음은 열행 혹은 절행으로 평가받고 있다. 내적 동기와 상황이 모두 다른 여성들의 죽음을 정절 이데올로기로 치부해 획일적으로 읽어내는 것이다. 하지만 행간을 채워 넣고 정보를 보충해 살펴보면 이야기는 달라진다. 이 여성들에 대한 기록에서 임진왜란이라는 전란과 사화라는 정치적 사건 속에서 여성이 행한 역할과 선택에 대한 단서를 발견할 수도 있다.

《본조여사》는 가정, 가문, 일정 지역 내에서 전해지던 여성을 공적으로 기록하고 알리고자 했다는 점에서도 그 의의를 찾을 수 있다. 편저자 김상집이 선택한 여성들의 삶과 행위에 대해 해석하고 역사적 의미를 더하여 읽어야 할 것이다.

이 책에 '조선 여성의 숨은 역사'라는 부제를 달았다. '본조'는 조선을 말하고 '여사'는 여성의 역사를 말하는데 그동안 잘 알려지지 않았던 여성의 삶과 행적을 두루 다루고 있다는 점에서 '숨은 역사'라고 하였다. 여성이 스스로 역사 뒤로 숨은 것이 아니라 남성 중심의 역사 서술에서 배제되고 소외되었다는 점에서 엄밀히 말하면 '숨겨진' 역사가 정확한 표현이라고 할 수 있다. 《본조여사》에 등장하는 여성들은 이름난 가문 출신의 여성들도 있지만 그들보다 비주류에 속했던 여성들이 차지하는 비중이 크다. 실제로 《본조여사》에는 신분별로는 양반 여성부터 첩, 여종, 기녀까지, 나이별로는 14세 소녀에서 122세 할머니까지, 지역별로는 서울에서 함경도까지, 조선이라는 사회와 시대를 공유했던 여성들이 함께 존재한다. 그리고 그들의 사랑과 이별, 자녀 교육과 내조, 열행과 복수, 가난과 노동, 지혜와 용기, 인정과 욕망, 전쟁과 정치, 철학과 시작(詩作) 등에 관한 다양한 모습과 경험이 담겨 있다. 상이한 여성의 경험은 여성의 삶을 보다 확대된 시야에서 볼 수 있게 해준다.

이 책은 여성생활사연구소의 구성원들이 공동 번역하였다. 연구자들뿐만 아니라 일반 독자들도 쉽게 읽을 수 있게 원문을 입력하고 각 장에 대해 간단한 설명을 첨부하였으며 각 이야기에는 제목을 붙였

다. 《본조여사》는 160개 항목에 190여 명의 여성 인물을 수록하고
있다. 열전(列傳)의 방식으로 기사를 작성하고 있으나 완벽한 서사를
갖춘 기사부터 단순한 정보만을 제공하는 등 서술 방식이 다양하다.
분량이 짧아 맥락을 파악하기 어려운 경우 기술된 인물과 관련된 자료
를 최대한 찾아 내용을 보충해 가며 번역을 하였다. 그리고 그러한
내용을 각주와 색인어에 반영하여 이 책을 활용하는데 도움을 주고자
했다.

　여성생활사연구소는 『한국문집총간』의 여성 관련 자료를 대상으
로 『17세기 여성생활사 자료집』 1~4권, 『18세기 여성생활사 자료집』
1~8권, 『19·20세기초 여성생활사 자료집』 1~9권을 출간하고, 이론
서 『경계에 선 유교지식인의 여성 인식』을 냈다. 그리고 후속 작업을
모색하던 중 각 대학 도서관에 산재해 있는 여성 관련 자료를 찾는
과정에서 《본조여사》를 발견하게 되었다. 《본조여사》는 필사본으로
배열 순서도 일정하지 않고 오탈자도 적지 않아 읽기가 쉽지 않았다.
하지만 여성을 사적(史的)으로 조망한 자료적 가치가 있고 내용도 흥
미로워 바로 함께 강독하기 시작했고 번역본을 내자는 의견에 모두
동의하였다. 지금 생각하니 여성의 생활과 문화, 역사에 관심을 갖고
지속적으로 자료를 발굴하고 연구해 온 여성생활사연구소가 《본조여
사》를 접하게 된 것은 예정된 수순이 아니었나 하는 생각이 든다.

　한국고전문학의 여성에 대한 관심에서 자연스레 모여 함께 공부하
며 학연을 맺은 지 20여 년이 되는 해에 새로운 번역서를 내게 되어서
더욱 뜻깊다. 자료의 발굴부터 답사, 주말 강독회, 줌 미팅까지 모든
작업을 동료들과 함께했다. 그동안 상층 여성의 생활사를 주로 다루

었는데《본조여사》를 통해 조선 여성 사이의 숱한 '차이'를 확인하고 편견을 바로잡을 수 있었다. 또한 젠더 비평적 관점으로 읽으며 자료를 새롭게 해석하고 역사적 의미를 재발견할 수 있었다. 혼자였으면 생각하지 못했을 의견을 주고 받으며, 공부하는 그 모든 시간을 즐겁고 의미있게 만들어준 동료 선생님들께 감사를 전한다. 개인 사정으로 이번 출판 과정에 함께하지 못했지만 강독 모임에 늘 참여하여 좋은 의견을 주신 조혜란 선생님께도 감사드린다. 가능한 번역의 일관성을 꾀하려고 했으나 문체까지 통일시키지는 못했다. 미처 살피지 못한 오역과 거친 문장이 남아 있을 수 있다. 이에 대한 독자의 양해를 구한다.

자료집을 찾아 번역하는 일은 들인 품에 비해 공은 적지만 누군가는 해야 할 일이고 후속 연구 활성화의 계기가 될 수 있다는 생각으로 꾸준히, 열정적으로 해왔다. 이러한 뜻을 알아주시고 생활사 자료집 출간에 이어 흔쾌히 출판을 허락해주신 보고사 김흥국 사장님께 감사드린다. 더운 여름에 편집하느라 애써주신 이순민 선생님께도 감사의 말씀을 전한다. 최악의 순간과 조건 속에서도 역사적 주체로 살았던 여성들의 내공과 저력은 어디에서 온 것일까?《본조여사》의 여성들을 보면서 줄곧 들었던 생각이었다. 부디 이 책이 우리나라 여성에 대한 오해와 편견을 깨고 새로운 여성 담론을 형성하는데 일조할 수 있기를 바란다.

2023년 8월 역자를 대신하여 황수연 씀

차례

열녀 · 79

현처 · 161

여종 · 265

기녀 · 283

일러두기

1. 이 책은 고려대학교 중앙도서관 소장본인 《본조여사(本朝女史)》를 번역, 해제한 것이다.
2. 각 장의 끝에 간략한 해제를 두어 각 장의 내용을 이해하는 길잡이로 삼았다.
3. 일반 교양인들도 읽을 수 있도록 가능한 한 쉽게 풀어서 번역하는 것을 원칙으로 하였다.
4. 본문에 쓰인 전문용어는 현대인들이 알기 쉬운 말로 풀어쓰는 것을 원칙으로 하였다.
5. 원문에는 각 일화의 제목이 없으며 일화의 첫머리에 있는 제목은 번역자들이 작성한 것이다.
6. 인물, 사건 등 설명이 필요한 부분은 번역자가 각주로 처리하였다.
7. 원문의 위쪽 여백에 쓰여져 있는 서미(書眉)의 주는 각주로 처리하였다.
8. 맞춤법과 띄어쓰기는 한글 맞춤법 통일안을 원칙으로 하였다.
9. 부호는 다음과 같은 원칙으로 사용하였다.
    - ( ) : 한글과 한자가 서로 같은 음일 때.
    - [ ] : 한글과 한자가 서로 다른 음일 때.
    - 【 】 : 원문의 세주.
    - " " : 대화, 직접 인용, 긴 인용문.
    - 《 》 : 책 이름.
    - 〈 〉 : 편명 또는 작품명.

조선의 여성, 역사가 되다*

  이 책은 조선 말의 유학자 김상집(1884~1913)이 기록한《본조여사
(本朝女史)》를 번역한 것이다. 고려대학교 도서관에 소장되어 있는《본
조여사》는 모범이 될 만한 행실이 있는 여성 인물을 모아 엮은 책이다.
신분의 구별 없이 다양한 계층의 여성의 삶과 경험을 담고 있으며
대상 시기는 조선시대로 한정하였다. 열전의 형식을 빌려 인물 중심의
일화나 간단한 에피소드 위주로 기술하고 있는 흥미로운 독서물이면
서 우리나라 최초의 '여성사'임에도 불구하고 아직 잘 알려지지 않았고
그 가치가 제대로 평가되지 못했다.

  이 책은 초고 형태의 필사본으로 전해지고 있어 가독성이 떨어지며
저자에 대한 자세한 정보를 알기 어려워 주목을 받지 못했던 것으로
보인다. 하지만 서문과 발문을 통해 편찬 동기와 목적을 분명하게 알
수 있고 무엇보다 그동안 역사적으로 소외되어 잘 알려지지 않은 여성
인물에 대한 정보를 풍부히 담고 있다는 점에서 자료적 가치가 크다.

  《본조여사》가 편찬된 1898년은 지식인들에게 조선사회의 정체성

---

* 이 글은 황수연의 「《본조여사》 연구」, 『열상고전연구』 64권, 열상고전연구회, 2018
  을 수정·보완한 것이다.

이 근간부터 흔들리기 시작하던 격동의 시기였다. 이러한 위기의 시대에 김상집은 왜 이 책을 편찬했을까? 위기감을 느낄 때 과거를 공유하고 공동체의 근간을 얻기 위해 공동체 구성원들은 역사의 중요성에 대해 다시 생각한다. 《본조여사》 역시 이러한 시대적 맥락에서 산출된 역사서였다.

《본조여사》는 초고본(草稿本) 상태로 남아 있으며 1책 40장으로 구성되어 있다. 한문으로 표기되어 있고 크기는 31.5×19.9cm이다. 각 행의 글자 수와 한 면의 행수가 불규칙적이며 장의 순서가 매겨져 있지 않다. 크기가 다른 총 10장의 부전지를 붙여 내용을 첨가하였고, 기존의 내용을 지우고 수정하거나 상단에 보충하는 등의 형태로 교정을 본 흔적이 있다. 수정 내용은 항목의 편입에 관한 것, 내용에 등장하는 인물의 이름 및 보충 사항, 오자(誤字)에 대한 교정 등이다. 글씨체가 부분적으로 바뀌는 것으로 보아 저자 이외에 다른 사람이 교정을 보았을 가능성도 있다. 전사본(轉寫) 형태의 이본이 고려대학교 도서관에 함께 소장되어 있다.[1] 전사본 표지에 "本朝女史 全"이라고 표기되어 있으나 필사본과 비교해 보았을 때 전사본은 《본조여사》의 1/2에 해당하는 분량이다. 초고본의 수정 내용을 반영하여 일정한 서체로 기록하였다.

---

[1] 전사본은 1책 20장이며 크기는 32.9×20.9cm이다. 전사 시기는 1898년으로 초고본 제작 시기와 같다. '백시균'의 인장이 찍혀 있어 소장자를 확인할 수 있으나 전사한 사람이 누구인지는 알 수 없다.

1. 김상집, 여성의 역사를 통해 미래를 전망하다

이 책의 편저자는 김상집(金商楫)이다. 김상집은 1844년 보령 웅천 군 노천리에서 태어나 1913년에 죽었다. 본관은 경주이고 자는 천서(天瑞), 호는 노주(蘆洲) 또는 일취(日翠)이다. 생부는 김신희(金愼喜)인데 김상집은 백부 김석희(金錫喜)에게 양자로 갔다. 부인은 경주 이씨이며 아들은 김긍제(金兢濟)이다. 윤석봉은 김상집에 대해 "어려서부터 학 문을 좋아하고", "선을 즐기고 의리를 좋아하며 경사(經史)에 두루 해 박하여 필적할 만한 사람을 보기 드물었다."고 하였다. 보령 문화원에 서 제공하는 인물 소개에는 "어려서부터 여러 사람에게 베푸는 덕으로 많은 사람으로부터 칭찬을 받았으며, 자라면서 익숙해진 덕행은 그의 문학과 병행하여 향리에 널리 알려졌으며, 그를 따르는 후학들이 많았 다."고 기록되어 있다. 이병연의 『조선환여승람(보령편)』, 「儒行」에 "문 행을 갖추어 저명하고 사우들에게 공경과 우러름을 받았으며 유고(遺稿)가 있다."는 기록이 있다. 이 기록들로 미루어볼 때 김상집은 문학 으로 꽤 이름이 있었던 것으로 보이나 그의 유고는 현재 발견되지 않고 있으며, 그의 행적도 그렇게 많이 알려져 있지는 않다.

그의 행적을 짐작하게 해 주는 인물은 《본조여사》의 서문을 작성 한 윤석봉(1842~1910)이다. 그는 김평묵과 유중교에게 수학한 화서학 파로 의병에도 참여하며 적극적으로 구국 활동을 했던 사람이다. 보 령으로 거처를 옮긴 후 주자와 송시열을 모신 집성당을 세우는 데 주도적인 역할을 하며 위정척사와 유교이념의 회복에 앞장을 섰다. 김상집과 윤석봉이 거주하던 보령의 남포 지역은 한말 충청도 의병 운동의 중심 역할을 한 곳이었다. 김상집은 의병 활동에 참여했던 윤석봉과는 달리 절의를 숭상하며 '자정(自靖)'의 노선을 택했던 유교 지식인이었던 것으로 보인다.

윤석봉은 김상집이 《본조여사》를 엮은 뜻이 "도가 쇠해가는 세상에 절의를 숭상하는 의로움에서 나온 것"이라고 하였다. 또한 《본조여사》가 외세의 침입으로 인한 혼란기에 윤리의식을 회복하기 위한 의도에서 만들어진 것이라고 인식하였다. 윤석봉은 임금과 아비를 배신하고 적을 섬기는 세태를 이 책을 통해 씻어내기를 바라는 마음을 표명했다.

김상집은 발문에서 "천리와 윤리가 아직 그치지 않은 것은 삼강과 오상이 있기 때문이다. 사람이 삼강과 오상이 없으면 이는 금수와 같다. 생각하니 본조는 절의를 드러내고 높여 집집마다 열녀문이 빛을 내며 서로 마주하고 있다. 그러나 부인의 행실은 남자의 충효보다 어렵다. 세상의 유학자들은 남자의 충효에 대해서는 아는 사람이 많지만 부인의 행실에 이르면 아는 사람이 드물다. 때문에 위로 현모, 절부부터 아래로 비, 첩, 기녀에 이르기까지 그 아름다운 말과 곧은 절의, 문사와 혜식에 관해 채록하지 않은 것이 없다. 그리고 이를 모아 한 책자를 이루었다."라고 하여 잘 알려지지 않은 여성의 행실을 드러내고 삼강과 오상의 중요함을 깨닫게 하고자 이 책을 지었다며 그 저술 의도를 분명히 밝히고 있다.

김상집은 남성에 비해 여성의 행실이 드러나지 않는 것을 문제로 인식하였고, 남성의 충효보다 여성의 행실이 더 어렵다는 사실을 인정하고 있다. 여성의 행실이 드러나지 않은 것은 그동안의 역사 기록이 남성 중심적 시각에 의해 남성 위주로 쓰였기 때문이다. 남성 중심적 시각은 여성의 역사를 왜곡하거나 배제하며 엄연히 존재했던 여성을 무시한다. 그러나 여성들은 항상 역사 속에서 살았고, 역사 속에서 활동했으며, 역사를 만들었다.[2] 김상집이 우리나라 여성을 역사에 위치 지으려 하고 독자적인 여성 역사서가 필요함을 인식한 점은 시사하는 바가 크다.

김상집의 역사의식을 정리하면 첫째, 김상집은 절의를 중시하며 도덕적 관점에서 인물을 평가하는 유교적 역사관을 갖고 있다. 실제로 김상집은 〈열녀〉와 〈절부〉 항목에 가장 많은 여성을 배치하고 있으며 다른 항목에서도 열절 행위를 한 여성을 다수 기록하는 등 전체의 1/3에 해당하는 분량을 '열절'에 할애하고 있다. 둘째, 김상집은 여성의 행실에 대해 알 필요가 있다는 사실을 인식했을 뿐만 아니라 신분에 얽매이지 않는 평등주의적 역사관을 갖고 있다. 김상집은 여성의 행위를 인정할 만하다고 판단하면 신분의 차별 없이 적극적으로 수용하고 있다. 그 결과 《본조여사》에는 어머니와 처녀(독신녀), 아내와 첩, 종과 기녀 등의 역사가 공존하고 있다. 여성의 절의를 중시하는 김상집의 역사 의식은 일제강점기 '충절'을 회복하고자 하는 유교 지식인의 태도를 반영한 것이다. 그러나 유교적 역사관을 견지하면서 한편으로 신분의 차별을 두지 않고 여성들의 역할과 서로 다른 생활 방식의 '차이'를 인정하는 개방적이고 유연한 태도를 보이고 있다.

김상집은 무엇보다 역사서를 집필한다는 의식을 분명하게 갖고 있었다. 김상집은 "굴원은 쫓겨나서 〈이소(離騷)〉를 지었고, 좌구명은 눈을 잃은 후에 〈국어(國語)〉를 남겼다. 손자는 발이 잘리는 형벌을

---

2 거다 러너 지음, 강정하 옮김, 『왜 여성사인가』, 푸른역사, 2008, 149면.

받아 〈병법(國語)〉을 남겼으며 여불위는 촉으로 쫓겨났지만 세상에
〈여람(呂覽)〉을 남겼다. 한비자는 진 나라에 갇혀 있으면서 〈세난〉과
〈고분〉을 썼다. 이 사람들은 모두 마음속에 그 무엇이 맺혀 있어 지난
역사를 기술하고 미래를 생각하였다."라고 한 사마천의 자서를 인용
하여 자신이 《본조여사》를 편찬하는 이유를 우회하여 말하였다. 김
상집은 자신 또한 "마음에 맺힌 것이 있어서 그런 것이 아니겠는가?"
라고 자문하며 발문을 마무리하였는데 김상집의 '울결(鬱結)'은 일본
과 외세의 침입으로 인한 국가의 혼란스러운 정세 때문임은 말할 필
요도 없다. 국가의 존망이 달려있는 시기에 '지난 역사를 기술하고,
미래를 생각해야 한다[述往事 思來者].'는 사마천의 역사의식을 계승하
여 민족정신을 고취하고자 한 것은 일제 강점기 민족 사학자들의 의
식과 다르지 않다고 보인다. 하지만 사마천과 달리 김상집은 여성의
지난 역사를 통해 미래를 전망하고자 했다는 점에서 특별한 의미를
갖는다. 여권통문이 발표되고 여성 담론이 활발하게 생성되던 시기
에 바람직한 여성의 정체성에 대해 고민하고 그에 대한 해결책을 제
시하고자 《본조여사》를 편찬했다.

　김상집은 1896년 서양의 배가 해구에 자주 출몰하자 이롭지 못하
다고 여기고 농암이라는 곳으로 터전을 옮겼다. 그곳에서 집필에 전
념하여 1897년 책을 엮고 그 해에 윤석봉의 서문을 받은 뒤, 1898년
직접 발문을 써서 마무리하였다.

2. 현모에서 기녀까지, 열행에서 복수까지

책의 제목이 적힌 앞표지 이면에 목차가 기록되어 있고 바로 다음 첫 장엔 윤석봉의 서문이 있으며 이후 각 항목에 해당하는 여성의 일화가 기술되어 있다. 구체적인 항목을 보면 현모, 열녀, 효부, 절부, 현처(賢妻), 혜식(慧識), 처녀, 시인, 첩(妾), 여종, 기녀(妓女), 부록 등 총 12개이다. 마지막 항목에 이어 저자가 지은 발문이 있고 그다음 부전지에 《강로전》의 일부분이 기록되어 있으며 마지막 표지의 이면에 예화 한 편이 실려 있다.

김상집은 야담이나 다른 글에서 인용한 경우 인용서를 기록하였는데 총 160편의 예화 중에서 55편을 제외한 105편의 출전을 밝히고 있다.[3] 이를 통해 김상집이 고증적 태도를 견지했던 사실을 확인할 수 있다. 김상집은 사실과 허구의 산물인 야담을 수용할 때 사실적 측면을 중시하는 태도를 보이고 있다. 혼조로 인식되었던 광해군과 연산군 때와 임진왜란과 병자호란 등의 전란이나 반정을 시대 배경으로 한 사화(史話)가 특히 많다.

각 항목의 여성들은 '율곡 선생 모부인 평산 신씨 호 사임당' '신숙주 호 보한재 고령인 부인 윤씨' 등 인정서술 방식으로 소개되며 이어 관련 일화가 이어진다. 인적 사항에 대한 정보가 없는 평민 여성이나 하층 여성의 경우는 '시골 여자 성가라는 사람이 있었다[有村女聖可

---

3 율곡집, 조야집, 용재총화, 한강집, 송와잡기, 수문쇄록, 음애집, 여지승람, 사재척언, 북관지, 우복집, 일월록, 택당집, 병자록, 삼강행실, 서애집, 단암집, 임씨가승, 동계집, 고산집, 숙재집, 신임제요, 성당집, 해동삼강록, 중암집, 야설, 명재잡록, 난국재집, 금고기관, 낙전만록, 거만록 등이다.

者].'나 '서울에 화장품을 파는 할머니가 있었다[京城有賣粉嫗者].' 등 이름이나 직업을 소개하기도 하는 등 신분에 따라 다른 표현 방식을 사용하고 있다.

총 12항목에 해당하는 일화는 160편이다. 어머니, 아내 등 역할을 중심으로 한 분류, 기녀, 첩 등 신분에 의한 분류, 열녀, 절부 등 행위에 대한 분류, 지혜, 문학적 자질 등 능력과 개성에 의해 여성을 분류하고 있다. 각 항목의 구성 및 내용을 간략하게 살펴보면 다음과 같다.

① 현모(賢母): 사임당 신씨를 비롯하여 조상우의 어머니, 김승열의 할머니 등 총 17명의 어진 어머니를 기록하였다. 천인 최술의 어머니와 임헌회의 어머니 남양 홍씨, 김평묵의 어머니 장수 황씨에 관한 이야기가 자세하게 서술되어 있다. 자식의 교육에 열성을 보이거나 세속적 가치를 중요하게 여기지 않고 아들이 올바른 행실을 하며 살아갈 수 있도록 도운 면모가 부각되어 있다.

② 열녀(烈女): 신숙주의 아내 윤씨를 시작으로 남효온의 며느리, 조지서의 아내, 관비 홀개와 불관 등 총 36편 일화에 56명이 수록되어 있다. 임진왜란과 병자호란 때 충신인 남편을 따라 죽거나 성폭력 위험에 처하자 목숨을 버린 여성들, 개가를 거부하고 자결하거나 평생 시댁에 희생하며 산 여성들, 남편을 죽인 범인을 밝히고자 임금에게 호소한 여성들에 관한 이야기가 있다. 남편과 아버지의 원수를 갚는 복수담이 여러 편 보이고 사족 여성을 비롯하여 여종, 첩, 상민 등 신분의 차별없이 다수 기록하였다. 당시의 사회와 관련하여 국가나 가정의 변고에 의연하게 대처하는 여성을 열녀로 인식하고 발굴하

려는 작가의 강한 의도가 드러난다.

③ 효부(孝婦): 김노정의 아내와 김악제 아내의 효행을 다루고 있다. 효부편은 부전지에 기록되어 있는데 원래는 없던 것이 나중에 첨가된 것으로 보인다.

④ 절부(節婦): 권달수의 아내, 윤승길의 아내, 임영수의 아내 등 16편 항목에 절의를 지킨 17명의 여성에 관한 일화를 기록하고 있다. 독살당한 남편의 원수를 갚고 자결한 여성, 남편의 상을 마친 후 죽은 여성 등 주로 남편이 죽었을 때 자결을 택한 여성들의 이야기를 선별하여 싣고 있다.

⑤ 현처(賢妻): 신숙주의 아내, 서영수합, 강정일당, 경기도 박생 처 등 13명의 어진 아내에 관한 일화가 실려 있다. 공직자 부인으로서 도리를 지키거나 文才가 뛰어났던 여성, 남편을 출세시킨 아내 등이 기록되어 있다.

⑥ 혜식(慧識): 성간의 어머니, 허종과 허벽 형제의 누나 등 14명의 지혜로운 여성에 대한 이야기가 실려 있다. 지인지감(知人之鑑)이 있어 남편을 직접 선택한 여성, 당시의 정치 상황과 앞으로 전개될 정국을 예견한 여성에 관한 이야기가 다수 있다.

⑦ 처녀(處女): 권씨, 이지남의 딸, 경성의 매분구(買粉嫗) 등 10명의 여성이 수록되어 있다. 효성스런 여성, 평생 혼인하지 않고 스스로 생계를 책임지며 살았던 여성 등이 등장한다. 평생 독신으로 살았던 여성과 나중에 혼인은 했지만 해당 일화가 처녀였을 때 일어났던 일인 여성 등이 섞여 있다.

⑧ 시인(詩家): 이옥봉의 〈춘일유회(春日有懷)〉, 허난설헌의 〈궁사

〈宮詞〉, 황진이의 〈박연폭포〉, 취죽의 〈추사시(秋思詩)〉 등 9명의 시를 감상평 없이 원문만 싣고 있다.

⑨ 첩(妾): 이항복의 첩 오랑, 노수신의 첩, 양사언의 첩 등 12개 일화에 13명의 첩을 다루고 있다. 특별한 인연으로 첩이 된 사연이나 바른 행실을 한 첩에 관한 이야기 중심으로 이야기를 소개하고 있다.

⑩ 여종(婢): 박팽년의 종, 유관의 종 등 9명의 여종에 관한 이야기가 실려 있다. 양반 가문의 대를 잇기 위해 자신의 아이와 바꾸거나 상전의 복수를 위해 목숨을 바치는 등 주인을 위해 충심을 보인 종의 이야기가 중심을 이룬다.

⑪ 기녀(妓女): 설매, 소춘풍, 논개, 진주의 노기(老妓), 황진이 등 20명의 기녀에 관한 일화가 기록되어 있다. 기지와 순발력이 뛰어난 기녀, 정치적 소견을 갖고 앞날을 예측한 기녀, 사대부 남성의 인정을 받고 지기(知己)의 관계를 맺은 기녀 등 다양한 이야기가 보인다.

⑫ 부록(附錄): 윤비경의 아내, 이정귀의 아내, 홍유손의 아내 등 앞의 각 항목에 포함되지 않는 13명의 여성들을 별도로 모아 놓았다. 부록의 마지막 항목에 광해군의 비인 중전 유씨가 올렸던, 중립적인 외교를 펼치는 광해군에게 명나라에 대한 의리를 저버리지 말 것을 주장하는 내용의 상소가 실려 있다. 그런데 예화 상단에 '이하는 여사가 아니다[以下非女史].'라는 내용의 서미주를 적어 놓았고 상소 말미에 '왕비를 이 책에 넣는 것이 비록 옳지 않다는 것은 알지만 상소의 뜻이 매우 간절하여 기록한다.'는 내용이 부기되어 있다.

마지막 장에는 《강로전》의 내용 중 강홍립이 중국 소학사의 딸과 결연한 대목부터 조선에 돌아와 죽는 대목이 부전지에 기록되어 있다.

마지막 표지의 이면에는 신랑이 신행 중 처가에서 죽어 시신을 배에 싣고 시집으로 돌아가는 청상과부의 사연과 시가 적혀있다. 기존의 이야기와 달리 죽었던 신랑이 다시 살아나는 내용이 첨가되어 있다.

　대부분 일화 하나에 인물 한 명을 다루고 있으나 한 일화에 다수의 인물이 등장하는 경우도 있어 160편의 일화, 190여 명이 수록되어 있다. 간단한 인적 정보부터 단편적 사실의 기록, 서사를 갖춘 이야기까지 각 일화의 분량 또한 동일하지 않다. 각 항목은 어머니에서 시작하여 며느리, 아내, 딸, 첩, 여종으로 이어지는 가족 내 여성의 지위와 역할을 고려한 순서로 배열하였으며 가족에 편입되지 않는 기녀는 마지막 항목에 배치하였다. 부록에는 오랜 수를 누린 여성, 늦은 나이에 자식을 낳은 여성, 풍수에 밝아 자신의 묫자리를 직접 선택한 여성 등을 싣고 있다. 특정 범주에 속하지 않는 여성들의 사적도 빠짐없이 남기고자 했던 김상집의 편찬 의식을 엿볼 수 있으며, 장수와 늦은 생산을 여성의 특별한 능력이나 장점으로 인정하고 있는 점이 흥미롭다.

　김상집이 가장 많은 분량을 할애한 것은 유교적 이념을 수행한 〈열녀〉와 〈절부〉이지만 〈혜식〉과 〈현처〉에는 자신의 목적을 이루기 위해 유교사회의 질서를 깨뜨린 여성들도 다수 수록하였다. 처/첩, 주/종, 양반/상민의 철저한 구분 속에서 관습과 이데올로기, 법, 성차별을 일상에서 넘어서려 한 여성들의 역동적인 노력들도 보인다. 복수를 위해 계획을 세우고 실행한 여성, 가정의 실권을 쥐고 남편을 출세시키기 위해 애쓴 여성은 근대 여성상에 부합한다. 여성의 지식과 문학적 성취를 기록한 〈시인〉 항목은 남성 작가 중심의 고착된 문학의 개념을 다시 생각하게 하는 기회를 제공한다. 여성의 다양한 삶의 방식을 인정한 〈처녀〉 항목을 통해 개방적인 여성관을 엿볼 수 있다.

《본조여사》에는 자녀 교육에 힘쓴 어머니, 자신의 생계를 책임지며 혼자 살았던 평민 여성, 기역에 종사하지만 남성과 탈성애적 관계를 맺으며 사회적으로 공인받았던 기녀에 이르기까지 다양한 신분의 여성들이 조선시대 정치·사회·문화적 제도와 관련되어 존재한다. 연령대로는 14세 전후 소녀부터 122수를 누린 할머니까지, 지역별로는 서울과 경기 지역을 비롯하여 영남, 함경도 등 향촌에 이르는 여성까지 조선이라는 시대를 공유했던 모든 여성을 망라하였다.

3. 숨은 여성의 복원: 여성 중심의 서술

김상집은 야서와 야담에 실린 글 가운데 여성과 관련된 일화를 선별하거나, 개인의 문집에 실린 가장, 묘비명 등의 글을 재구성하거나, 자신의 고향인 남포에서 보고 들은 이야기를 직접 서술하는 세 가지 방식으로 글을 엮었다. 김상집이 직접 보고 들은 이야기는 5편이며 사료로 참고한 책은 30여 편이다. 김상집은 "궁벽한 곳에 살아 책을 널리 구해 보지 못하는 것을 안타까워했다"고 하지만 최대한 여러 서적을 섭렵하고자 했던 것으로 보인다. 그가 참고한 서적은《삼강행실도》,《북관지》,《송와잡기》,《신임제요》,《공사견문록》,《지봉유설》을 비롯한 여러 야담집과《조야집요》 등의 야사형 역사서 등이다. 야담은 방대한 일화를 담고 있지만 실제로 여성 인물이 중심이 되는 이야기는 그리 많지 않다. 김상집은 많은 야담집을 섭렵하며 여성 관련 이야기를 선별하였는데 야담 속의 내용을 그대로 가져오지 않고 축약하거나 생략하는 등의 변형된 형태로 서술하였다. 또한 이이, 김정국, 조병덕, 임헌회, 김평묵, 윤선도 등의 개인 문집에 있는 가장, 가승, 묘갈명, 신도비명 등 남성을 대상으로 한 글에서 숨은 여성을 복원하여 역사적 주체로 소환하였다.

종실인 숭선부정 이총(李灇)은 호가 마재이다. 기묘사화에 울산에 유배 되어 15년을 지냈다. 부인 강씨는 반성위 자순의 딸이다. (남편이 유배 간 곳에) 따라가고자 하나 말을 타지 못해 말타기 연습을 해서 마침내 멀리까지 갈 수 있게 되니, 이 이야기를 들은 사람들이 눈물을 흘렸다. 두 아들을 낳았는데 학수는 연창부수를 지냈고 미수는 연성부수를 지냈다. 연창의 장남은 원성 영감이다. 영감의 아들 배달은 율곡의 문인이다.

〈현처〉 항목에 기록된 위 일화는 숭선부정 이총이 기묘사화에 화를 입어 울산에 유배를 가자 말타기 연습을 한 후 따라간 강씨 부인에 대한 기록으로《율곡집》에서 채록하였다고 밝히고 있다. 〈숭선부정 묘지명(嵩善副正墓誌銘)〉에서 가져온 글인데, 이 글에는 묘주(墓主) 이총에 관한 이야기가 전체 내용을 이루고 있고 부인에 관한 이야기는 1/10도 채 되지 않는다. 하지만 김상집은 이총의 아내 강씨에 주목하여 강씨가 남편의 유배지를 따라가기 위해 말타기 연습을 한 사실을 서술하고 있다. 숨어 있던 여성 강씨를 역사적 주체로 소환하여 왕실 여성이 유배라는 시련을 당했을 때 적극적으로 대응했던 사실을 여성의 역사로 의미화한 것이다. 이처럼 김상집은 가볍게 넘길 수 있는 내용도 무시하지 않고 기록하는 세심함을 보이고 있다. 이의현(1669~

1745)은 이총의 신도비명을 지었다. 이이의 묘지명에 비해 더 장문임에도 불구하고 강씨에 대해 "아내 진주 강씨는 반성위 강자순의 측실의 딸이다[配晉州姜氏, 班城尉子順副室女]."라는 기본 정보만 기록하였던 것과 비교된다.

〈첩〉 항목에 등장하는 이항복의 첩 오랑에 대한 일화는 이항복이 손님을 맞을 때 진솔함과 자연스러움을 귀하게 여기는 소활한 성격을 드러내기 위해서 작성된 〈집에서 손님을 맞이할 때는 진솔함을 귀하게 여기다[居家接客眞率爲貴]〉라는 글에서 가져온 것이다. 오랑이라는 여성이 주인공이 아니었지만 김상집은 여성을 이야기의 주체로 내세워 남편의 진정한 친구를 제대로 파악하는 지인지감과 통찰력을 가진 여성으로 의미화하였다.

유극량은 노비의 아들 신분으로 출세하여 유명해진 사람이다. 하지만 김상집은 자식에게 자신이 도망친 여종이었음을 고백한 어머니에 초점을 맞추어 〈여종〉편에서 다루며 중심인물을 유극량이 아닌 그의 어머니 여종으로 상정하였다. 김상집은 이처럼 남성 중심의 이야기에서 주변 인물로 존재했던 여성을 전면으로 내세워 여성 중심으로 이야기를 다시 구성하고 있다. 이는 김상집이 여성주의적 시각으로 사료를 읽고자 하는 태도에서 기인한 것이다.

여성이 역사에 기록되지 못한 이유는 정치, 군사, 전쟁 등의 거대 담론에 제외되었던 것이 가장 큰 이유 중이 하나이다. 이에 여성의 일상과 경험은 보잘 없고, 무시해도 되고, 무시할 만하다고 인식되었다. 하지만 김상집은 숨은 여성을 복원하여 그들의 다양한 경험을 편견 없이 수용하며 역사적 주체로 인정하고 있다.

4. 여성 욕망의 긍정

김상집은 글을 작성할 때 여성의 인품과 행위에 대해 별다른 평가를 하지 않았다. 야담이나 다른 글에서 인용할 때도 여성에 대한 평가 부분은 삭제하였다. 이는 여성에 대한 객관적인 평가와 사실의 전달이라는 역사적 글쓰기를 지향하는 태도에서 기인한 것으로 보인다. 하지만 여성들에 대한 평가가 전혀 이루어지지 않았던 것은 아니니, 김상집은 항목을 통해 여성을 나름대로 분류하고 평가하였다. 그는 '열' '절'과 같은 유교 가치와 '현' '혜식'과 같은 개인의 자질에 대해 인정하고 재평가하였다. 특히 〈현처〉와 〈혜식〉 항목에는 진취적이고 적극적으로 자신의 삶의 방향을 결정하고 실행하는 여성들에 관한 이야기가 적지 않다.

〈광해시기읍박성인(光海時畿邑朴姓人)〉으로 시작하는 이야기는 인조반정의 1등 공신인 김류와 관련된 일화이다. '맨손'으로 집안의 부를 이룬 박씨의 아내는 시골은 살 만한 곳이 못 된다며 서울, 구체적으로 김류가 사는 동네로 주거 공간을 옮긴다. 박씨의 아내는 수단과 친화력을 발휘해 종과 김류 부인을 매수하여 미리 인맥을 형성해 놓은 다음 빈둥거리는 남편에게 왕을 폐위한 내용의 〈곽광전〉을 주며 김류에게 접근하도록 한다. 이를 계기로 김류와 박씨 아내의 만남이 이루어졌고 반정을 위해 물심양면으로 협조하여 마침내 남편을 출세시켰다.

박씨 부인은 앞날을 예견하고 자신의 욕망을 실현하기 위해 차근차근 계획을 세우고 이루어갔으며 마침내 성공했다. 반정이 일어날 것은 "천시와 인사가 극에 달하면 반드시 변화가 오고 변화가 오면 반드시 통하는 법"이라는 것을 아는 정도의 정치적 식견이 있기에 가

능했다. 반정이 성공하도록 경비를 댈 만큼의 경제력도 갖추고 있었고 그 공로를 인정받아 남편이 벼슬을 받게 되었다.

서울로 이사하는 것을 비롯하여 모든 것을 결정하고 주도하는 사람은 박씨의 아내였고 박씨는 아내가 시키는 대로 따랐다. 모든 것이 아내의 '지휘(指揮)'에서 나왔지만 그것을 따라주는 남편이 있어 박씨 아내는 욕망을 성취할 수 있었다. 이와 비슷한 내용으로 이기축의 처와 정기룡의 처 이야기가 있다. 두 여성은 부모의 반대를 무릅쓰고 직접 남편을 선택했고 그들이 출세할 수 있도록 도왔다.

무소불위의 권력을 휘두르던 홍윤성의 강요에 의해 혼인을 하게 된 여성은 처음부터 "첩의 자리는 용납하지 않겠다"는 강한 의지를 보였고 마침내 처의 예우를 받았다. 하지만 홍윤성이 죽은 후 본처와 처첩 분별을 두고 분쟁이 일어났다. 이에 승정원의 기록을 증거로 마침내 본처로 인정받게 되었는데 김상집은 처첩의 질서를 어기고 처의 지위를 쟁취한 이 여성을 〈혜식〉에 수록하였다. 김상집은 비록 유교 질서에 균열을 내었지만 자신의 욕망과 권리를 포기하지 않은 여성을 지혜롭다고 평가했다. 윤강의 후처는 하룻밤을 같이 보낸 윤강이 실수였다며 없던 일로 하려고 하자 집으로 찾아갔다. 아들 부부에게 당당하게 계모로 승인을 받고 후처가 된 이 여성 역시 자신의 욕망과 권리를 위해 적극적으로 대처하는 모습을 보여준다. 김상집은 이처럼 가정의 실권을 쥐고 주도하는 여성, 자신의 삶을 개척하고 실존을 위해 적극적으로 나선 여성을 우호적인 시선으로 대하여 근대전환기 달라진 세계관과 여성 인식을 드러내고 있다.

김상집은 열행과 절의를 행한 여성을 드러내고자 하는 마음이 컸지만 동시에 당대의 규범을 위반하면서 자신의 욕망을 이룬 여성들을 인정하는 이중적인 모습을 보이기도 한다. 이는 신분을 초월하여 많은 여성들의 사실(史實)을 가감없이 수용한 결과라고 할 수 있다. 가정과 가문의 유지를 최우선 목표로 했던 사족 여성과 달리 평민 여성은 가부장제 사회에서 보다 역동적으로 대처했고 그러한 모습은 근대 여성상에 가깝다.

5. 근대 여성 정체성 형성과 여성 인물의 지식 생산

《본조여사》는 1898년에 편찬된 여성 인물지이자 여성사이다.

19세기 중반 이후 《호산외기》, 《이향견문록》 등 인물 전기물이 다수 편찬되었다. 이 두 책은 중인 남성을 주로 다루었고 여성 인물은 《호산외기》에 1명, 《이향견문록》에 30명이 수록되어 있다. 이후 《진벌휘고속편》(1870년대 이후 추정), 《동상기찬》(1918), 《일사유사》(1922), 《신여자보감》(1922)에 다수의 여성 인물이 등장한다. 특히 《본조여사》이후 출판된 《동상기찬》, 《일사유사》, 《신여자보감》에 《본조여사》의 여성이 다수 재수록되는 것을 확인할 수 있다. 이는 《본조여사》의 여성이 근대 전환기를 거쳐 근대 지식인이 요구하는 여성상과 부합하고 근대 여성의 정체성 형성에 영향을 주었다는 것을 의미한다. 물론 편찬 동기, 여성 인식의 차이로 인해 동일 여성을 수록한 경우라도 여성 인물을 통해 형성되는 담론의 차이가 존재한다. 하지만 이 시기 출판된 여러 여성 인물지와 비교 분석하면 텍스트의 특징이 보다 분명히 드러날 수 있을 것이고 근대전환기를 거쳐 근대로 이어지는 시기의 여성 담론에 대한 기원과 흐름을 규명할 수 있을 것이다.

《본조여사》를 통해 '역사 밖'에 머물러 잘 알려지지 않았던 많은 여성들에 대해 알 수 있게 되었다. 여성의 역사는 새로운 지식을 생산하는데 기여하고 이 지식이 근대 전환기 여러 매체에 재배치되며 또 다른 지식과 담론을 생산해냈다.

서문

　말은 마음의 소리이고 행동은 말의 자취이다. 말과 행동에 선과 악이 있는 것은 그 마음에서 나오는 것에 사악함과 바름이 있기 때문이다. 그런데 마음의 근본은 선할 따름이다. 이에 선을 좋아하고 악을 미워하는 것은 천하가 한결같아서 언행이 착한 사람은 남자와 여자, 귀한 사람과 천한 사람을 따지지 않고 책에 써서 당세에 퍼트리고 후세에 전한다. 이는 다만 인사의 당연한 것일 뿐만 아니라 또한 천리가 그렇게 하지 않는 것을 용납하지 않아서이다. 때문에 위로는 《서경》에서부터 아래로는 〈풍아〉, 그리고 역사서에 이르기까지 전할 만한 일을 갖추어 싣지 않은 것이 없었으니 이는 이른바 선을 드러내는 방법이다. 비록 그러하나 여자는 규문 안에서 수행하기 때문에 그 말이 쉽게 없어지고 자취가 드러나기 어렵고 붓을 잡은 자 또한 여자의 일을 널리 채집하여 수용할 수 없어 간혹 누락되었다. 옛사람 또한 이러한 것을 염려하여 《열녀전》이 비로소 한나라 유학자의 손에서 나왔으니 그 뜻 또한 훌륭하지 않은가?

　우리 고향의 김천서[1]는 문사이다. 선을 즐기고 의를 좋아하며 경사

1　이 책의 편자 김상집(金商楫)을 말한다. 천서는 김상집의 호이다.

에 두루 뜻을 두어 필적할 만한 사람을 보기 드물다. 조선의 어진 여성의 자취를 두루 모으는 데 뜻을 두었으나 궁벽한 시골이라 서적이 많지 않아 널리 두루 증거할 수가 없음을 안타까워하였다. 때문에 그 얻은 것과 들은 바를 모아 '어진 어머니'에서부터 '천한 기생'까지 득별한 행실[特行]과 기이한 절의[奇節], 좋은 말[嘉言], 뛰어난 글[能文]을 분류하고 집성하여 《본조여사》라고 이름을 짓고 나에게 서문을 부탁하였다. 김천서의 뜻은 아마도 쇠해가는 세상에서 절의를 숭상하는 의로움에서 나온 것이 아니겠는가?

아아! 삼강오상은 사람의 큰 윤리이고 천지와 함께 하며 사라질 수 없는 것이다. 그런데 부모와 자식의 은혜와 임금과 신하의 의로움은 이치를 아는 군자라면 종종 그 윤리를 지켜 세도를 도울 수 있다. 그러나 부부의 윤리와 같은 것은 깊고 은밀한 규방이나 궁벽한 산의 초야나 화려하고 복잡한 곳에 능히 강상을 알아 절의를 바꾸지 않고 마음을 바꾸지 않는 의를 갖춘 여성이 얼마나 있겠는가? 이에 여자의 절의는 남자의 절의보다 귀한 것이다. 그 절의가 귀하기 때문에 절의를 지킨 여성이 적고 그러한 사람이 적기 때문에 예나 지금이나 책으로 엮은 것이 또한 많지 않다. 아! 생각하니 지금은 금수의 행실이 멀리 구라파부터 가까이 아시아에 이르러 우리 동양의 수 천 리 강산 또한 소꼬리가 되는 부끄러움을 지니게 되었다. 임금과 부모를 배반하고 원수를 섬기는 사람이 이러한 여성의 역사를 보면 그 이마에 땀이 나지 않겠는가? 이에 깊이 탄식하며 쓴다.

1897년 1월 파평 윤석봉이 쓰다.

本朝女史序

竊惟言者心之聲, 行者言之跡. 言行之有善惡者, 以其心之所發有邪正故也. 然而心之本, 則善而已. 是以好善惡惡, 天下之同情, 人有言行之善者, 則無論男女貴賤, 書之于籍, 播之當世, 傳之後世. 此不但人事之所當然, 其亦天理之所不容己者也. 故上自典謨, 下之風雅, 以及史册, 無不備載, 其事之可傳者, 此所謂揚善之道也. 雖然, 女子之行, 修之於閨門之內, 故其言易泯, 其跡難著, 爲其秉筆者, 亦不能盡其採摭, 而容或疏漏也. 古人亦有慮於此者, 故列女傳之作, 始出於漢儒之手, 其意不亦善乎.

我鄉金川瑞文士也. 樂善好義, 淹博經史, 罕見匹儔. 而慨然有意於衰輯輟本朝賢媛之蹟, 而僻邑窮鄉, 書籍不多, 不能廣搜博證. 因其所得所聞, 自賢母至賤妓, 有特行奇節嘉言能文者, 分類集成, 名曰本朝女史, 請余弁文. 蓋其意出於衰世尚節之義歟.

嗚呼, 三綱五常, 人之大倫, 而與天地相終始, 不可泯者也. 然而父子之恩, 君臣之義, 識理之君子, 往往能守其倫, 以扶世道也. 至若夫婦之倫, 則深宮隱閨之密, 草野窮山之僻, 聲色紛華之場, 是何等女子能識其綱, 而無改節易心之義乎. 此女子之節, 所以貴乎男子也. 其節也貴, 故其人也少, 故古今編書者, 亦不多矣. 噫, 顧今禽獸之行, 遠自歐巴, 近至亞兒, 我東數千里江山亦帶牛後羞. 背君父事仇敵者, 觀此女史, 則其顙能無泚乎. 於是乎, 噓唏而書之.

永曆二年五十一年 强圉[2]作噩[3]三陽之月, 坡平尹錫鳳書.

---

2 강어(强圉) : 천간(天干) 〈정(丁)〉의 고갑자(古甲子)를 이른다.

3 작악(作噩) : 고갑자 십이지(古甲子十二支)의 열째. 곧 유(酉)를 말한다.

현모

1. 시와 그림에 뛰어난 신사임당

율곡[1] 선생의 어머니는 평산 신씨이고, 호가 사임당이다. 진사 신명화[2]의 딸이고, 상공 신개의 현손이다. 일곱 살 때부터 경전을 두루 공부했다.

〈어머니를 그리워하다〉라는 시에서

늙으신 어머니 임영【강릉】에 계신데,

이 몸 홀로 서울로 떠나는 마음.

고개 돌려 북촌 한번 바라보니,

흰 구름 내려앉는 저문 산은 푸르러.

라고 하였다. 또 안견의 그림을 본떠 산수와 포도 그림을 그렸는데 매우 뛰어나서, 그 그림을 모방한 병풍과 족자가 세상에 많이 전한다.

---

1 율곡 : 이이(李珥, 1536~1584)의 호이다. 본관은 덕수(德水). 자는 숙헌(叔獻), 호는 율곡(栗谷) 외에도 석담(石潭), 우재(愚齋) 등이 더 있다. 아버지는 증좌찬성 이원수(李元秀)이며, 어머니는 사임당신씨(師任堂申氏)이다. 선조 대 뛰어난 성리학자이자 정치가로 〈동호문답〉, 〈성학집요〉 등의 저술을 남겼다. 우리나라의 18대 명현(名賢) 가운데 한 명으로 문묘(文廟)에 배향되어 있다.

2 신명화(申命和) : 1476~1522. 유학자. 진사에 급제했으나 벼슬에는 나아가지 않았다.

율곡 선생이 태어나던 밤에 부인이 꿈을 꾸었는데, 흑룡이 날아서 침실에 들어왔다. 〈본전〉[3]에서는,

"선생이 어릴 때 어머니를 잃어 밤낮으로 울었다."

라고 했다.

栗谷先生母夫人平山申氏號師姙堂, 進士命和之女, 相公墍之玄孫. 自七歲旁通經傳.

思親詩曰:

慈親鶴髮在臨瀛【江陵】,

身向長安獨去情.

回首北村時一望,

白雲飛下暮山靑.

又倣安堅所畫, 遂畫山水 · 葡萄極妙, 所模屛簇, 盛傳于世.

先生將誕之夕, 夫人夢黑龍飛入寢室. 本傳曰:

"先生早喪慈母, 日夜涕泣."

---

3 〈본전〉: 정확하게 어떠한 자료를 가리키는지 자세하지 않다. 다만 이정귀(李廷龜, 1564~1635)가 쓴 이이의 〈시장(諡狀)〉에도 "조상자모(早喪慈母)."라는 문장이 들어 있는 것으로 보아, 이 일화가 많이 알려져 있었던 듯하다.

2. 과거 보지 않는 아들을 이해한 평산 한씨

조상우[4]는 호가 시암이고 본관이 양주이며, 사계[5] 선생의 문인이다. 광해군 때를 만나, 과거를 보지 않았다. 내외의 여러 친척들이 어머니 평산 한씨를 위해 생신 잔치를 열어주면서, 아들에게 과거를 보게 하라고 권했다. 그 어머니가

"내 아들이 어질기만을 원할 뿐, 그 나머지는 바라지 않는다." 라고 하였다. 공의 뜻이 이로부터 더욱 굳어졌다. 시를 지었다.

어머니께서 제가 바라는 바를 따라주시는데,
어찌 어머니 은혜를 갚을 수 있겠습니까.
집이 가난하여 봉양할 길 없으니,
아침에 문안드리고 저녁에 잠자리 보아 드릴 뿐.

또 시를 지었다.

궁벽한 조선 땅에 있지만,
사람들은 중국의 옛글을 읽는다.
거백옥은 잘못을 알았고,
사마상여는 병이 많았지.

---

4 조상우(趙相愚) : 1640~1718. 광해군의 난정으로 과거에 뜻을 두지 않고 주역을 연구, 효종 때 참봉에 추천받았으나 학문으로 평생을 보냈다.

5 사계(沙溪) : 김장생(金長生, 1548~1631)의 호이다. 김장생은 본관이 광산(光山)이고, 예학(禮學) 연구와 후진 양성에 힘썼다. 아들 김집(金集)과 함께 문묘에 배향되었다.

나는 과거에 합격하지 않을 것이니,

어머니께서 기다리실 일도 없네.

평생 이렇게 살면서

내 뜻대로 다른 것을 구하지 않는 거라네.

만전 홍가신[6]이 듣고서 감탄하며

"그 어머니에게 그 아들이로구나."

라고 했다. 〈본장〉

趙相禹號時庵楊州人, 沙溪先生門人, 當光海朝, 不赴場屋. 內外諸
親爲設母夫人平山韓氏壽宴, 因勸母夫人使諭以赴擧之意. 母夫人曰:
"但願吾子之賢, 不願其餘也."

公之意自此尤堅.

有詩云:

母聖從兒[7]願,

兒何報母恩.

家貧無所養[8],

定省自晨昏.

---

6 홍가신(洪可臣) : 1541~1615. 조선 중기의 학자로, 호가 만전당(晚全堂)이다.

7 兒 : 원문에는 我가 쓰여 있고, 그 옆에 兒로 수정했기에, 兒를 취했다.

8 養 : 원문에는 願이 쓰여 있고, 그 옆에 養으로 수정했기에, 養을 취했다.

又曰:

地僻三韓國,

人觀五帝書.

知非蘧伯玉,

多病馬相如.

未必吾登第,

無令母倚閭.

平生爲此計,

取適不求餘.

洪晚全可臣, 聞而歎賞曰:

"有是母, 宜有是子也."〈本狀〉[9]

3. 명종의 병환 중에 어머니를 보러온 아들을 꾸짖은 여산 송씨

인재 홍섬은 본관이 남양이다. 어머니는 여산 송씨로 영의정 송질
의 딸이다. 명종 때에 홍섬이 영의정이 되었는데, 임금이 편찮았다.
공이 내의원 도제조를 겸직하여, 약방에 들어가 임금을 모셨다.

오래도록 어머니를 찾아뵙지 못하여 하루는 와서 돌보아드리자 어

---

9 조상우의 문집인 《시암집》 권7에 실린 〈행장〉을 가리킨다. 같은 글이 송시열의 문집
   《송자대전》 권210의 〈시암조공행장〉에도 실려 있다.

머니가 말했다.

"임금께서 회복되셨으니 신하와 백성의 경사로구나."

공이 대답하기를,

"임금님의 병환은 아직 회복되지 않으셨으나 어머니를 뵌 지 오래
되어 잠시 왔습니다."

라고 하였다. 부인이 크게 꾸짖으며

"네가 예전에는 어미의 자식이었지만, 지금은 주상의 대신이다.
임금을 모시고 약을 챙겨야 하는 때에, 어찌 감히 사사로이 어미를
보러 오느냐? 저러한 대신을 장차 어디에 쓸꼬. 그 어미 된 자가 실로
부끄럽구나!"

라고 하였다. 공이 당황하고 두려워하며 물러났다.【홍섬은 선조 때 이름
난 신하이다. 영의정으로 벼슬에서 물러날 때 임금이 지팡이를 내려주고 잔치를
열어 영예롭게 해주었다. 그때 공의 나이는 70세이고, 대부인은 87세였다. 대부
인은 영의정의 딸이자, 영의정의 아내, 영의정의 어머니로서, 일찍이 이러한
영화로움을 누렸으니 복록이 견줄 자가 없었다. 대부인은 94세까지 살았다.】

洪忍齋暹南陽人.[10] 母夫人礪山宋氏, 領相軼之女也. 明廟朝, 公爲首
相, 上不豫, 公兼內醫都提調, 入侍藥房.

久不省母, 一日來省. 母夫人曰:

"上候平復, 臣民之慶也."

對曰:

---

10 이 부분의 서미주에 "아버지는 홍언필이고, 영의정이다[父彦弼, 領相]."라고 붙어 있다.

"上候未平, 而日久曠省, 故暫來也."

夫人大責曰:

"汝昔爲母之子, 今則主上之大臣也. 侍君嘗藥之際, 何敢來見私親乎? 彼大臣將焉用哉! 爲其母者實恥之矣."

公惶恐而退.[11]【宣廟名公, 以領相致仕, 賜几杖設宴, 以榮之. 時公年七十, 大夫人年八十七. 大夫人以領相女, 領相妻, 領相母, 嘗見此榮, 福祿無双. 大夫人享年九十四.】

4. 아들을 엄히 가르치고 사돈집의 흥망을 예견했던 흥양 유씨

학곡 홍서봉[12]은 본관이 남양이고, 벼슬이 영의정에 이르렀다. 공은 어려서 아버지를 여의었다. 어머니는 흥양 유씨로 어우당 유몽인[13]의 누이였다. 유씨는 아들을 직접 가르치며 공부를 엄하게 시켰다. 조금이라도 게을리하면 회초리로 피가 나게 때리고, 그 회초리를 비단 보자기에 싸두면서,

"집안이 흥하고 망하는 것과 아이가 부지런하고 게으른 것이 이 회초리에 달려있으니, 소중하지 않은가!"

라고 하였다. 글 외우는 소리를 들을 때면 꼭 휘장을 치고서

"혹시라도 잘 외우면 내가 기뻐하는 티가 날 테고, 아이가 그걸

---

11 이 부분의 서미주에 "홍섬은 82세까지 살았다[公享年八十二]."라고 붙어 있다.

12 홍서봉(洪瑞鳳) : 1527~1645. 본관은 남양. 자는 휘세(輝世), 호는 학곡(鶴谷)이다. 좌의정, 영의정을 역임했다.

13 유몽인(柳夢寅) : 1559~1623. 조선 중기 문인으로, 어우당은 그의 호이다.

보면, 교만하고 게으른 마음이 쉽게 생기겠지. 그래서 이 휘장으로
가린 것이다."
라고 하였다.

홍서봉은 독석 황혁[14]의 사위가 되었다. 임신왜란 때에 황혁이 왕
자를 모시고 북으로 향하며 공에게 이르기를

"온 나라에 난리가 나서 살 곳이 없게 되었으니, 네가 어머니를
모시고 우리 가족을 따라 북쪽으로 가면, 여러 고을에서 도움을 받아
입에 풀칠은 할 것이다."

라고 하였다. 공이 돌아가 어머니께 말하자, 어머니가 말하기를

"안 된다. 나라를 못 지키면, 왕자가 가는 곳에 적의 칼끝이 모일
것이다. 게다가 왕자가 백성의 마음을 잃어 원망을 한 몸에 받을 것이
니, 네 처가도 크게 잘못될 것이다. 우리 집안이 굶어 죽을지언정,
머리 없는 귀신이 될 수는 없다."

라고 하여, 마침내 회양산의 골짜기 사이로 들어갔다. 그 뒤에 황혁은
적에게 잡혔으나 홍서봉만은 면했다.

부인이 만년에 두모포[15]를 지나다가 독서당에 올라 둘러보고 있었
다. 그러자 독서당을 지키던 할멈이 전해오는 옥 술잔을 보여주며,

"호당 선생이 아니면 마실 수 없습니다."

라고 하였다. 부인이 말하기를

---

14 황혁(黃赫) : 1551~1612. 조선 중기 문신으로, 임진왜란 때 선조의 아들 순화군을 따라
    갔다가 모반자에 의해 왜군에 넘겨졌다. 독석은 그의 호이다.
15 두모포 : 원문에 '두미포(斗尾浦)'라 되어 있으나, 두모포(豆毛浦)의 오기이다. 두모포
    는 동호독서당(東湖讀書堂)이 있던 곳이다.

"내가 비록 아녀자이나 시아버지【석벽 홍춘경】가 호당이고, 남편【율촌 홍천민】이 호당이며 아들이 호당이다. 시동생【졸재 홍성민】과 내 조카【취흘 유숙】까지도 다 호당인데, 어찌 이 잔으로 못 마시겠는가."라 하였다. 한때 미담으로 전해졌다. 《조야집》

洪鶴谷瑞鳳南陽人, 官至領相. 公早孤. 母夫人興陽柳氏, 於于堂夢寅之妹也, 親自敎授, 勸課甚嚴, 少怠則撻之流血, 裹其笞於錦褓, 藏之曰:

"家之興替, 兒之勤怠, 係於此, 顧不重歟."

其受誦也, 必隔帳而聽之曰:

"或善誦, 我必有喜色. 渠見之, 易生驕怠之心, 故爲此障蔽耳."

公爲黃獨石赫之婿.[16] 壬辰之亂, 黃陪王子向北, 謂公曰:

"擧國破蕩, 無地着生. 爾奉大夫人, 從我家而北, 可資列邑, 以糊其口."

公歸告母夫人, 母夫人曰:

"不可. 國失其守, 王子所向, 賊鋒攸指. 且王子失衆心, 爲怨藪, 爾騁家事多謬, 吾一家寧爲餓死, 不願爲無頭鬼."

遂入淮陽山谷間. 其後黃陷賊, 而洪獨免焉.

夫人晩年過斗尾浦,[17] 讀書堂登覽, 守直老嫗示傳來玉盃曰:

---

16 이 부분의 서미주에 "선조 대왕의 일곱 번째 아들 순화군도 황혁의 사위가 되었다[宣祖大王第七男順和君亦爲黃赫之婿]."라고 붙어 있다.
17 斗尾浦 : 豆毛浦의 오기이다.

"非湖堂先生, 不得飮."

夫人曰:

"吾雖婦人, 尊舅【石壁春卿】爲湖堂, 夫【栗村天民】爲湖堂, 子爲湖堂, 夫之弟【拙齋聖民】, 吾之侄【醉吃瀟】皆爲湖堂, 獨不飮此盃乎!"

一時傳爲美談. 《朝野集》

5. 안평대군의 패망을 예견한 순흥 안씨

성간[18]의 호는 진일(眞逸)이며 본관은 창녕이다. 문장으로 명성이 있었다. 세종 때에 교리를 지내면서 집현전에 좌객으로 참여했다. 그 때 안평대군이 문사들을 모아 혹 등불을 켜고 밤새 이야기하기도 하고 혹 달빛을 받으며 배를 띄우고 놀기를 좋아했으며 바둑이나 음악도 끊이지 않았다. 유명한 문사들치고 사귀지 않은 이가 없었고 무뢰배들 또한 많이 모여들었다. 성간의 명성을 듣고 초빙하여 화답시를 주고 받았으며 다시 또 만나자고 약속했다. 성간의 어머니가 말하기를

"왕자의 도리는 마땅히 문을 닫아 걸고 손님을 물리쳐야 하는데 어찌하여 사람들을 불러 모아 붕당을 만드는 일을 한단 말이냐? 반드시 패망할 것이니 너는 교제하지 말아라."

라고 했다.

그 이후로 두세 차례 초대 받았지만 끝내 가지 않았다. 얼마 지나

---

18 성간(成侃) : 1427~1456. 자는 화중(和仲), 호는 진일재(眞逸齋). 성염조(成念祖)의 아들이며, 성현(成俔)의 형이다. 유방선(柳方善)의 문인이다. 저서로는 『진일재집』이 있다.

지 않아 안평대군이 과연 패망하니 온 집안사람들이 모두 그 어머니
의 식견에 탄복하였다. 《용재총화》

　成侃, 號眞逸, 昌寧人. 有文名. 世宗朝, 以校理與於集賢殿座客. 時
安平大君好聚文士, 或張燈夜話, 或乘月泛舟, 博奕絲竹不絶. 知名之
士無不締交, 無賴之徒亦多歸之. 聞成侃名, 邀致賦賦, 期以而後會. 侃
母曰:
　"王子之道, 當閉門麾客, 豈有聚人作朋之道?. 其敗可待, 汝勿與交."
　其後再三招來竟不往. 未幾安平果敗. 一門皆服其母之藻鑑. 《慵齋
叢話》

6. 옷 한 벌로 네 아들을 가르친 장씨

　박광우[19]의 호는 잠소당(潛昭堂)이며 본관은 상주이다. 사간 벼슬을
지냈는데 기묘년(1519)과 을사년(1545)에 화를 입었다.[20] 어머니 장씨
는 덕이 있었다. 또 네 아들을 엄하게 기르고 가르치는 데에 한결같이
예법을 따랐다. 글방 세 칸을 마련하여 별도로 긴 베개와 큰 이불을

---

19 박광우(朴光佑) : 1495~1545. 자는 국이(國耳), 호는 필재(蓽齋)·잠소당(潛昭堂). 아버
　지는 박인(朴璘)이며, 어머니는 장유성(張有誠)의 딸이다. 1519년(중종 14) 기묘사화가
　일어나자 참판 이찬(李澯)과 첨지 김로(金魯)에게 붓을 잡게 하고 자신이 신원소를 불
　러 쓰게 했다. 1545년 을사사화로 하옥, 동선역(洞仙驛)으로 유배되던 중 장독으로
　인하여 돈화문 밖에서 죽었다.

20 기묘명현록 및 을사명현록에 이름이 올라있다는 말이다. 중종 을유년에 문초를 받고
　봉산으로 귀양갔다. 기묘사화는 남곤, 심정 등이 조광조를 죽인 사건이고, 을사사화는
　소윤인 윤원형이 대윤인 윤임을 숙청한 사건이다.

만들어 주고, 경전을 가르치며, 밤낮으로 한 곳에 함께 지내게 했다.
또 옷 한 벌과 관 하나만 주고는 손님이 오면 번갈아 입고 손님을
맞이하고 배웅하게 해서 제멋대로 돌아다니지 못하게 했다. 아들 광
보와 광필 등이 모두 그 가르침에 감화되어 짧은 시간도 아껴가며
공부했다. 조정암 등 여러 선비들이 모두 맹자 어머니의 가르침을 다
시 보게 되었다고 칭송했다.

朴光佑號潛昭當, 尙州人, 官司諫. 己卯乙巳賢. 母張氏有德. 且嚴敎
養四子, 一遵禮制. 構成書室三間, 別造長枕大被, 敎以經傳晝夜同處.
又以一衣一冠, 客來則交着迎送, 以防浪遊. 諸子光輔光弼等, 皆感敎
訓, 能惜寸陰. 靜菴諸賢, 皆稱孟母之敎復見.

7. 눈물의 힘을 보여 준 어머니

유형[21]의 호는 석담이며 본관은 진주이다. 진무공신이었던 유효
걸[22]의 아버지이다. 유형은 체격이 크고 씩씩하여 어려서부터 말달리

---

21 유형(柳珩) : 1566~1615. 자는 사온(士溫), 호는 석담(石潭)이다. 아버지는 경원부사
유용(柳溶)이다. 어머니는 선산임씨(善山林氏)이다. 1597년 정유재란 때 이순신(李舜
臣, 1545~1598)의 막료가 되었다. 노량해전에서 전사한 이순신을 대신하여 전투를
지휘한 사실이 왕에게 알려져 부산진첨절제사(釜山鎭僉節制使)에 발탁되었다.
22 유효걸(柳孝傑) : 1594~1627. 자는 성백(誠伯). 판서 유진동(柳辰仝)의 증손이며, 아버
지는 수군통제사 유형(柳珩)이다. 1624년 이괄(李适)이 반란을 일으키자 좌협장(左協
將)으로 출전하여 공을 세웠다. 황주전투에서 패하였으나, 도성을 향하는 반란군을
추격하여 길마재[鞍峴]에서 대파하고, 소수의 기병으로 도성을 빠져나가 도망치는 반
란군을 추격하였다. 진무공신(振武功臣) 2등에 책록되고 진양군(晉陽君)에 봉해졌다.
시호는 장의(莊毅)이다.

기, 칼 쓰기 등을 좋아했고 글공부는 하지 않았다. 어머니가 울면서

"내가 죽지 않은 이유는 오직 너 때문이었다. 네가 지금 이처럼
하면 누굴 믿고 살아간다는 말이냐?"

라고 했다. 유형이 물러나와 스스로 책망하고 태도를 바꾸어 글을 읽
었다. 임진왜란 때 김천일 장군을 따라 무과에 올랐다. 해남현감으로
나갔을 때 얼굴을 피로 씻고 군중 앞에서 맹세하며 이순신을 따랐다.
여러 번 전공을 세워 벼슬이 통제사까지 이르렀다.

柳珩號石潭, 晉州人. 振武功臣孝傑之父. 爲人魁偉, 少時好馳馬試
釖, 不事課業. 其母泣曰:

"吾所以不死者, 惟汝在耳. 汝今若是, 誰恃而生乎?"

珩退而自責, 析節讀書. 壬辰從金千鎰, 登武科. 守海南, 沫血誓衆,
從李舜臣屢立戰功, 官至統制使.

8. 의를 격려한 이서의 어머니

완풍부원군 이서[23]의 호는 월봉이다. 인조반정에 참여한 정사공신
이다. 광해군 때 조정에서 나오라고 하자 그 어머니에게 물었다.

"의리상 조정에 참여하지 못하겠습니다만, 어머니가 계시니 어찌

---

23 이서(李曙) : 1580~1637. 자는 임숙(任叔), 호는 월봉(月峰)이다. 아버지는 목사 완령
부원군(完寧府院君) 이경록(李慶祿)이며, 어머니는 감찰 이학증(李學曾)의 딸이다.
1624년(인조 2) 이괄(李适)의 반란이 일어나자 관찰사로 부원수(副元帥)를 겸해 적을
추격했다. 후에 완풍군에 봉해졌다.

해야 할까요?"

그 어머니가

"네 뜻이 정녕 그렇다면 나를 마음에 두지 마라."

고 했다. 그리하여 끝내 조정에 참여하지 않았다.

李完豊曙號月峰. 仁祖朝靖社功臣. 當昏朝庭請之時, 白其母曰:

"義不可參, 然母親在堂, 奈何?"

母曰:

"爾志能如此, 無以我也."

竟不參.

9. 나라를 먼저 생각하라고 권유한 정씨

강홍립이 금나라를 치러 군대를 이끌고 나갈 때, 그 어머니 정씨의
나이가 80여 세였다. 눈물을 흘리고 팔뚝을 깨물면서[24] 말했다.

"네 집안은 대대로 나라의 은혜를 받았다. 바라건대 집안 명성을
떨어뜨리지 말아라. 늙은 어미 때문에 다른 마음을 먹어서는 안 된다."

강홍립이 오랑캐에게 항복하여 병사들을 이끌고 왔을 때에 그 숙
부 진창군 강인(姜絪)[25]이 꾸짖으며

---

24 교비(嚙臂) : 자기의 팔을 물어 결심이 굳음을 나타낸다는 뜻이다.

25 강인(姜絪) : 1555~1634. 본관은 진주(晉州). 자는 인경(仁卿), 호는 시암(是庵)이다.
아버지는 우의정 강사상(姜士尙)이며, 어머니는 훈련원부정 윤광운(尹光運)의 딸이다.
임진왜란 때 선조를 호종한 공으로 호성공신 3등에 녹훈되었고 진창군(晉昌君)에 봉해

"너는 형수님이 이별할 때 했던 말을 생각하지 않았느냐?"

라고 했다. 강홍립은 살아온 것을 부끄럽게 여기며 후회했는데 마침내 마음의 병이 되어 죽었다.

姜弘立之討金, 出師時, 母鄭氏年八十餘. 揮涕嚙臂曰:

"汝家世受國恩, 幸勿墜家聲. 勿以老婦之故, 有他心也."

及降虜引兵而來也, 其叔晉昌君絪責之曰:

"汝不念嫂氏臨別之語耶?"

弘立慚生, 悔意轉成心疾而死.

10. 아들에게 일을 주지 말라고 부탁한 최술의 어머니

천민 최술은 귀계 김좌명[26] 집안의 청지기였다. 김공이 호조판서였을 때 최술을 서리로 삼고 중요한 일을 맡겼다. 최술의 어머니가 김좌명의 집 문에 와서 말하기를,

"술에게 일을 맡겨서는 안 됩니다."

졌다.

26 김좌명(金佐明) : 1616~1671. 본관은 청풍(淸風)이고, 자는 일정(一正), 호는 귀계(歸溪)·귀천(歸川)이며, 시호는 충숙(忠肅)이다. 영의정 김육(金堉, 1580~1658)의 아들이다. 1633년(인조 11) 사마시를 거쳐 1644년 별시문과에 병과로 급제하여 승문원(承文院)에 등용된 뒤, 박사(博士)·설서(說書)를 거쳐 홍문관(弘文館)에 전임되었다. 대사헌·경기도관찰사·대사간·도승지 등을 역임하고, 1662년(현종 3)에 공조판서·예조판서·호조판서를 역임하고, 같은 해에 병조판서 겸 수어사(守禦使)가 되어 병기·군량을 충실히 하고 군사훈련을 엄격히 하였다. 호조판서 때에는 서리들의 부정이 줄고, 국비를 덜어 재정을 윤활하게 하였다. 글씨에도 뛰어났다.

라고 하였다. 김좌명이

"무엇 때문에 그러한가?"

라고 하자 최술의 어머니가 대답했다.

"제가 젊은 나이에 남편을 잃고 아들과 함께 살년서 술지게미와 쌀겨로도 끼니를 잇지 못했습니다. 지금 다행히 술이 글씨를 잘 써 상공께 잘 보여 매달 월급을 받아 이때부터 어미와 자식이 밥을 배불리 먹게 되었습니다. 어떤 부자가 술이 재상가에서 일하는 것을 보고 자신의 딸을 처로 삼게 했는데 술이 처갓집에서 열흘을 머물면서 다른 사람에게 말하기를, '반찬 중에서 뱅어국은 맛이 심심해서 못 먹겠다.'라고 했습니다. 열흘 사이에 사치한 마음이 벌써 이렇게 생겼으니 재물을 맡는 일을 하면 그 마음이 날로 달로 더해져 마침내 반드시 죽을죄를 진 다음에야 그만두게 될 것입니다. 차마 큰아들이 죽임을 당하는 것을 볼 수 없습니다. 아들이 글 쓰는 재주가 있고 버림을 받지 않으면 다달이 한 말의 쌀로 월급을 받을 것이니 굶어 죽는 데 이르지 않으면 다행이겠습니다."

김좌명이 매우 기특하게 여기며 그 어머니 말대로 해주었다. 또 쌀과 베를 그 어머니에게 주면서 말하기를,

"조괄의 어머니[27]라도 어찌 이보다 낫겠는가?"

라고 하며 오랫동안 감탄하고 칭찬했다.

---

27 중국 전국시대 조나라의 조괄의 어머니는 왕에게 글을 올려 자신의 아들이 재물과 이익만 추구하니 장군으로 삼아서는 안 된다고 하였다. 사마천의 《사기》에 실린 〈염파 인상여열전〉에 나온다.

賤人崔戌者, 金歸溪佐明家傔從也. 金公判戶曹時, 以戌差書吏使掌饒任. 戌母詣門告曰:

"戌不可使."

曰:

"何謂?"

曰:

"賤人早年喪夫, 與戌爲命而糟糠亦不繼. 今幸以善書, 見賞於相公得月料, 自是母子喫飯. 而有富人見戌供役於宰相家, 以女妻之, 戌在妻家十日於人曰: '佐飯中白魚羹味淡, 不可食.' 旬日之間, 侈心已如, 服役於財貨之間, 則其心日加月增, 終必犯死罪而後已. 不忍見長子被戮也. 如以戌有筆才, 而終不見棄, 則月給斗米, 不至餓死幸矣."

金公大異之, 皆如其言. 又以米布帖給其母曰:

"趙括之母, 何以加此."

歎賞久之.

11. 세 아들을 문장가로 키운 고성 이씨

용재 이홍기[28]는 생원이며 본관은 광주이다. 아우 모재 이홍우[29]는 과거 시험을 보지 않고 현감이 되었다. 육일헌 이홍량[30]은 참봉에 천거

---

28 이홍기(李弘器) : 1531~1582. 본관은 광산(光山). 자는 백용(伯容), 호는 용재(容齋). 부친은 이수(李樹)이고 동생은 이홍량(李弘量), 이홍우(李弘宇)이다.

29 이홍우(李弘宇) : 1535~1594. 본관은 광산(光山). 자는 계용(季容), 호는 모재(茅齋) 이다.

되었다. 어머니 고성 이씨는 사인(舍人)[31] 이우의 딸이고 우의정 이후의 손녀이다. 일찍 과부가 되었으나 문예와 대대로 내려오는 가훈을 이어 받고 부인의 도리를 깨달아 익혔다. 성품 또한 깔끔하고 점잖아 사람들이 어머니를 바라보면 공경하는 마음이 저절로 들었다. 과부가 된 이후에 홀로 30년 동안 가문을 지키면서 아버지 없는 여러 자식들을 외숙부 생원 이희명과 승지 이경명에게 보내어 교육하여 잘 길러냈다. 삼형제 모두 문학으로 세상에서 칭송받았다.[32] 한강 정구[33]와 암서헌 이침[34] 또한 이씨의 사위이다. 《한강집》

李容齋弘器生員光州人. 弟茅齋弘宇逸縣監. 六一軒弘量薦參奉. 母固城李氏, 舍人佑之女, 右相厚之孫. 早寡而猶襲文學世訓, 曉習婦儀. 性又簡重莊肅, 使人望之自然生敬. 旣寡獨持門戶三十餘年, 遣諸孤就學於舅氏生員熙明承旨敬明, 敎育成立. 三兄弟皆以文學爲世所稱. 鄭寒岡逑, 岩栖軒李忱, 亦其婿也. 《寒岡集》[35]

---

30 이홍량(李弘量) : 1531~1592. 본관은 광산(光山). 자는 중용(仲容), 호는 육일헌(六一軒)이다.

31 사인(舍人) : 의정부의 정사품 벼슬이다.

32 삼형제가 모두 유행(儒行)으로 이름이 드러나 세상에서 영남의 삼용(三容)으로 불렸다.

33 정구(鄭逑) : 1543~1620. 본관은 청주(淸州). 자는 도가(道可), 호는 한강(寒岡)이다.

34 이침(李忱) : 1543~?. 자(字)는 사부(士孚)이다. 한강 정구와 동서지간이었고, 김우옹(金宇顒)과 교유하였다. 막내 아들이 한강에게 수학하였다.

35 정구, 〈만이용재(挽李容齋)〉,《한강집》권1과 이원정, 〈광주이씨삼현행장(光州李氏三賢行狀)〉,《귀암집(歸巖集)》권9에 실려 있다.

12. 벼슬보다 학문에 매진할 것을 권유한 남양 홍씨

임헌회[36]의 호는 고산 또는 전재이며 본관은 풍천이다. 과거를 보지 않고 벼슬이 형조판서와 성균관 좨주에 이르렀다. 홍매산[37]의 제자이다. 어머니 남양 홍씨는 남양군 홍서후의 자손이다. 홍씨는 어려서 말을 하기 시작할 때부터 부모에게 효도하는 것을 잘 알아 한 가닥의 실이나 한 척의 베도 감히 사사로이 갖지 않았다. 8, 9세에 바느질을 잘하여 어른의 옷을 빠르게 대신 만들었다. 16세에 시집을 가서 시부모를 섬기는 수 십 년 동안 한 번도 그 앞에서 웃으며 말하지 않았다. 선생을 임신했을 때 올바르지 않은 자리에 앉지 않았고 부정한 맛의 음식을 먹지 않았다. 젖을 먹일 때 혹 부족해도 창녀의 젖을 먹이지 않았고 먹이는 것을 조절하고 머리 빗기고 씻기는 일을 조심스럽게 하였다.

매번 선생에게 말하기를,

"사사로운 마음이 없어야 군자라고 할 만하다."

라고 하였다. 선생이 초년에 과거 공부를 일삼자 말하기를,

"벼슬은 운명에 달렸으니 벼슬하거나 하지 않는 것을 어찌 마음에 두겠는가?"

라고 하였다. 순조가 승하하자 말하기를,

"지금 왕은 어리고 나라가 위태하니 누구를 믿고 벼슬을 할 수 있

---

36 임헌회(任憲晦) : 1811~1876. 본관은 풍천(豊川). 자는 명로(明老), 호는 고산(鼓山)·전재(全齋)·희양재(希陽齋). 아버지는 천모(天模)이며, 어머니는 남양홍씨(南陽洪氏)로 익화(益和)의 딸이다. 송치규(宋穉圭)·홍직필(洪直弼) 등의 문인이다.

37 홍직필(洪直弼) : 1776~1852. 본관은 남양(南陽). 초명은 홍긍필(洪兢弼). 자는 백응(伯應)·백림(伯臨), 호는 매산(梅山)이다.

겠는가?"

라고 하였다. 선생이 아버지의 상을 마친 후 과거 공부를 그만두고 매산 선생에게 나아가 공부하니 부인이 매우 기뻐하였다. 매산이 죽었다는 소식을 듣고는 걱정하며 눈물을 머금고 말하기를,

"이제 너를 알아줄 사람이 없구나."

라고 하였다. 선생을 따라 공부하는 선비들에게는 집안이 비록 가난하여도 반드시 음식을 갖추어 주어 그 마음에 맞게 했다.

매산이 부인의 수서[38]를 지어,

"부인의 아들 아무개가 나를 좇아 성리학의 글을 읽고 과거 공부를 그만두니 부인이 기뻐하며 그 뜻에 따라주었다. 부인의 식견이 뛰어남은 화정[39]의 어머니에 양보할 수 없다."

라고 하였다.

任憲晦號鼓山又號全齋豊川人. 以遺逸官至刑曹判書, 成均館祭酒. 洪梅山門人. 母夫人南陽洪氏, 南陽君恕後孫. 自幼能言, 便知孝於父母, 一絲尺布, 不敢私藏. 八九歲工於針線, 長者衣服代紉惟敏. 十六于歸, 侍舅姑數十年, 一未嘗言笑於前. 及娠先生也, 不坐不正之席, 不食不正之味. 及乳道不足, 而不許飲娼女之乳, 節其飲食, 謹其櫛沐. 每謂先生曰:

---

38 수서(壽序) : 생일을 축하하며 장수를 축원하기 위해 쓰는 글이다.
39 화정(和靖) : 송나라 때의 윤돈(尹焞)을 말한다. 화정의 어머니는 "나는 네가 잘 봉양하는 것만 알지 녹봉으로써 하는 것은 모른다."라고 하면서 벼슬살이하여 녹봉으로 봉양받는 것을 좋아하지 않았다.

"人無私心，可以爲君子."

先生初年從事公車，夫人曰:

"科宦有命，得失何足介意?"

及純廟昇遐日:

"今主幼國危，誰恃而科宦乎?"

先生闋先君服，則廢擧業，就梅山先生學，夫人喜不自勝. 及聞梅山下世，愀然含淚曰:

"自此無知汝者矣."

士友有從先生遊者，家雖空無，必具飮食，助其歡洽.

梅山作夫人壽序曰:

"其子某從余遊讀洛書，謝絕功令，夫人悅而順之，其見識之超詣，不讓於和靖之母."

云.

13. 아들에게 《소학》을 가르친 심봉원의 어머니

심봉원[40]의 호는 효창이다. 어려서 집안이 화를 당해 어머니가 《소학》등의 책을 가르쳤다. 스무 살에 병에 걸려 폐인이 되자 스스로 기를 두터이 받지 못했다고 여겨 양생에 힘쓰고 힘을 조절하여 기운

---

40 심봉원(沈逢源) : 1497~1574. 본관 청송(靑松). 자는 희용(希容), 호는 효창노인(曉窓老人), 우송(友松). 영의정 심연원과 좌의정 심통원의 동생이다. 인종이 즉위한 뒤 기묘사화 때 억울하게 처단된 조광조를 신원해 줄 것을 말했다. 장령, 교리 등의 벼슬을 역임했다. 《연려실기술》권11, 〈명종조 고사본말〉에 심봉원에 관한 기사가 실려 있다.

을 길렀다.[41] 벼슬에 나가는 것을 좋아하지 않고 꽃과 대나무에 흥미를 갖고 즐겼다. 백발에 흰 얼굴이 마치 산속에 사는 신선 같았다.

沈逢源号曉窓. 早丁家禍, 母夫人授小學等書. 年二十嬰疾作廢人, 自以受氣不厚, 務養節宣. 不樂仕宦, 寓興花竹. 白髮蒼顔, 若山野癯子.

14. 아들의 충직함을 믿은 정희등의 어머니

정희등[42]의 호는 화은이고 본관이 동래이다. 을사년[43]에 국문을 당하고 용천에 유배되자 그 어머니가 아들이 가는 길을 따라가며 말했다.

"너는 평소 충직함을 지켰고 이 때문에 죄를 얻었다. 마음에 부끄러울 게 뭐가 있겠느냐?"

그리고 서로 붙들고 통곡했는데 정희등이 그날로 죽었다. 그의 아버지 정구[44]도 기묘사화로 화를 입은 사림[45]이다.

---

41 절선(節宣) : 양생법의 일종으로 신체의 긴장과 이완을 잘 조절해서 기를 소통시키는 것을 말한다.

42 정희등(鄭希登) : 1506~1545. 본관은 동래. 자는 원룡(元龍), 호는 백우(百愚)이다. 김안로가 사위로 삼으려는 것을 거절하여 한직에 머물렀다.

43 1545년 명종 즉위년으로 이해 을사사화가 일어났다. 명종이 즉위한 뒤 당시의 권신이자 명종의 외삼촌이었던 소윤 윤원형이 대윤인 윤임, 유관 등을 몰아냈다. 정희등은 이를 극력 반대하다가 혹독한 고문을 받고 용천으로 귀양 가던 도중에 죽었다.

44 정구(鄭球) : 1490~?. 연산군, 중종 때의 문신. 예문관 검열, 사간을 지냈다. 기묘사화 때 병을 핑계하고 두문불출했다.

45 기묘현(己卯賢) : 기묘명현. 1519년 기묘사화로 죽은 조광조와 사림들을 말한다.

鄭希登号華隱, 東萊人. 乙巳被鞫, 配龍川, 母夫人追及於路曰:

"汝平生以忠直自任, 以此覆罪. 何愧於心?"

相持痛哭, 即日卒. 父球己卯賢.

15. 전란에 아들을 잃고도 의연했던 남이흥의 어머니 류씨

남이흥[46]의 호는 성은이고 본관은 의령이다. 정묘호란 때 안주의 병마절도사[47]였는데 오랑캐가 속히 항복하라고 하자 공이 꾸짖으며 말하기를,

"나는 왕명을 받들고 와서 변방을 지키는 것이다. 누린내 나는 오랑캐가 무서워 살려달라고 하겠는가?"

라고 하고 돌아가서 스스로 성에 불을 지르고 죽었다.[48]

어머니 류씨는 나이가 거의 팔십에 가까웠는데 공이 죽었다는 말을 듣고 통곡을 하며 말했다.

"아버지가 이미 전사했는데 아들이 또 전사했구나. 그 죽음이 부끄럽지 않으니 또 무슨 한이 있으랴."

---

46 남이흥(南以興) : 1576~1627. 본관은 의령. 자는 사호(士豪), 호는 성은(城隱)이다. 1627년 정묘호란 때 평안도 병마절도사로 후금 군대와 맞서 싸우던 중 안주성이 함락되자 화약을 터뜨려 자결했다.

47 원문에는 안주병사로 되어 있으나 실제로는 안주 목사, 평안도 병마절도사를 지냈다.

48 남이흥은 1627년 정묘호란 때 안주성(安州城)에서 후금의 3만여 군을 저지하며 용감히 싸웠으나 무기가 떨어져 성이 함락되자 "조정에서 나로 하여금 마음대로 군사를 훈련하고 기를 수 없게 했는데 강한 적을 대적하게 되었구나. 죽는 것은 내 직분이나 다만 그것이 한이로다."라고 하며 성에 불을 지르고 뛰어들어 죽었다. 후에 영의정에 추증되고 이어 의춘부원군(宜春府院君)에 봉해졌다.

공의 아버지 남유[49]는 나주목사로 이순신을 따랐는데 임진년[50]에 노량진에서 왜군과 싸우다 전사했다.

南以興号城隱, 宜寧人. 丁卯虜亂, 以安州兵使, 虜呼速降, 公叱日:
"我受命守邊, 乃畏腺羯狗苟活耶?"
還自焚死.
母夫人柳氏, 年幾八十, 聞公死, 哭之日:
"父旣戰死, 子又戰死, 其死不慚, 夫復何恨?"
公父瑜以羅牧, 從李舜臣, 壬辰與倭戰死于露梁.

16. 아들의 뜻을 지키도록 독려한 김평묵의 어머니 장수 황씨[51]

김평묵[52]의 호는 중암이고 본관은 청풍이며 아버지 김성양은 대사성 김식의 후손이다. 김평묵은 화서 이선생[53]의 제자이다. 어머니 장수 황씨는 아버지가 황근으로 방촌[54]의 후손이다. 황씨는 나면서부터 뛰

---

49 남유(南瑜) : ?~1598. 선조 때의 무신. 정유재란 때 나주목사로 이순신을 도와 노량해전에서 싸우다 전사했다.

50 임진년이 아니라 정유재란 때 죽었다.

51 장수 황씨에 대해서는 유중교의 〈유인 황씨 묘지〉, 《성재집》 권41에 더 자세하게 기술되어 있다.

52 김평묵(金平黙) : 1819~1891. 본관은 청풍(淸風), 자는 치장(穉章), 호는 중암(重菴)이다. 경기도 포천에 살았으며 화서 이항로, 매산(梅山) 홍직필(洪直弼)의 문인으로 학업에 전념하고 벼슬에 나아가지 않았다. 위정척사(衛正斥邪)를 주장하여 유배되기도 했다.

53 화서(華西) : 이항로(李恒老, 1792~1868)의 호이다. 한말의 성리학자로, 위정척사론을 주도한 최익현, 김평묵, 유중교 등의 스승이다.

54 방촌(厖村) : 황희(黃喜, 1363~1452)의 호이다. 고려말~조선의 문신이 되어, 18년간

어난 자질이 있어 대여섯 살에 여사로 일컬어졌다. 열두 살에 부모가 모두 죽어 친척인 황온이 맡아서 길렀다.【고생한 모습은 다음에 나온다】⁵⁵ 열다섯 살에 시집갔는데 당시 스물네 살이었던 선생의 아버지는 살림이 몹시 가난했다.

선생이 태어나자 시아버지는 손자가 큰 인물이 될 것을 알아보았다. 시아버지가 임종할 무렵 선생 모자를 앞으로 불러 말했다.

"내 집안을 너희 모자에게 맡기고 죽는다. 부디 힘써 노력하라."

부인이 눈물을 흘리며 대답했다.

"명하신 말씀을 감히 잊지 않겠습니다."

임술년(1862)과 계해년(1863)에 큰 기근이 닥쳤다. 부인과 남편이 함께 풀뿌리를 캐고 나무껍질을 벗겨 먹으니 온 식구가 사람 꼴을 제대로 갖추지 못했다. 그런데도 선생에게는 오히려 날마다 공부하기를 독려했다. 얼마 지나지 않아 남편이 또 세상을 떠났는데 여덟 달이나 장례를 치르지 못했다. 과거시험⁵⁶을 치를 때가 되자 어떤 사람이 선생에게 말했다.

"서울의 한 선비가 그대의 문장을 얻고 싶어 하니 약간의 돈을 얻어 자네 아버지의 장례를 치를 수 있지 않겠나."

부인이 이 말을 듣고 몹시 놀라며 말했다.

"차라리 십 년간 장례를 치르지 못할지언정 이런 일을 해서는 안

영의정을 지낸 것으로 유명하다.

55 《본조여사》〈열녀〉에 있다.

56 감시(監試) : 생원과 진사를 뽑는 시험이다.

된다."

그러자 선생이 친구들의 도움을 받아 간략하게 장례를 치렀다.

선생이 아내를 맞은 뒤 손수 농사를 지어 부모를 모시려 하자 부인이 눈물을 흘리며 타일렀다.

"너는 할아버지가 돌아가시며 남기신 말씀을 잊었느냐? 나와 네 아우가 지혜와 힘을 다해서 목숨을 부지할 수 있으니 너는 어디든 가서 공부해라. 이 어미 때문에 선조가 하시던 일을 그만두어서는 안 된다."

선생이 화서 이항로의 문하에 가서 공부하게 되자 부인이 흐뭇해하며 고개를 끄덕였다. 학문이 더욱 깊어지자 선생은 양근에 자리를 잡고 강의를 했는데[57] 사방의 선비들이 문을 메울 정도로 공부하러 왔다. 부인이 그 덕을 좋아했으나 안으로 쌓는 것을 아름답게 여기고 부귀영화를 원하지 않았다.[58]

언젠가 이웃집 아낙네가 편지와 제사음식을 보낸 적이 있었다. 부인이 답장을 쓸 때 선생이 손수 편지 봉투를 열어서 드리니 부인이 꾸짖고 물리치며 말했다.

---

57 고비(皐比) : 호랑이 가죽이라는 뜻이다. 북송의 장재가 항상 호랑이 가죽을 깔고 《주역》을 강의했다는 데서 나온 말로 스승이 강의하는 자리를 말한다.

58 불원호외(不願乎外) : 외물 또는 바깥의 것을 원하지 않는다는 말로 부귀영화를 원하지 않는다는 뜻이다. 《논어》 〈학이(學而)〉의 "부자는 온화하고 선량하고 공손하고 검소하고 겸양하여 얻는 것이니, 부자가 구하는 것은 다른 사람들이 구하는 것과는 다르다[夫子溫良恭儉讓以得之, 夫子之求之也, 其諸異乎人之求之與]."라는 구절의 집주에 "덕이 성대하고 예가 공손해서 외물을 원하지 않음을 또한 볼 수 있으니, 학자가 깊이 생각하고 힘써 배워야 할 것이다[德盛禮恭, 而不願乎外, 亦可見矣, 學者所當潛心而勉學也]."라고 한 데서 왔다.

"아낙네가 보낸 것을 어찌 남자가 먼저 열어본단 말이냐?"

선생의 동문 친구인 민치원이 동생이 관례할 때가 되자 멀리서 와서 선생에게 참석해 달라고 했다. 마침 관례 일이 부인의 생일이어서 선생이 사절하자 부인이 말했다.

"관례는 옛날부터 전해오는 풍속인데 없어진 지가 오래다. 친구가 그것을 한다는데 어찌 그 아름다운 일을 이루어주지 않느냐? 내 생일 잔치는 네 아우가 대신하면 된다."

선생이 그 말을 듣고 참석을 허락했다.

병인년(1866)에 프랑스 군함이 침범하자[59] 선생은 이항로 선생이 임금을 위문하러 가는 길[60]을 따라나섰다. 사람들이 모두 위험하다고 했으나 부인은 웃으며 말했다.

"이 선생이 늙고 병든 몸으로도 달려가시기 때문에 조정이나 백성들이나 선생을 의지하는 것이다. 이런 일은 마땅히 옆에서 도와야지 게을리해서는 안 된다."

문하생인 김영록이 서울에서 와서 그때의 일을 대략 이야기하자 부인이 말했다.

"이 선생의 상소에 힘입어 국론이 거의 바르게 되겠구나."

멀리서 가까이서 선비들이 예물을 가지고 와서 선생의 문장을 구했는데 선조의 아름다움을 영화롭게 드러내 달라고 부탁하는 사람들

---

59 병인지역(丙寅之役) : 병인양요의 일. 병인양요는 1866년 프랑스 함대가 강화도를 침범한 사건이다.

60 분문(奔問) : 난리가 났을 때 임금에게 달려가 위문하는 일을 말한다.

이 끊이지 않았다. 부인이 몹시 꾸짖으며 말했다.

"후손이 사사롭게 쓴 것은 믿을 만한 게 별로 없다. 네가 쉽게 붓을 놀려 빠트리거나 사실을 놓치면 그 덕에 얼마나 누를 끼치게 될지 생각지 않느냐?"

이로부터 선생은 글을 써 달라는 부탁을 거절할 때마다 반드시 부인의 가르침 때문이라고 했다.

金平黙号重菴, 淸風人. 父聖養大司成湜之后孫. 華西李先生門人. 母夫人長水黃氏, 父瑾厖村之后也. 生有異質, 五六歲稱女史. 十二父母俱歿, 族父瑠收育之【艱險之狀見下】. 十五于歸. 時先生之父, 年二十四, 家計赤立.

及先生之生也, 皇舅知其爲大器, 臨歿招先生母子而前曰:

"吾以門戶付汝母子而死. 勉之勉之."

夫人垂涕對曰:

"不敢忘命."

壬癸大饑, 夫人與夫子, 共採草根木皮, 擧家無人形, 猶策勵先生曰就學. 未幾, 夫子又歿, 八朔不得營葬. 時値監試, 或謂先生曰:

"都下一士, 欲求汝文章, 可得若干錢女葬爾翁矣."

夫人聞之大驚曰:

"寧十年不葬, 此不可爲也."

賴朋友之助, 畧成窆.

先生旣當室, 欲手耒耜而養親, 夫人泣喻曰:

"爾忘爾祖之遺命乎? 吾與爾弟竭智力, 苟全性命, 爾其遊學無方, 毋以爾母故, 廢爾先祖父爲也."

及遊華西李先生之門, 夫人怡然頷之. 先生學益進, 定皐比于陽根, 四方之士就學盈門. 夫人樂其德, 美之內積而不願乎外也.

隣家婦人嘗致書歸祭餕, 夫人方修答書, 先生將手啓封進之, 夫人叱退曰:

"婦人所送, 男子豈宜先啓?"

先生同門友閔致元將冠弟, 遠來請先生, 冠日適値夫人生朝, 先生辭焉, 夫人曰:

"冠禮流俗廢久. 而彼欲擧之, 盍成其美? 汝母壽罕, 有爾弟可替也." 先生敬諾之.

丙寅之役, 先生從李先生奔問之行. 人皆危之, 夫人笑曰:

"李先生老病奔赴, 朝野倚恃. 此宜周旋左右, 不可慢也."

門生金永祿至自都下, 仍述時事大略, 夫人曰:

"賴李爺一疏, 國論庶幾得正."

遠近人士操幣丐文, 榮闡揚先懿者不絕. 夫人切責之曰:

"下代私述, 少可信者. 汝肆筆無難, 脫或失實, 其累德顧不大耶?"

自是先生每辭人丐文, 必稱夫人之敎.

17. 가난에 굴하지 않고 바른 도리로 손자를 키운 평산 신씨

남포 김승렬의 할머니인 평산 신씨는 현명하고 유식했으며 여자의 행실을 두루 갖추고 있었다. 옛날 사람의 언행을 많이 들어서 늘 옛날 사람의 행실과 의로 자손들을 힘써 가르쳤다. 일찍 남편을 잃고 칠일

동안 먹지 않다가 뉘우치며 말하기를,

"사람이 한 번 죽는 것은 실로 어려운 일이 아니다. 참고 견디고 살면서 집안을 지키고 자손을 가르쳐야 훗날 어려움이 닥쳐도 집안을 지킬 수 있다."

라고 하고 더욱 노력했다.

그 뒤 아들과 며느리가 또 동시에 죽었다. 승렬은 그때 겨우 다섯 살이었다. 신씨가 눈물을 흘리며

"내게는 손자 하나가 있으니 죽을 수 없다."

라고 하고 더욱 열심히 교육했다. 신씨는 승렬이 자라서도 집안일[61] 하는 것을 허락하지 않고 말하기를,

"네가 힘써 공부해서 네 아버지와 할아버지가 시작한 일[62]을 이을 수 있다면 내 바람이 이루어질 것이다."

라고 하고 베틀에서 짠 것은 모두 승렬이 공부하는 비용으로 삼았다. 일찍이 말하기를

"선행을 쌓은 집안에는 반드시 경사가 있고, 악행을 쌓은 집안에는 반드시 재앙이 있다고 한 성인의 말씀은 후손을 훈계하는 말일 뿐만 아니라 실제 이치가 그런 것이다. 다만 선행과 악행의 보응이 희미하게 드러나기 때문에 사람들이 대개 살피지 못하는 것뿐이다."

라고 하고 극심한 가난으로 갖은 어려움을 겪었지만 힘들어하며 원망

---

61 간고(幹蠱) : 《주역》〈고괘(蠱卦)〉의 "간부지고(幹父之蠱)"에서 온 말로 아버지가 하던 일을 잇는 것을 말한다. 여기서는 집안의 살림을 말하는 것으로 보인다.

62 서업(緒業) : 시작한 일이라는 뜻이다.

하는 얼굴을 한 적이 없었다. 친척과 이웃⁶³⁾에게도 두루 은혜를 베풀지 않음이 없었고 거지에게도 옷을 벗어주고 먹던 밥을 내어주었다.

죽을 때에 이르러 승렬을 돌아보며 말했다.

"한 번 죽음은 누구에게나 있는 것이니 가난에 쫓긴다고 의롭지 않은 일을 하나라도 해서는 안 된다."

세상을 떠나던 날 친척과 부녀들이 몹시 슬퍼하며 곡을 했으며 아직도 눈물을 흘리며 그 때 일을 이야기하는 사람이 있다. 그 덕과 은혜가 사람을 감동시킨 것이 이와 같다.

藍浦金承烈祖母平山申氏, 賢明有識, 女行甚備. 多聞前言往行, 常以古人行義, 勉諭子孫. 早喪夫, 七日不食, 旣而悔曰:

"人之一死, 固非難事. 惟隱忍取生, 持門戶, 敎子孫, 保有異日爲難耳."

乃益自强.

其後, 子與婦, 又同時俱歿. 承烈時纔五歲. 申氏泣曰:

"吾有一孫, 不可以死也."

敎育甚勤. 承烈旣長, 猶不許幹蠱曰:

"而能力學, 繼而父若祖之緖業, 則吾願可畢矣."

盡機杼所出以資其學. 嘗曰:

"聖人所謂積善之家必有餘慶, 積不善之家必有餘殃, 非直勸戒後人,

---

63 인보(鄰保) : 조선시대 지방 자치 조직의 하나. 이웃한 다섯 집을 보(保)로 정하고 이를 인보라 했다.

實理固如此矣. 但善惡之報, 其迹微緩, 故人多不察耳."

家甚貧, 備經艱險, 而未嘗有困苦怨悔之色. 親戚隣保惠無不周, 解衣推食, 及於行丐.

將終, 顧謂承烈曰:

"一死人皆有, 不可迫於貧困而行一不義也."

歿之日, 族人婦女哭之皆甚哀, 至今有涕泣而道其事者. 其德惠之感人如此.

해제

현모 항목의 인물은 모두 17명이다. 이들은 대개 사대부가의 양반인데, 김좌명의 종 최술의 어머니가 천인 신분이라는 점이 예외적이다.

현모 항목의 맨 처음은 신사임당으로 시작한다. 그런데 신사임당의 일화에는 어진 어머니로서의 면모, 곧 자식에 대한 사랑이나 교육보다는, 시와 그림에 뛰어났던 사임당의 재능이 더 두드러진다. 어려서 경전에 통달하고, 시집가서도 친정어머니를 걱정하고 그리워하는 마음을 담은 시를 지었으며, 그림에 재주가 뛰어났다는 점 등을 들고 있고, 마지막에 아들 율곡이 태어날 때 흑룡이 날아든 꿈을 꾸었다는 일화를 소개한 후, 율곡이 어머니를 어린 나이에 잃어 슬퍼했다는 내용만을 다루고 있기 때문이다.

이 외에 현모 항목에 속한 다른 일화들에서는 자식 교육에 공을 들인 어머니의 언행이 가장 많은 비중을 차지하고, 그다음으로 자식을 위한 사리 분별과 판단력이 뛰어났던 어머니, 그리고 자식의 처지나 선택을 받아들이고 지지한 어머니의 언행 순으로 이어진다. 이러한 것들이 조선조에서 어진 어머니에게 기대되고 요구되었던 사항임을 다시금 상기시킨다. 단, 자식 교육에서만큼은 자애롭기만 한 것이 아니라 엄격하기도 했던 경우가 보인다.

열녀

1. 사육신의 난에 남편을 기다리며 자결하려 한 무송 윤씨

신숙주[1]는 호가 보한재이고 본관은 고령이다. 부인은 윤씨이니 영의정 윤자운[2]의 누이동생이다. 공은 세종조 때에 팔학사[3]의 무리에 참여했다.[4]

병자년(1456)의 변란[5]에 사육신의 거사가 발각되었는데, 그날 저녁에 공이 대궐에서 집으로 돌아오니 중문이 활짝 열려 있고, 부인은

---

1 신숙주(申叔舟) : 1417~1475. 본관은 고령(高靈). 자는 범옹(泛翁), 호는 희현당(希賢堂) 또는 보한재(保閑齋)이다. 1438년 사마양시에 합격하여 동시에 생원·진사가 되었다. 1452년 수양대군이 사은사(謝恩使)로 명나라에 갈 때 서장관으로 추천되어 수양대군과의 유대가 이때부터 특별하게 맺어졌다.

2 윤자운(尹子雲) : 1416~1478. 본관은 무송(茂松). 자는 지망(之望), 호는 악한재(樂閑齋)이다. 윤소종(尹紹宗)의 증손으로, 할아버지는 집현전 학사 윤회(尹淮, 1380~1436)이다.

3 팔학사(八學士) : 조선 시대 관직으로 예문관의 정7품 봉교(奉敎) 2인과 정8품 대교(待敎) 2인, 그리고 정9품 검열(檢閱) 4인을 합하여 가리키는 것으로, '8한림(八翰林)'이라고도 한다.

4 공은 세종조 때에 팔학사의 무리에 참여했다 : 위에서는 이 문장으로 끝나지만, 이 글의 전문(全文)이 실려 있는 《대동야승》 권56의 《송와잡설》에는 이 뒤에 "성삼문과는 더욱 친했다[而尤與成三問最善]."라는 문장이 더 있어 이해를 돕는다.

5 병자년(1456)의 변란 : 1456년(세조 2) 6월에 성삼문과 그의 아버지, 그리고 박팽년, 하위지, 이개, 유성원, 유응부 등 단종의 복위를 꾀하려는 데 뜻을 같이한 인물들이 세조와 그 측근들을 제거하려다 거사가 연기되면서 일이 발각되어 고문과 형벌로 처참하게 죽은 사건을 가리킨다. 《세조실록》 세조 2년 6월 기사와 남효온, 〈육신전〉, 《추강집》 권8에 관련 내용이 있다.

보이지 않았다. 방과 행랑을 두루 찾아보다 부인 홀로 다락에 올라가 몇 자 되는 베를 손에 쥐고 들보 아래에 앉아 있는 것을 발견하였다. 공이 그 까닭을 묻자 부인이 대답했다.

"당신은 평소에 성삼문과 형제처럼 정을 나누었지요. 지금 성삼문 등이 모두 죽었다기에, 의리상 당신만 살아남지는 못할 것이라 생각했습니다. 저는 당신이 죽었다는 소식을 기다렸다가 자결하려 했습니다. 당신만 홀로 살아 돌아오실 줄은 생각지도 못했습니다."《송와잡기》

申叔舟號保閒齋高靈人. 夫人尹氏相公子雲之妹也. 公在世宗朝, 與於八學士之流. 丙子之變, 六臣事發. 其日夕, 公自闕還家, 中門洞開, 而夫人不在, 歷探房廡, 見夫人獨上樓, 手持數尺布, 坐於樑下. 公問之, 答曰:

"君於平日, 與成三問, 情若兄弟. 今聞三問等皆死, 意君義無獨生, 故吾俟其凶音, 而欲自決, 不意君之獨生還也."《松窩雜記》[6]

---

6 《송와잡기》: 이는《대동야승》권56에 수록되어 있는 이기(李墍, 1522~1600)의《松窩雜說》을 잘못 표기한 것으로 보인다.《송와잡설》의 이본으로《간옹우묵(艮翁疣墨)》4권이 있는데, 이 중《송와잡설》에 없는 내용을 김려(金鑢, 1766~1822)가 2권으로 간추려《창가루외사(倉可樓外史)》속에 넣었다.

2. 부관참시 당한 시아버지의 시신을 거둔 며느리 조씨

추강 남효온(1454~1492)은 본관이 의령이다. 연산조 때[7] 단종 어머니의 능을 복위하자는 상소를 올렸던 일[8]이 뒤늦게 죄가 되어, 양화진에서 부관참시하라는 명이 내려졌다. 시신을 모래 위에 두었는데, 남효온의 사위가 네 사람[9]이었으나 거두어 장사 지내는 자가 아무도 없었다. '충세'라는 이름의 아들 하나는 미친병이 있었는데, 이때 함께 죽임을 당하였다. 그 아들의 처 조씨가 시신을 3일간 지키다, 밤에 시신을 거두어 집으로 돌아왔다. 날씨가 추워 시신이 얼어 있어서, 밤낮으로 시신을 안아 몸으로 녹인 뒤에 겨우 염습을 하고 관에 넣어, 장례와 제사를 예법대로 지냈다. 《소문쇄록》

---

7 연산조 때 : 연산군 10년 때로, 갑자사화(甲子士禍)가 일어난 1504년을 가리킨다.

8 단종 어머니의 능을 복위하자는 상소를 올렸던 일 : 원문의 '복소릉지소(復昭陵之疏)'을 풀이한 것으로, 추강이 1471년에 성종에게 소릉을 복위하자고 건의한 일을 말한다. 소릉은 현덕왕후(顯德王后, 1418~1441)의 능으로, 현덕왕후는 본관이 안동이며, 아버지가 권전(權專, ?~1441)으로, 문종의 비(妃)가 되어 단종을 낳고 죽었다. 현덕왕후의 어머니와 동생이 세조 2인 1456년에 단종의 복위를 도모하다가 사형당하고, 아버지는 서인에 폐위되었으며 아들이 노산군(魯山君)으로 강등되자, 현덕왕후도 폐위되고 평민의 예로 개장되었다. 이성원(李性源, 1725~1790)이 찬(撰)한 추강의 〈시장(諡狀)〉에 따르면, 추강이 소릉의 복위를 건의하자 임사홍 등이 반대하였다고 한다. 또 추강의 외손자 유홍(俞泓, 1524~1594)이 지은 〈秋江先生文集跋〉에서, 추강은 이 상소가 허락되지 않자 이후로 세상에 뜻을 끊고 유랑을 일삼았다고 한다. 그 후 연산군 1년인 1495년에 김일손 등이 현덕왕후의 추복을 헌의하였으며, 중종 7년인 1512년에도 소세양(蘇世讓)이 추복을 건의했으나 실현되지 못했다가, 그 이듬해 종묘에 벼락이 치자 다시 논의가 일어나 추복되었다. 추강도 이때 신원되었다.

9 남효온의 사위가 네 사람 : 추강의 〈시장〉에 따르면 남효온의 사위는 모두 여섯이다. 순서대로 이온언(李溫彦), 무풍부정(茂豐副正) 이총(李摠), 판관(判官) 이문근(李文根), 우후(虞候) 임성(任誠), 손세정(孫世禎), 유순신(柳舜臣) 등이다. 원문의 '네 사람'은 '여섯 사람'을 잘못 쓴 것이 아닌가 한다. "女爲李溫彦, 茂豐副正摠, 制官李文根, 虞侯任誠, 孫世禎, 柳舜臣妻." 남효온, 〈시장〉, 《추강집》 권8에 있다.

南秋江孝溫宜寧人, 燕山朝, 追罪復昭陵之疏, 命剖棺刑于楊花津.
置尸于沙上, 南之婿四人, 無收葬者. 有一子名忠世[10], 有狂易疾, 及是
幷見殺. 妻趙氏守尸三日, 夜取歸家, 天寒尸凍, 日夜抱尸, 以身解凍,
後纔斂入棺, 葬祭如禮. 《謏聞瑣錄》[11]

3. 남편이 잡혀가며 부탁한 신주를 끝까지 지킨 영일 정씨

조지서[12]는 호가 지족당이고 본관은 임천이다. 포은 정몽주의 증손
인 정구관의 딸을 후취로 맞았다. 연산조 때에 조지서가 붙잡혀 가면
서, 죽음을 면하기 어려울 것이라 스스로 생각하고, 술을 들어 결별하
며 말하였다.

---

10 忠世 : 원문에 '忠恕'라고 되어 있고, '恕' 옆에 '世' 자가 병기되어 있다. 이는 뒤에
'恕'를 '世'로 고친다는 뜻을 밝힌 것이라 보인다. 이성원이 찬한 추강의 〈시상〉과 유홍
(俞泓)이 찬한 〈추강선생문집발〉의 구발(舊跋)에는 모두 '忠世'로 표기되어 있다. "一男
忠世, 娶護軍趙崇知女." 남효온, 〈시장〉, 《추강집》 권8에 있다.
11 《소문쇄록》 : 위의 글은 조신의 《소문쇄록》에 실려 있지 않고, 許筠, 《海東野言》 3,
'燕山君' 條에 수록되어 있다. 현재 《소문쇄록》 정본에 발견되지 않은 상황에서 《소문
쇄록》에 실린 일화는 《시화총림》에 54조가, 《대동야승》에 24조가 채록되어 있는 것만
을 확인할 수 있는데, 그 안에도 이 글은 들어 있지 않다. 단, 허균의 《해동야언》에서
이 글 끝에 출처를 《소문쇄록》이라고 밝혀놓고 있으므로, 찬자가 이 해동야언에 수록
된 글을 그대로 옮겼거나, 이와 비슷한 내용이 들어 있는 추강의 〈시장〉(이성원 찬)을
참고했을 가능성이 높다.
12 조지서(趙之瑞) : 1454~1504. 본관은 임천(林川). 자는 백부(百符), 호는 지족정(知足
亭) 또는 충헌(忠軒)이다. 1474년 생원시에서 1등으로 합격하고, 같은 해 식년문과에
병과로 급제하면서, 권지승문원정자에 제수되었다. 1495년 창원부사로 파견되었다가
곧 사직하고, 지리산에 은거하여 학문에 전념하였다. 1504년 갑자사화가 일어나, 세자
시에 그의 풍간(諷諫)함과 집요한 진강(進講)을 혐오했던 연산군의 기휘(忌諱)로 이에
연루되어 참살되었다. 성종 때 청백리(淸白吏)에 녹선되었으며, 충효와 시문으로 명망
이 높았다.

"나는 반드시 돌아오지 못할 것이니 조상 신주를 받드는 일은 어찌 하리오?"

정씨가 울면서 대답했다.

"목숨을 걸고 제가 지키겠습니다."

조지서가 결국 죽임을 당하고 집이 또 적몰되었다. 정씨가 돌아갈 곳이 없게 되자, 그 아버지가

"친정으로 돌아와 나중을 살피지 않겠느냐?"

라고 하니 정씨가

"남편이 저에게 신주를 부탁하여, 제가 목숨을 걸고 허락하였는데 어찌 도중에 저버릴 수 있겠습니까? 죽은 남편의 첩에게 집이 있으니 가서 의탁하겠습니다."

라고 하고는, 마침내 신주를 싸서 그 집으로 가 아침저녁으로 곡을 하고 제사를 올렸다. 중사(中使)[13]가 근처에 온다고 들으면 신주를 안고 가서 집 뒤 대나무 숲속에 숨어 있었는데, 간혹 그런 날이 오래되면 떠돌아다니면서 풀 이슬에 젖어가며 갖은 고생을 다 했다. (그런 와중에도) 손수 나무 열매를 줍고 질그릇 사발에다 굽고 익혀서 아침 저녁으로 제사를 받들며 삼년상을 마쳤다. 중종반정이 일어난 뒤에 마침내 다시 옛집으로 돌아가, 평소처럼 제사를 받들었다. 중묘조에 정려되었다. 《음애잡기》

趙之瑞號知足堂, 林川人. 後娶鄭氏圃隱之曾孫久寬之女也. 燕山

---

13 중사(中使) : 궁중에서 왕의 명령을 전하는 사인(使人)이다.

朝, 之瑞拿致, 自度難免, 擧酒訣曰:

"吾必不返, 奈祖先神主何?"

鄭泣曰:

"當以死自保."

趙果見殺, 家又籍沒. 鄭無所歸, 其父曰:

"盍還本宗, 以觀其終?"

鄭曰:

"亡人托我神主, 妾以死許之, 豈宜中負? 亡人之妾有第舍, 可以往依."

遂抱神主, 詣其家, 朝夕哭奠. 如聞中使至境, 抱神主, 伏於家後竹林中, 或至多日, 流離草露, 備經艱險, 手拾木實, 烹爨瓦甌, 朝夕奉奠, 以終三年. 反正之後, 遂復歸舊家, 奉祀如常. 中廟朝旌閭. 《陰崖雜記》[14]

4. 맨손으로 호랑이를 잡아 남편을 구한 김씨

안동에 사는 유천계의 처는 김씨이다. 홍무 신사년(1393)에 남편이 수자리를 맡아 길일을 택해 집을 떠나게 되었다. 김씨가 방에 들어가 먹을 것을 싸는데, 호랑이가 밤에 남편을 잡아채 갔다. 김씨가 나무 활을 쥐고 소리를 지르며 앞으로 나아가 왼손으로는 남편을 잡고 오른손으로는 호랑이를 때렸다. 거의 육십 걸음쯤 가서야 호랑이가 남편을 놓아주었다. 김씨가

---

14 《음애잡기》: 이는 《대동야승》의 〈음애일기(陰崖日記)〉, 〈중묘조기사(中廟朝己巳)〉, '십월일(十月日)' 조에 실려 있으므로 '음애일기'로 고쳐야 한다.

"네가 내 남편을 잡아가더니 또 나까지 죽이려는 거냐?"
라고 말하자 호랑이가 가버렸다. 김씨가 남편을 업고 집으로 돌아오
니 다음날 새벽에 남편이 되살아났다. 그날 밤에 호랑이가 또 와서
크게 울부짖었다. 김씨가 문을 열고 몽둥이를 둘러맨 채 말하기를,
　"너 또한 영물인데, 어찌 이와 같이 심하게 구느냐?"
라고 하였다. 호랑이가 집 곁에 있던 배나무를 깨물고 가자, 나무가
이내 말라버렸다. 《여지승람》

　安東兪天桂, 妻金氏. 洪武辛巳, 夫當戌, 擇吉出宿. 金氏入室裹糧,
虎夜攫夫去. 金把木弓, 叫號而前, 左手執夫, 右手撲虎, 幾至六十餘
步, 虎棄之. 金曰:
　"爾旣攫我夫, 又欲并殺我耶?"
　虎乃去. 金負而歸家, 黎明夫甦, 其夜虎又至大吼, 金開門荷杖語曰:
　"爾亦含靈之物, 何若是甚乎?"
　虎嚙舍傍梨樹而去, 樹乃枯. 《輿地勝覽》[15]

5. 개를 감화시켜 내보내고 남편 제사를 지킨 이씨

　신생이 죽산 이씨에게 장가갔는데, 병으로 죽었다. 이씨가 장례와

---

15 《여지승람》: 〈안동대도호부(安東大都護府)〉 '열녀' 조, 〈경상도〉, 《신증동국여지승
람》 제24권에 실려 있다. 위의 일화는 조선 건국 후인 1393년 태조 2년 때에 일어난
일이나, 인물은 고려 때 살았던 사람으로 분류되어 있다. 《태종실록》, 태종 13년 계사
(1413) 2월 7일(병진)에 정려된 기사가 실려 있다.

제사를 한결같이 예법에 따라 지냈다. 3년 후에 제사 지낼 때가 되었는데, 개가 새끼를 낳으려 하였다. 이씨가 개를 불러 먹이를 주며 타일렀다.

"내 성성스러운 마음을 너는 잘 알 것이다. 내일이 제사인데, 네가 오늘 밤 새끼를 낳으면 제사를 지낼 수 없겠구나. 꼭 새끼를 낳겠거든 나가도록 해라."

그 개가 머리를 숙이고 말을 듣고는 어디론가 갔다. 다음날 제사를 지내고 나니 개가 산골짜기에서 내려왔는데 배가 이미 비어 있었다. 먹이를 다 먹고 나서 다시 산에 올라가더니 새끼들을 데리고 왔다. 이씨가 정성으로 개도 감화시킨 것이 이와 같았다. 《사재척언》

有申生者娶竹山李家, 而病死. 李於葬祭, 一依禮制. 三年後, 當行祭, 而犬孕滿. 李招之, 給食戒之日:

"我之誠心, 爾必知之. 明日當行祭, 汝産於今夜則廢祭, 丁寧欲産則出去."

犬俯首聽之, 不知所之. 及朝行祭後, 犬自山谷出來, 其腹已虛. 食罷, 復上山, 將雛而來, 其誠感如此. 《思齋撫言》[16]

---

16 《사재척언》: 김정국, 〈오처족유신생자(吾妻族有申生者)〉, 〈척언〉, 《사재집》 권4에 실려 있다.

6. 여진족 앞에서 강물에 빠져 죽은 이씨

경흥[17]의 선비 정인덕 처 이씨는 이전경 딸이다. 어려서부터 부녀자의 도리가 있다는 소문이 났는데 일찍 과부가 되어 수절했다. 임진왜란 때 아들 백란과 함께 왜구를 피했는데 여진족에게 붙잡혔다. 울면서 그 아들에게 말했다.

"내가 불행히 적에게 잡혔으니 죽어야겠다. 어미의 원수에게 복수하는 일은 네게 어렵겠지만, 만약 삼가 목숨을 잘 보존하면, 살아 돌아와 무덤에서 볼 수 있을 것이다."

라고 말하고 드디어 강에 몸을 던져 죽었다. 그 아들이 10년 후에 과연 도망쳐 돌아왔으니 그때 나이 24세였다. 《북관지》[18]

慶興士人, 鄭仁德妻李氏, 全璟之女. 自少以婦道聞, 早寡守節. 壬辰亂與子伯鸞避倭寇, 爲藩胡所掠. 泣於其子曰:

"吾不幸爲賊所掠, 可以決矣. 圖報母讐, 於汝雖難, 若謹守則生還見墓矣."

遂投江而死. 其子後十年, 果走還, 時年二十四.《北關志》

---

17 경흥 : 함경북도 북동부 두만강 하류 지역의 지명이다. 조선시대에 경흥 북쪽에 여진족들이 살고 있었다.

18 북관지(北關志) : 1693년(숙종 19) 신여철(申汝哲)에 의하여 간행된 함경도지지. 목판본. 1784년에는 신여철의 후손 신대겸(申大謙)에 의하여 중간되었다.

7. 손을 잡히자 죽음을 택한 여인

임진왜란 때 한 부인이 징파나루[19]에서 앞을 다투어 배를 타려다가 미처 배에 오르지 못했다. 뱃사람이 그 손을 잡아 올려주려고 하자 부인이 크게 울부짖으며

"네 손에 내 손이 더럽혀졌으니 살아서 또한 무엇하겠느냐?"

라고 하며 물에 몸을 던져 죽었다. 《북관지》

倭變時, 有一婦人, 於澄波渡爭舟不及登. 舟人挽其手欲上之, 婦大哭曰:

"吾手辱於汝手, 生亦何爲."

投水而死. 《北關志》

8. 왜적을 피해 함께 죽은 올케와 시누이

영남 선비 정영후[20]의 처는 한씨[21]이다. 임진왜란이 일어나자 적병을 피해 시누이와 함께 살고 있던 마을의 북쪽 강가의 절벽 위로 갔다.[22] 그리고 서로 약속하기를

---

19 징파나루 : 지금의 연천군 왕징면 북삼리이다. 이 이야기는 이수광의 《지봉유설》 권15, 〈열녀〉에도 나온다.

20 정영후(鄭榮後) : 1569~1641. 본관은 동래. 초명은 영국(榮國). 자는 인보(仁輔), 호는 매오(梅塢)이다. 아버지는 정식(鄭湜), 어머니는 권제세(權濟世)의 딸이다. 임진왜란 당시 노모를 모시고 피난하였다가 왜병에게 붙잡혔는데 노모를 걱정하는 효심이 적들을 감동시켜 무사하였다.

21 한행(韓荇, 1569~1592)의 딸이다. 이 이야기에 등장하는 두 여자의 죽음에 대해서는 정경세가 지은 〈쌍절비명(雙節碑銘) 병서〉에 자세히 실려 있다.

"여기가 우리 두 사람의 생사가 갈릴 곳이다."

라고 했다. 하루는 한씨가 집안 할머니와 이야기를 나누다가 말하기를

"꿈 속에서 한 부인이 제게 다리²³ 10개를 주었는데 이게 무슨 징조일까요?"

라고 하니 그 할머니가

"길한 징조이다."

라고 했다. 한씨는

"이런 처지에는 죽을 곳만 잘 찾는다면 길한 것이겠지요."

라고 했다.

며칠 후 적이 이르자 함께 손잡고 강으로 뛰어 들어 죽었다. 종명춘이 울면서 강가를 따라가며 시신을 찾았다. 정씨는 긴 머리에 비녀가 꽂혀 있지 않아 머리카락이 나무에 걸려 떠내려가지 않았고 한씨는 오직 얼굴을 가렸던 적삼만이 나무에 걸려 있을 뿐이었다.²⁴ 《우복집》

嶺南士人, 鄭榮後之妻, 韓氏. 壬辰亂, 與小姑避兵於所居江北石厓上. 相約曰:

"此吾兩人判命處也."

一日韓氏語與族媼曰:

---

22 경상북도 예천군 대동강으로 피난을 갔다.

23 과거에 여자들이 머리숱이 많아 보이게 하려고 땋은 머리를 덧대어 드리우던 것을 말한다.

24 현재 경북 예천군 우망리에 이들을 기리는 쌍절각비와 쌍절암이 있다.

"夢一婦人與我十髻, 是何兆也."

媼曰:

"吉."

韓氏曰:

"到此地, 得死所則吉."

數日賊至遂相携赴江死. 奴命春泣而沿江求尸. 鄭氏髮長未笄, 繞樹
而止. 韓氏惟蔽面衫, 捿於樹而已. 《愚伏集》[25]

9. 효와 열을 다한 여인

광해군 때 영산군[26]에 젊은 평민 여자가 있었다. 그 남편이 서쪽으
로 변방을 지키러 가서 아직 돌아오지 않을 때였다. 현령 박종주[27]는
당시 정인홍의 심복이었는데 불법한 일을 많이 저질렀다. 박종주가
그 여자를 보고 기뻐하면서 그 시아버지를 불러 며느리를 자기 집
홀아비 종과 혼인시키라고 말했다. 시아버지가 집에 돌아와 눈물을
흘리자 며느리가 그것을 알아채고 통곡하며 말했다.

"비록 몸을 지키고 싶으나 그 화가 시아버지에게까지 미치네요.
그 집에 가 형편에 따라서 하겠습니다."

---

25 이 사연은 정경세가 쓴 〈쌍절비명(雙節碑銘)〉에 실려 있다.

26 영산군 : 경상남도 창녕 지역의 옛 지명이다.

27 박종주(朴宗冑) : 1591~1623. 본관은 고령(高靈). 자는 언주(彦冑)이다. 아버지와 형
박종윤(朴宗胤) 등과 함께 정인홍(鄭仁弘, 1536~1623)의 심복이었고 이이첨(李爾瞻)
과 결탁했다. 1623년 인조반정으로 정국이 바뀌자 금부도사를 영남에 보내어 대구
남문 밖에서 박종주를 참수하였다.

그 며느리가 박종주 집에 이르러 그 종과 같이 살기를 청하는데 마치 기뻐하는 기색이 있는 듯했다. 박종주의 종이 그대로 믿고 집안으로 들어가 일을 했다. 그 사이 여자가 목을 매어 죽었다. 16일 후에 남편이 돌아왔고 남편이 돌아온 후 16일 만에 반정이 일어났으며 반정이 일어난 지 16일 만에 금부도사가 박종주의 목을 베었다. 그때 칼을 들고 와 그의 살점을 도려내는 이들이 수백 명이었다. 백성들에게 포학하게 굴었던 일이 많았기 때문이다. 그 며느리를 표창하고 정문을 내렸다. 이성령[28] 《일월록》

光海朝, 靈山郡, 有年少良女. 其夫戌西未還. 縣宰朴宗胄, 時爲仁弘腹心, 多行不法. 見其女悅之, 招諭其舅, 使嫁其奴之鰥者. 舅還家沛泣, 婦知之哭曰:

"雖欲守身禍延於舅, 願往其家, 遂便從事."

遂到朴家請與奴居, 若有歡色. 朴奴信之, 入內使役. 婦縊死, 十六日, 夫還, 夫還, 十六日, 反正, 反正十六日, 禁府都事斬朴宗胄. 持刀臠肉者, 數百人. 盖虐民多也. 表婦旋門. 李星齡《日月錄》

10. 절개로 오랑캐도 감동 시킨 김씨

방어사 김준은 본관이 언양이다.[29] 문과에 급제하여 안주 목사가

---

28 이성령(李星齡) : 1632~?. 본관은 한산(韓山). 자는 문옹(文翁), 호는 춘파(春坡)이다. 조선 개국부터 1638년(인조 16)까지의 역사를 기록한 《춘파당일월록(春坡堂日月錄)》이 있다.

되었다. 정묘호란(1627) 때 병마절도사 남이흥과 함께 성을 지켰는데 성이 함락되자 화약상자에 앉아 불을 던져 스스로 불타 죽었다. 공의 첩 김씨와 그 딸 그리고 적자인 김유성이 함께 죽었다. 그 딸은 나수소의 아내였는데 또한 관아에 있다가 편지 두 통을 두 명의 종에게 주면서

"지금 나는 다만 죽을 수밖에 없다. 너희들이 다행히 한 명이라도 살아남게 되면 이것을 남편에게 알려다오."

라고 했다. 그리고 스스로 목을 찔렀지만 아직 목숨이 끊어지지 않았다. 적이 공의 딸이라는 것을 듣고 알아 방 안에 두어 소생하게 했으며 친하게 지내던 기생 한 명을 데려다가 간호하고 지키게 했다. 딸은 먹을 것을 입에 넣지 않았고 상처도 더 심해져 도중에 죽었다. 오랑캐가 의롭게 여기며

"조선 여자들은 한족의 음란한 여자들에 비할 바가 아니다. 죽어 절개를 지킨 이가 10여 명인데 그중 가장 몸을 더럽히지 않은 사람은 오직 안주 목사 딸과 문화 현령의 아내가 최고였다."

라고 했다고 한다. 방어사와 더불어 모두에게 정문이 내려졌다.

아, 한 집안에 삼강이 갖추어졌구나. 문화 현령은 곧 나경신의 후손인데 그 아내는 길에서 붙잡혀 세 번이나 강에 몸을 던졌지만 매번

---

29 김준(金浚) : 1582~1627. 본관은 언양(彦陽). 자는 징언(澄彦). 아버지는 김광필(金匡弼)이다. 1605년 무과에 급제. 어머니 상을 치른 후 선전관에 임명되었으나, 광해군의 정치에 실망하여 고부로 내려가 10년간 벼슬하지 않았다. 1623년 인조반정이 일어나자 다시 벼슬을 했고 이괄의 난 때에는 후영장(後營將)으로 임진강 상류에 있는 영평산성(永平山城)을 지켰다. 1625년 안주목사 겸 방어사가 되었고 정묘호란 때 안주성이 함락되자 아내 및 자식과 분신자결하였다.

구출되었다. 또한 아무것도 먹지 않고 죽었다. 《택당집》

金防禦使浚, 彦陽人. 登文科, 牧安州. 丁卯亂, 與兵使南以興守城,
城陷, 坐火藥櫃擲火自焚死. 公妾金氏與其女及嫡子有聲同死. 其女爲
羅守素妻者, 亦在衙中, 以二簡授二奴曰:

"今我只有死, 汝等幸有一生, 以此報郎君."

遂自刎喉管, 未絶. 賊聞之, 知爲公女, 置之房, 救甦之. 得所親一妓
護視之. 女粒食不入口, 創益甚死途中. 虜義之曰:

"朝鮮女不比漢女淫亂, 死節者, 十餘, 而其中卓然不汚者, 惟安州牧
之女, 文化守之妻爲最"

云云. 與防禦俱旌門.

噫一家之內, 三綱備矣. 文化守, 卽慶信後, 其妻某氏, 被俘在途, 凡
三溺江, 皆救出亦不食死. 《澤堂集》[30]

11. 병자호란 때 남편을 따라 죽은 여성들

도정 심현[31]은 병자호란 때 부인 송씨를 돌아보며,

"정으로는 백 년을 함께하고, 의리로는 한 번 죽음을 같이하는 것

30 《택당집》 별집 권12 〈김방어사전(金防禦使傳)〉에 실려 있다.

31 심현(沈誢): 1568~1637. 본관은 청송(靑松). 자는 사화(士和). 목사 심우정(沈友正)의
   아들이다. 1636년 병자호란이 일어나자 종사(宗社)를 따라 강화에 피난하였다. 가묘의
   위패를 땅에 묻고, 국난의 비운을 통탄하는 유소(遺疏)를 쓰고 부인 송씨와 함께 진강
   (鎭江)에서 순절하였다. 이조판서에 추증되었다.

이오. 내가 충신이 되면 당신은 충신의 아내가 되지 않겠소?"
라고 하니 부인이,

"당신은 충성을 위해 죽고 저는 절개를 위해 죽는 것입니다. 몸을
깨끗이 지키고 함께 죽는 것이니 실로 기쁜 일입니다."
라고 하고 마침내 서로 마주 보고 목을 매었다.

또 권극중의 손자 권순장[32]의 아내인 이구원 딸 이씨, 민성[33]의 첩
우씨, 송강[34]의 손자 정수[35]의 아내 우씨, 홍수원[36]의 아내 이씨, 정백
창[37]의 아내 한씨 모두 강도에서 순절하였다. 《병자록》【민성이 첩 우
씨에게,

---

32 권순장(權順長) : 1607~1637. 본관은 안동. 자는 효원(孝元)이다. 병자호란 때 어머니
를 모시고 강화에 피난가서 성(城)을 방어하기 위해 의병을 일으켰으나, 이듬해 정월
성이 함락되자 좌의정 김상용(金尙容) 등과 함께 스스로 분사(焚死)하였다. 이 소식을
들은 처와 누이동생은 목을 매어 자결하였으며, 아우 순열(順悅)·순경(順慶)은 전사하
였다.

33 민성(閔垶) : ?~1607. 본관은 여흥(驪興). 자는 재만(載萬). 호는 용암(龍巖). 시호는
충민(忠愍)이다. 1636년(인조 14) 병자호란이 일어나자 가족을 이끌고 강화(江華)에
들어가, 이듬해 청나라와 화의가 맺어지자 가족 13인과 함께 순절하였다.

34 정철(鄭澈) : 1536~1593. 본관은 연일(延日). 자는 계함(季涵), 호는 송강(松江). 시호
는 문청(文淸)이다. 기대승(奇大升)·김인후(金麟厚)·양응정(梁應鼎)의 문하생이다.

35 정수(鄭洙) : 1589~1637. 본관은 영일(迎日). 자는 성원(聖源). 직장·주부 등을 거쳐
영동현감으로 휼민(恤民)을 잘하고 청백한 수령으로 일하다가 병자호란이 일어나자
1637년 강화에 들어가 적과 싸우다가 난사(亂射)당하여 처 우씨와 함께 죽었다.

36 홍수원(洪晬元) : 1611~1637. 본관은 남양(南陽), 자는 건초(建初). 충정공 홍익한(洪翼
漢)의 아들이다. 병자호란 때 강화도에 피난 중 계모 허씨가 적을 만나 굽히지 않아
청나라군이 칼날을 들이대자 건초가 자신의 몸으로 가려 막다가 죽었고 부인 이씨
역시 그 옆에서 자결하였다.

37 정백창(鄭百昌) : 1588~1635. 동부승지가 되고, 예조참의·대사간을 거쳐 이조참판이
되었다. 이행원의 치죄를 태만히 한 죄로 파직, 대사간에 복직되었으나 척신이라는
논란으로 사직하였다. 경기도 관찰사로 있다가 병사했다.

"너는 양반이 아니니 가서 다른 사람의 첩이 되어라."

하니 우씨가 태연히 웃고 스스로 밥을 지어 먹으며,

"당신이 저를 의심하니 제가 먼저 죽겠습니다."

라고 하고 남편 앞에서 자결하였다.

권순장의 처 이씨가 목을 매니 세 딸 또한 목을 매어 죽었다. 홍수원의 처 이씨는 남편이 적에게 죽자 남편의 시신 옆에서 목을 매어 죽었다.

김반[38]의 아내 서씨, 이소한의 아내 이씨, 신감의 아내 한씨와 그 아들 신만의 아내 홍씨, 권필의 아내 송씨, 홍익한의 아내 허씨, 이유겸의 아내 윤씨, 홍명일의 아내 이씨, 이상규의 아내 구씨, 이령의 아내 오씨, 이핵의 아내 김씨 모두 자결하였다.】

沈都正誢, 江都之亂, 顧謂夫人宋氏曰:

"情同百年, 義共一死. 我爲忠臣, 君獨不爲忠臣之妻乎."

夫人曰:

"夫死於忠, 妾死於節, 潔身同歸, 實所甘心."

遂相對而縊.

又克中孫權順長妻久源女李氏, 閔垶妾禹氏, 松江孫鄭洙妻禹氏, 洪晬元妻李氏, 鄭百昌妻韓氏, 皆殉節江都. 《丙子錄》【閔垶謂其妾禹氏曰:

"汝非士族, 而去爲妾."

---

38 김반(金槃) : 1580~1640. 병자호란으로 남한산성에 호종하여 왕에게 장병을 독려하도록 건의하였다. 화의가 이루어지자 호종한 공으로 가선대부(嘉善大夫)에 올랐다. 그 뒤 대사성·예조참판·병조참판·대사헌·한성부우윤·대사간·이조참판 등 요직을 역임하였으며, 사후에 영의정에 추증되었다.

淡笑自爲炊飯自喫曰:

"主君疑我, 我當先決."

仍自決於前.

權順長妻李氏縊, 其三女又自縊. 洪睟元妻李氏, 夫死於賊, 自縊於夫屍之傍.

金槃妻徐氏, 李昭漢妻李氏, 申鑑妻韓氏, 其子曼妻洪氏, 權鞸妻宋氏, 洪翼漢妻許氏, 李有謙妻尹氏, 洪命一妻李氏, 李尙揆妻具氏, 李翎妻吳氏, 李翩妻金氏.】

12. 임진왜란 때 죽은 여성들

고경명[39]의 딸은 노상룡의 아내인데 임진왜란 때 진주성이 함락되자 적을 꾸짖고 죽었다. 김제갑[40]의 아내 이씨[41]는 남편과 함께 진주에서 죽었다. 유팽로[42]의 아내 아무개는 금산이 패했다는 소식을 듣고 바로 자결하였다. 조종도[43]의 아내 이씨는 정유년에 안음의 황석산성[44]

---

39 고경명(高敬命) : 1533~1592. 본관은 장흥, 호는 제봉(霽峰)이다. 임진왜란 때 참전, 의병을 일으켜 싸우다 전주에서 전사하였다.

40 김제갑(金悌甲) : 1525~1592. 본관은 안동, 호는 의재(毅齋)이다. 원주목사로 있을 때 임진왜란이 일어나 관병과 의병을 이끌고 영원산성에서 항전하다가 성이 함락되자 아들 시백과 부인 이씨와 함께 순절하였다.

41 원문에는 김씨로 표기되어 있으나 《역주 동국신속삼강행실도》(권4, 세종대왕기념사업회, 2015)와 다른 기록에는 이씨로 되어 있어 바로 잡아 번역한다.

42 유팽로(柳彭老) : 1554~1592. 본관은 문화(文化), 호는 월파(月坡)이다. 임진왜란 때 의병을 일으켜 고경명 휘하의 장수가 되어 제1차 금산 전투에서 싸우다 전사했다. 고경명, 양대박과 함께 삼창의라 칭해진다.

43 조종도(趙宗道) : 1537~1597. 본관은 함안(咸安). 자는 백유(伯由). 호는 대소헌(大笑軒). 시호는 충의(忠毅)이다. 조식(曺植)의 문하생이다. 정유재란 때 의병을 모아 안음

에서 남편과 함께 죽었다. 곽준의 딸은 문호[45]의 아내인데 황석성이 함락되어 문호가 사로잡히자 스스로 목을 매어 죽었다. 《임진록》

高敬命女爲盧尙龍妻, 壬辰晋州城陷, 罵賊死. 金悌甲妻金氏, 與公同死于晋州. 柳彭老妻某氏, 錦山之敗卽自決. 趙宗道妻李氏, 丁酉與公同死于安陰黃石城. 郭趏女爲文虎妻, 黃石城陷, 文虎被擄, 郭氏自縊死. 《壬辰錄》

13. 충신의 아내로 남고자 한 이씨

장군 임경업[46]은 병자호란 이후 망명하여 명나라로 도망갔다. 조선 조정에서 공의 가족을 압송하여 심양에 보냈다. 부인 이씨가 오랫동

현감 곽준과 황석산성에서 왜장 가토 기요마사(加藤淸正)가 인솔한 적군과 싸우다 전사하였다.

44 황석산은 함양군 서하면과 인의면 경계에 위치한 산으로 소백산맥의 줄기이다.

45 장인 곽준과 함께 황석산 전투에 참여하였다. 곽준의 딸이 이문호의 아내였는데 문호가 적군의 포로가 되었다. 곽씨는 피난하기 위해 이미 성 밖까지 나가 있었는데 이 소문을 듣고 그 여종에게, "아버지가 죽었어도 내가 죽지 않은 것은 남편이 있었기 때문이었는데, 이제 남편도 적군에게 잡혔으니 어찌 차마 홀로 살겠는가."라 하고 드디어 목을 매어 죽었다. 《명신록》과 《연려실기술》 권17 선조조 고사본말을 참조하였다.

46 임경업(林慶業) : 1594~1646. 본관은 평택(平澤), 호는 고송(孤松)이다. 이괄의 난을 진압하면서 무관으로 두각을 나타냈다. 청북방어사로 백마산성과 의주성을 수축했으며, 조선을 대표하는 명장으로 백성의 신망을 받았고 명, 청군에도 명성이 높았다. 명나라에 망명하여 청나라와 싸우다가 심양으로 압송 중 심기원(沈器遠)의 도움으로 금교역(金郊驛)에서 탈출했다. 그의 탈출로 대신 가족이 심양으로 압송되었으며 그의 처는 심양 감옥에서 자결하였다. 심기원의 모반에 연루되어 송환되어 장살되었다. 1697년에 복관, 충주 충렬사(忠烈祠) 등에 배향되었다.

안 잡혀있었는데 괴롭힘을 당하는 것이 점점 심해졌다. 부인이 분하여 울며 말하기를,

"남편이 위대한 명나라의 충신이 되었으니 나는 충신의 아내이다. 어찌 차마 오랑캐에게 욕을 낭하여 남편의 절의를 더립힐 수 있겠는가? 마땅히 함께 죽어 명나라의 귀신이 되겠다."

라고 하고 마침내 자결하니 오랑캐가 시신을 조선으로 내어 보냈다. 뒤에 남편과 함께 묻혔다. 〈본전〉

林將軍慶業, 丙子以後亡命, 逃入天朝. 朝廷收公家屬, 入瀋陽. 夫人李氏久被留擊, 侵毒日甚. 夫人憤泣曰:

"夫爲大明忠臣, 吾爲忠臣之妻. 奈何忍辱於犬豕, 以汚良人之節乎? 當同歸地下, 爲大明之鬼."

遂自決, 胡人出送其喪. 後與公同祔父. 〈本傳〉

14. 왜적에게 저항하다 죽은 임씨

낙안[47] 군수 최극부의 아내 임씨는 선비 임거[48]의 딸이다. 왜적의 본부에 임씨가 잡혔는데 왜적이 욕을 보이려고 하자 임씨가 굳게 저항하였다. 왜적이 한쪽 팔을 베어내고 또 한쪽 발을 잘라내도 끝내 굽히지 않아 죽임을 당했다. 《삼강행실》

---

47 낙안 : 전라남도 순천시 남서쪽에 위치한 면이다.
48 임거 : 원문에 矩로 잘못 표기되어 바로 잡는다.

樂安郡守崔克孚妻林氏, 儒士柜之女也. 倭寇本府林被執, 賊欲汚
之, 林固拒. 斷一臂又斷一足, 終不屈被殺. 《三綱行實》[49]

15. 복수할 때까지 십 년 동안 상복을 벗지 않은 정씨

이중로[50]는 청해백 이지란[51]의 후손이다. 무과에 뽑혀 포도대장[52]이
되었다. 이괄의 난 때 평안 순변사를 맡아 신계의 마탄에서 싸우다
죽었다.[53] 적장 이수백[54]이 평소 공에게 원한이 있어 공의 시신을 물속

---

49 《태조실록》 태조 4년 을해(1395) 4월 27일(경인)에 임씨에게 정려를 내린 기사가 있다.

50 이중로(李重老) : 1577~1624. 본관은 청해(靑海). 자는 진지(鎭之), 호는 송계거사(松
溪居士)이다. 개국공신 이지란(李之蘭)의 후손으로, 아버지는 동지중추부사 이인기(李
麟奇)이고, 어머니는 전주이씨로 감찰 이경(李敬)의 딸이다. 1624년 이괄(李适)이 반란
을 일으키자 부도체찰사 이시발(李時發)과 함께 황해방어사로서 반란군을 저지하는
책임을 맡았다. 예성강 상류인 마탄(馬灘)에서 여울물을 지켜 적을 막으려는 싸움 준비
를 하던 중, 적의 급습으로 관군이 패할 때 우방어사 이성부(李聖符) 등과 함께 전사하
였다.

51 이지란(李之蘭) : 본관은 청해(靑海). 초성은 퉁(佟), 초명은 쿠룬투란티무르[古論豆蘭
帖木兒]. 자는 식형(式馨)이다. 남송 악비(岳飛)의 6대손으로, 아버지는 여진의 금패천
호(金牌千戶) 아라부카[阿羅不花]이며, 이화영(李和英)의 아버지이다. 이성계와는 결
의형제를 맺었고, 출신지는 북청(北靑)이다. 아버지의 벼슬을 이어받아 천호가 되었으
며, 1371년(공민왕 20) 부하를 이끌고 고려에 귀화해 북청에서 거주하며, 이씨 성과
청해를 본관으로 하사받았다.

52 포도대장(捕盜大將) : 조선시대의 경찰기관인 포도청(捕盜廳)의 종2품 관직으로 포도
청의 실질적인 책임자이다.

53 예성강 상류인 마탄(馬灘)에서 여울물을 지켜 적을 막으려는 싸움 준비를 하던 중,
적의 급습으로 관군이 패할 때 우방어사 이성부(李聖符) 등과 함께 전사하였다.

54 이수백(李守白) : 1634년 사망. 1624년 이괄(李适)이 변을 일으키자 이괄의 부하로 난
에 가담하였다. 그러나 조정에서 이괄의 목을 베어오는 자에게 부원군에 봉하고 천금
을 주겠다는 현상이 붙자, 기익헌(奇益獻)과 함께 이괄과 그의 아들 등 9명의 목을
베어 원수부(元帥府)에 전하였다. 이 사실로 죽음을 특별히 면제받고 귀양갔다가 수년
후 사면되어 편의대로 거주하게 되었다. 그러나 이괄의 난 때 희생당한 청흥군(靑興君)

에서 건져 참혹하게 죽이고 머리를 잘라 관군에 보냈는데 얼굴이 마치 살아있는 것 같았다.

부인 동래 정씨는 우의정 정언신[55]의 딸인데 상이 끝난 후에도 상복을 벗지 않았다. 여러 아들이 복수하려고 하자 부인은 아들이 힘을 헤아리지 못하고 도리어 해를 입을까 걱정하며 매번 경계했다. 그러나 원통함을 속으로 삼키며 십 년 동안 다른 사람에게 그 마음을 드러내지 않았다. 갑술년(1634) 그의 아들 문웅과 문위가 서울 거리에서 이수백의 목을 베었다.

부인이 울면서 말하기를,

"아이들이 이 일을 해냈구나."

라고 하고 이수백의 머리를 가지고 남편의 영전에 알리며 마침내 고기반찬을 내고 상복을 벗었다.[56] 〈본장〉, 《서계집》

李重老靑海伯之蘭之後. 擢武科爲捕盜大將. 李适亂以平安巡邊使, 戰歿於新溪之馬灘. 賊將李守白素恨公, 取尸水中, 而屠之斷首送官軍, 顔貌如生.

夫人東萊鄭氏右議政彦信女, 制盡不除喪. 公之諸孤思報仇, 夫人慮其不量力, 反爲所害, 每戒之. 含慟十年, 不露於人. 甲戌其子文雄文

이중로(李重老)의 아들 이문웅(李文雄)과, 풍천부사 박영신(朴榮臣)의 아들 박지병(朴之屛)에 의하여 대낮에 서울거리에서 목이 베어 죽임을 당하였다.

55 정언신(鄭彦信) : 1527~1591. 본관은 동래(東萊). 자는 입부(立夫), 호는 나암(懶庵)이다. 정걸(鄭傑)의 증손으로, 할아버지는 정홍손(鄭洪孫)이고, 아버지는 예조좌랑 정진(鄭振)이다. 어머니는 양천허씨(陽川許氏)로 부윤 허확(許確)의 딸이다.

56 석백(釋白) : 상복을 벗다.

偉, 亦斬守白於都市中.

夫人哭曰:

"兒能辨此乎!"

取頭告靈, 乃進肉釋白. 〈本狀〉,《西溪集》[57]

16. 죽은 남편의 신뢰를 끝까지 지킨 우씨

담양에 사는 김유근의 아내 우씨는 일찍 과부가 되어 상을 치르면서 시어머니를 지극한 효성으로 섬겼다. 한번은 집에 불이 났는데 시어머니가 늙어서 일어나지 못하자 우씨가 불길을 무릅쓰고 시어머니를 업고 나왔다. 남편의 상을 마친 후 부모가 개가시키려고 하자 우씨가 말하기를,

"저에게는 두 아들이 있어 후사를 이을 수 있습니다. 또 남편이 살아있을 때 저에게 늙은 어머니의 봉양을 부탁하여 이미 그러겠다고 했습니다. 사람이 신뢰가 없으면 장차 어찌 세상에 설 수 있겠습니까?"라고 하며 목숨을 걸고 스스로 맹세하였다. 시어머니 상을 치를 때 슬프게 울고 장례와 제사를 예에 맞게 하였다. 《여지승람》

潭陽金惟謹妻禹氏, 早寡服喪, 事姑至孝. 家嘗失火, 姑老不能起, 禹冒火負出. 夫喪畢, 父母慾改嫁, 禹曰:

"我有二子, 可後而生. 且夫生時屬養老母, 旣諾矣. 人無信將何以立

---

57 박세당, 〈청흥군 이공 묘(靑興君李公墓誌銘)〉, 《서계집(西溪集)》 권10에 실려 있다.

於世?"

以死自誓. 姑喪哀號, 葬祭如禮. 《輿地勝覽》

17. 남편 제사를 정결하게 지낸 성이

김해의 아전 허후동의 아내[58] 성이가 스무 살일 때 남편이 죽었다. 성이는 아침저녁으로 제사 지내며 정결하게 하고자 솥과 도마를 따로 마련해두고 음식을 올렸다. 매번 철에 맞는 옷을 짓고 제철에 나온 음식을 준비해 제사 지낸 뒤 옷을 불태웠다. 늘 강포한 자에게 욕을 당할까 두려워 끈과 칼을 몸에 지니고 다니며 목숨을 걸고 스스로 맹세하였다. 피눈물을 흘리며 삼 년 동안 다른 사람과 얼굴을 마주하지 않았다. 정려를 받았다. 앞과 출전이 같다.[59]

金海府吏許後同之妻性伊, 年二十夫歿. 朝夕祭奠, 務欲精潔, 別置鼎俎以供. 每製時服, 備時物, 祭以焚之. 常恐强暴之辱, 佩繩與刀以死自誓. 泣血三年未嘗對人面. 旌閭. 上同.

18. 허벅지 살을 베어 먹여 남편의 병을 낫게 한 아내

호남에 박씨 성을 가진 사람이 나병[60]을 앓았는데 의원이 말하기를,

---

58 허후동의 아내 : 《동국신속삼강행실도》에는 '첩'으로 되어 있다.
59 전 항목과 같은 《여지승람》이 출전이라고 하였으나 이 이야기는 《동국신속삼강행실도》에 실려 있다.

"인육을 먹으면 나을 것이다."

라고 하였다. 아내가 몰래 허벅지 살을 베어 소고기라고 하고 여러 번 먹였다. 남편의 병은 조금 나았지만 아내가 장차 죽게 되었다. 남편이 이불을 거두고 보니 아내의 허벅다리가 거의 없는 지경에 이르렀다. 남편이 의원에게 물으니,

"소를 잡아 간을 꺼내 익혀서 주십시오. 10마리면 살릴 수 있습니다."

라고 하였다. 박씨는 가난하여 마련할 방법이 없어 관에 알렸다. 관에서 소 잡는 사람을 그 집에 보내 소 열 마리를 요리하여 주게 하니 아내가 살아났다. 병마절도사 소두산[61]이 벼 백 자루를 주어 약값에 보태게 하였다. 《만록》

湖南朴姓人患大風瘡, 醫云:

"食人肉可療."

其妻割股肉稱牛肉, 而饋之如是數次, 夫疾漸良, 而妻將死. 夫披衾視之, 幾至無股.

又問醫, 醫云:

"殺牛取肝來熱付之. 限十頭則可以生."

朴貧無力, 告于官. 官使屠者詣其家, 連宰十牛而付之, 妻又獲生. 蘇

---

60 대풍창(大風瘡) : 나병(癩病)을 말한다.

61 소두산(蘇斗山) : 1627~1693. 본관은 진주(晉州). 자는 망여(望如), 호는 월주(月洲)이다. 소건(蘇建)의 증손으로, 할아버지는 소억선(蘇億善)이고, 아버지는 동지중추부사(同知中樞府事) 소동명(蘇東鳴)이다. 송시열(宋時烈)의 문인이다.

兵使斗山給稻白包, 俾之爲藥債. 《漫錄》

19. 남편을 살린 율곡의 외할머니 용인 이씨

진사 신명화[62]는 본관이 평산이다. 그의 아내 용인 이씨는 율곡 선생의 외할머니로 생원 이사온[63]의 딸이다. 용인 이씨는 외할아버지인 참판 최응현[64]의 집에서 나고 자랐으며, 커서는 아버지 이사온이 강릉으로 데리고 가서 함께 살았다. 용인 이씨는 신명화에게 시집간 뒤로 서울에서 시부모를 모셨으나 친정어머니 최씨 부인이 병이 들자 시어머니에게 아뢰고 강릉으로 돌아가 병시중을 들었다. 이씨는 효성을 다해 시중을 들며 밤에도 잠을 자지 않았는데 신명화가 오더니 갑자기 함께 서울로 돌아가자고 했다. 이씨가 눈물을 흘리며 말했다.

"저의 부모님이 모두 이미 연로하신 데다 하물며 어머님은 오래 앓고 계십니다. 제가 외동딸로 어찌 차마 버리고 떠나겠습니까? 그대는 서울로 가시고 저는 고향에 있으면서 각자 연로한 부모님을 모시는 게 어떻겠습니까?"

신명화가 감동해서 눈물을 흘리고 결국 그 말을 따랐다.

최씨 부인이 죽어 신명화가 서울에서 강릉으로 가는 길이었는데 여주에 이를 무렵 머리 뒤에서 찬 기운이 나왔다. 겨우 구산역에 도착

---

62 신명화(申命和) : 45쪽 주 2) 참조.

63 이사온(李思溫) : ?~?. 유학자. 집에 오죽(烏竹)을 심고 호를 오죽이라 했다.

64 최응현(崔應賢) : 1428~1507. 본관은 강릉. 대사헌, 형조참판을 지냈다. 최응현의 집에 딸린 건물인 오죽헌에서 율곡이 태어났다.

했는데 피를 몇 되나 토하고 자리에서 일어나지 못했다. 이씨의 외가 동생인 최수몽과 이씨가 길가에 마중 나왔는데 신명화가 얼굴이 흙빛이 되면서 피를 토하고 말도 못한 채 겨우 고개만 끄덕거릴 뿐이었다. 이씨가 앞서 어머니 상을 치르고 또 이런 불행을 당하게 되자 마음을 쏟고 정성을 기울이며 7일 밤낮을 눈 한 번 붙이지 않았다. 이씨가 목욕한 뒤 손톱을 자르고 몰래 작은 칼을 지닌 채 향을 사르고 하늘에 빌었다.

"착한 사람은 복을 받고 나쁜 사람은 화를 당하는 것은 하늘의 이치입니다. 저의 남편은 지조가 있고 올바른 사람입니다. 저와 남편이 각자 부모님을 모시느라 서울과 고향에서 따로 지낸 지 16년입니다. 이 한 몸으로 어머니 상을 치렀는데 남편이 또 병들었으니 만약 이를 피하지 못한다면 이 세상 천지에 어디 의탁할 곳이 있겠습니까? 하늘이여, 하늘이여, 이 사정을 살펴봐 주십시오."

그리고 작은 칼을 뽑아 왼손 가운데 손가락 두 마디를 잘라내고 하늘을 우러러 가슴을 치면서

"제가 남편의 목숨을 대신하게 해주십시오."

라고 했다. 고하기를 마치고 돌아와 안에 누웠는데 조금도 힘들어하는 빛이 없고 오직 진사가 알까 걱정했다. 이때 가뭄이 오랫동안 계속되고 있었는데 얼마 뒤 큰비가 쏟아졌다. 다음날 진사가 문득 눈을 감은 채 작은 소리로

"내 병이 낫겠구나."

라고 하자 옆에 있던 사람이 물었다.

"어떻게 아십니까?"

진사가 대답했다.

"꿈에 하늘에서 대추만 한 약이 내려왔는데 신령한 사람이 그걸 가져다 먹여주기에 나으려나 했소."

때가 되자 과연 병이 나았다. 당시는 중종 임금 때였는데 이 일이 알려지자 정려를 내렸다. 율곡이 〈이씨감천기〉를 지었다. 《율곡집》[65]

進士申命和平山人. 其妻龍仁李氏, 栗谷先生之外祖母, 生員思溫之女也. 生長于外祖參判崔應賢家, 及長, 父生員奉歸臨瀛【江陵】居焉. 自適進士之後, 歸侍舅姑于漢城, 母夫人崔氏疾病, 告辭于姑, 東還侍病. 竭力致孝, 夜不就寢, 進士之來也, 輒欲同歸. 李氏涕泣曰:

"妾之父母, 今已俱老, 況萱堂久病. 妾以獨女何忍棄別乎? 君往京師, 妾在鄉村, 各侍老親何如?"

進士亦感涕遂從.

及崔氏卒, 進士自京向臨瀛, 行到驪州, 冷發腦後, 强到丘山驛, 吐血數升, 臥不能起. 李氏之外弟崔壽嶸與李氏迎于路畔, 進士面黑嘔血不能言, 僅頷而已. 李氏初經哀毁, 又遭奇厄, 勞心竭誠, 連七晝夜, 目不交睫. 乃沐浴剪爪, 潛持小刀, 焚香祝天曰:

"福善禍淫, 天之理也. 惟我良人, 志操無邪. 妾與良人, 各奉其親, 分在京鄉, 十六春秋. 妾之一身, 慈母旣喪, 良人又病, 若不可諱, 四顧奚托. 皇天皇天, 鑑此下情."

---

65 《율곡선생전서》 권14에 〈이씨감천기〉(계축)가 실려 있다. "얼마 뒤 큰비가 쏟아졌다 [俄而大雨]." 이후 내용이 많이 생략되었다.

仍拔小刀, 斷左手中指二節, 仰天撫膺曰:

"願以妾代夫之命."

告畢, 還到臥內, 略無難色, 惟恐進士之知. 是時久旱, 俄而大雨. 明日, 進士忽瞑目微語曰:

"吾病可愈?"

傍人曰:

"何以知之?"

答曰:

"夢自天下藥, 大如棗實. 神人取以服之, 以此知之."

及期果愈. 時中廟朝也, 事聞旌閭. 栗谷作李氏感天記. 《栗谷集》

20. 율곡의 부인 곡산 노씨의 열행

율곡 선생의 부인은 곡산 노씨로 종부정[66] 경린[67]의 딸이다. 율곡 선생이 죽은 뒤 아침저녁으로 올리는 상식을 반드시 손수 마련했다. 삼 년이 지나서도 초하루와 보름에 곡하고 제사 지내는 것을 그만두지 않았다. 임진왜란 때 아들과 조카들에게 말했다.

"내가 지아비를 잃은 지 지금 벌써 팔 년이 되었으니 내 운명이 또 사납지 않으냐? 하물며 큰 난리를 만나 구차하게 목숨을 훔치고

---

66 종부정 : 조선시대 종부시(宗簿寺)에 두었던 정3품 벼슬로, 왕실의 족보를 편찬하거나 왕실의 잘못을 살피는 일을 관장했다.

67 노경린(盧慶麟) : 1516~1568. 자는 인보, 호는 사인당이며, 성주목사, 숙천부사 등을 역임했다. 율곡의 장인이다.

있으니 어찌 의롭다 하겠느냐?"

임금의 행차가 서쪽으로 간다는 소식을 듣고 노씨 부인은 신주를 받들고 파주【선생 묘소】로 돌아갔다. 적이 이르자 적을 꾸짖으며 굴하지 않다가 결국 선생의 묘 옆에서 해를 당했다. 본주에서 그 일을 올리니 정려하라는 명을 내렸다. 〈본장〉

栗谷先生夫人谷山盧氏, 宗簿正慶麟之女也. 先生之歿, 朝夕上食, 必自手具. 三年後, 亦不廢朔望哭奠. 壬辰之變, 語子侄曰:

"吾喪所天今已八年, 吾之命不亦頑乎? 況逢大亂, 苟且偸生, 有何義乎?"

聞大駕西行, 乃奉神主歸坡州【先生墓所】. 及賊至, 罵賊不屈, 遂被害於墓側. 本州上其事, 命旌其閭. 〈本狀〉[68]

21. 개가를 거부하고 죽은 한조이

흥양[69]에 사는 강시창의 처 한조이[韓召史]는 22살에 결혼하였다가 삼 년 만에 과부가 되었다. 예에 따라 상을 잘 치렀는데, 상이 끝나자 친정어머니와 언니는 한조이가 나이가 어리고 자식이 없는 것을 불쌍히 여겨 다른 곳으로 개가하라고 권하였다. 한조이가 땅을 치고 하늘에 울부짖으니 매서운 지조가 보기 드물게 굳세었다. 친정어머니가

---

68 월사 이정귀가 지은 〈시장(諡狀)〉의 일부를 가져왔다. 《율곡선생전서》 권36 부록에 실려 있다.

69 흥양 : 현 전라남도 고흥을 말한다.

말로는 그 뜻을 바꿀 수 없을 것을 알고, 윽박질러 억지로 개가시키려 하였다. 한조이가 부드러운 말로 어머니의 마음을 누그러뜨리고는 마침내 방에 들어가 목매어 죽었다. 단암 민진원[70]이 호남 관찰사로 있을 때 포상해달라는 계문을 올렸다. 《단암집》

興陽姜時昌妻韓召史, 年二十二成婚, 三年而寡, 能居喪如禮. 服闋, 其母與兄憐其年少無子, 勸以他適, 韓叩地叫天, 厲操罕堅. 其母知不 可以言語移, 將欲劫奪其志. 韓溫言以緩其志, 遂入房而縊. 閔丹巖鎭 遠, 按湖南時褒啓. 《丹巖集》

22. 남편을 죽인 범인을 밝히고자 한 나계문의 아내 윤씨

홍산[71]의 선비 나계문[72]의 처 윤씨[73]가 세조조에 행궁[74] 문 밖에서 소리내어 울며 말하기를,

"홍윤성[75]의 종 김돌산이 주인의 권세를 믿고 역리[76]를 시켜 제 남편

---

70 민진원(閔鎭遠) : 1664~1736. 본관은 여흥(驪興). 호는 단암(丹巖)·세심(洗心)이다. 민 기(閔機)의 증손이며 어머니 송준길(宋浚吉)의 딸이다. 송시열(宋時烈)의 문인. 《단암 주의(丹巖奏議)》·《연행록(燕行錄)》·《단암만록(丹巖漫錄)》·《민문충공주의(閔文忠公奏 議)》 등이 전한다.

71 홍산(鴻山) : 충청남도 부여 지역의 옛 지명이다.

72 나계문(羅季文)은 홍산의 정병(正兵)이었다.

73 윤덕녕(尹德寧) : 성균사성(成均司成) 윤상은(尹尙殷)의 딸이고, 홍산 정병(正兵) 나계 문의 아내이다.

74 행궁(行宮) : 임금이 임시로 머무는 궁을 말한다.

75 홍윤성(洪允成) : 1425~1475. 본관은 회인(懷仁). 초명은 우성(禹成). 자는 수옹(守翁), 호는 영해(領海)이다. 홍연보(洪延甫)의 증손으로, 할아버지는 홍용(洪容)이고, 아버지

을 때려죽였습니다."마을의 현감 최윤은 위세와 권력에 겁을 먹어 단지 역리만을 가두었는데 홍윤성의 두 종이 또 역리를 빼내 갔습니다. 감사 김지경[78]은 놓아주라는 명령에 따라 모두 풀어 보냈고 도리어 제 오빠 윤기[79]가 홍윤성을 모해했다고 하며 공주 삼옥에 잡아 가두었습니다."

라고 하였다.

임금이 친히 국문하며 불쌍히 여겨 김지경과 최윤을 잡아 따져 물었으나 두 사람의 말이 궁색하였다. 아울러 홍윤성을 국문하고 홍윤성의 종 김돌산과 두 종은 죽였다. 윤씨의 절의를 기려 쌀 열 말[80]을 내렸다. 《조야집》

鴻山士人羅季文妻尹氏, 世祖朝哭於行宮門外曰:

"洪允成婢夫金乞山藉主勢, 使驛吏毆殺妾夫. 邑倅崔倫怯於威權, 只

는 홍제년(洪齊年)이다. 계유정난에 적극 가담·협력하여 정난공신 2등에 책록된 데 이어, 세조의 즉위를 보좌한 공으로 좌익공신(佐翼功臣) 3등에 책록되었다. 성질이 사나워 권세를 얻은 뒤에는 다른 사람을 능멸하고, 가노(家奴)를 놓아 사람을 죽이는 일까지 있었다. 그러나 세조는 그가 정난(靖難)의 원훈(元勳)이라는 이유로 단지 책망만 할 뿐 처벌하지 않았다.

76 역리(驛吏) : 역참에 딸린 구실아치이다.

77 홍윤성이 홍산에 정승이 되었을 때 고을 사람들 모두 한 시골에서 드물게 있는 일이라 하며 관노비 2구를 선물했는데 나계문은 노비를 주지 않자 곤장을 내려 거의 죽게 하였다. 그 후 홍윤성의 종 김돌산이 시비를 걸고 패거리를 불러와 엄동설한에 발가벗기고 심하게 매질해 죽음에 이르게 했다.

78 김지경(金之慶) : 1419~1485. 당시 충청감사였다.

79 원문에는 '첩부(妾父)'로 되어 있으나 윤기는 윤씨의 오빠이므로 '첩형(妾兄)'으로 고쳐 번역한다.

80 곡(斛) : 10말의 용량이다.

囚驛吏, 洪之兩奴又奪驛吏而去. 監司金之慶, 托以赦令, 一倂放送, 反
以妾父尹者爲謀害允成, 捕繫公州獄."

上親問惻然, 拿之慶倫詰之, 皆辭窮. 幷鞫允成, 誅其婢夫與兩奴. 褒
尹氏節賜米十斛. 《朝野集》

23. 남편을 죽인 죄를 호소한 홍윤성의 숙모

홍윤성은 본관이 회인이고 세조조의 정난공신[81]이다. 판이부사[82]였
을 때 숙부가 그 아들의 벼슬을 부탁하였다.

윤성이 말하기를,

"아무 밭을 주면 부탁을 들어주겠습니다."

라고 하였다.

이에 숙부가,

"옛날에 네가 가난했을 때 먹고 입는 것을 나에게 의지한 것이 십
여 년이었다. 지금 중요한 자리에 있으면서 내 아들에게 벼슬을 줄
수 없다는 것이냐?"

라고 하였다. 윤성이 그 말이 새어나갈까 봐 두려워 마침내 숙부를
때려죽였다.

홍윤성의 숙모가 관아에 하소연하였으나 모두 윤성을 두려워하여

---

81 정난공신(靖難功臣) : 조선 단종 때 계유정난(癸酉靖難)을 일으키는 데 공을 세운 사람
들에게 내려준 훈호(勳號)이다.

82 판이부사(判吏部事) : 판상서이부사(判尙書吏部事). 고려 시대에 두었던 상서이부(尙
書吏部)의 장관(長官)으로 재신이 겸하였다.

송사를 듣고 살피는 것[83]을 허락하지 않았다.

세조가 온천에 거둥할 때 숙모가 나무에 올라가 소리 지르며 호소하였다. 임금이 가마를 세우고 이유를 묻고 크게 화가 나서 윤성을 죽이려고 하였으나 그가 공을 크게 세웠기 때문에 그 대신 종[84] 열 명을 죽였다.[85] 출처는 위와 같다.

洪允成懷仁人, 世祖朝以靖難功臣. 判吏部時, 其叔乞官其子.

允成曰:

"以某田與我, 當從之."

叔曰:

"昔公之困也, 衣食於我, 十餘年. 今居銓地, 不可官吾一子哉?"

允成恐其語泄, 遂撲殺之. 洪之叔母訴官, 皆畏允成, 不許聽理. 世祖幸溫泉, 叔母登樹呼訴. 上駐駕問之大怒, 欲誅允成, 爲其功大立, 斬蒼頭殺十人. 上同.

24. 전란에 잡혀간 아들을 기다리다 목매어 죽은 양성 이씨

임박[86]은 호가 송호이고 본관이 평택이다. 정유년(1597)에 남원이

---

83 청리(聽理): 송사를 자세히 듣고 심리(審理)하는 것을 말한다.

84 창두(蒼頭): 종을 가리킨다.

85 나계문과 그의 처 윤덕녕에 관한 이야기는 야담집 《기재잡기(寄齋雜記)》에, 홍윤성 숙부와 숙모에 관한 이야기는 《부계기문(涪溪記聞)》에 보인다. 윤덕녕에 관한 이야기는 장지연의 《여자독본》 제46과 윤부인 편에도 실려 있다. 윤백남(1888~1954)의 역사소설 '홍윤성과 절부'는 홍윤성의 숙모를 주인공으로 하여 쓰인 소설이다.

포위되자 처 양성 이씨와 결별하며,

"신하는 자기 몸을 희생하여 나라에 보답하니, 지금이 그때이다."
라 말하고는 바로 성안으로 들어가 병사 이복남[87]과 함께 죽었다.

그 아들 경발이 그때 나이 열세 살이었는데 여종 막내에게 울며
이르기를,

"사람의 자식이 되어서 돌아가신 아버지의 해골을 거두지 않으면
장차 어떻게 세상에 서겠는가. 거기에 같이 가지 않겠느냐?"
라 하자, 여종이

"오직 명을 따르겠습니다."
라고 하였다. 또 어머니께 울며 말하기를

"늙은 여종과 함께 가서, 아버지의 유골을 거두어 돌아오겠습니다."
라고 하자, 어머니는 차마 말리지 못하고 눈물을 흘리며

"네 뜻대로 해라."
라고 하였다.

드디어 경발이 늙은 여종과 함께 남원을 향해 갔다. 전쟁터에 거의
이르러서 갑자기 적을 만나 여종과 함께 잡혔다. 순천에 도착해 바다
를 건너 대판(오사카) 성에 잡혀 있다가 8년 뒤에 집으로 돌아왔다.

---

86 임박(林樸) : ?~1597. 호가 송호이다. 정유재란 때 전라도 병마절도사 이복남과 함께
　 남원성을 수호하다 순절하였다. 1742년(영조 18) 나라에서 정려를 내려 그 충절을 기
　 렸다.

87 이복남(李福男) : ?~1597. 본관은 우계(羽溪)이다. 무과에 급제해 1592년(선조 25) 나
　 주판관, 1594년 남원부사·전라도 병마절도사, 1595년 나주목사 등을 역임하였다. 정
　 유재란 때 남원성에서 왜군과 싸우다 조방장 김경로(金敬老), 산성별장(山城別將) 신호
　 (申浩) 등과 함께 전사하였다. 좌찬성에 추증되고, 1612년(광해군 4) 남원충렬사에 봉
　 향되었다. 시호는 충장(忠壯)이다.

어머니는 슬퍼하다 부르짖고 오랫동안 통곡하며 아들이 돌아오기를 기다렸다. 그러다 끝내 아들이 적에게 잡혀 죽었다고 여겨, 하루는 친척에게 말했다.

"지아비는 충을 위해 죽고, 아들은 효를 위해 죽고, 여종 또한 주인을 위해 죽었으니 온 집안이 마땅히 죽을 만한 일에 죽었습니다. 제가 얼마 남지 않은 목숨으로 어찌 차마 홀로 살겠습니까? 나는 충신의 아내요, 효자의 어머니이니 죽어도 유감이 없습니다."

라 하고는 목욕하고 머리를 빗은 뒤에 목매어 죽었다. 《임씨가승》

林懌號松湖平澤人, 丁酉南原之圍, 與其妻陽城李氏訣曰:

"臣子之損身報國, 此其時也."

直入城中, 與兵使李福男幷殉.

其子景發年十三, 泣謂奴婢莫乃曰:

"爲人子而未收亡父之骸骨, 將何以立於世, 爾其偕往乎?"

婢曰:

"惟命是從"

又泣告母夫人曰:

"當與老婢偕往, 收父骸骨而歸."

母夫人不忍禁, 泣下曰:

"惟汝志爲之."

遂與老婢轉向南原, 幾至戰場, 忽遇賊, 幷婢縛之. 到順天, 涉大海, 拘置大坂城, 八年後還家. 母夫人哀號長慟, 待子之歸, 終知爲賊所擄戮. 一日謂親戚曰:

"夫死於忠, 子亡於孝, 婢亦從死於主, 擧家死於當死. 余以殘喘, 何忍獨生? 吾爲忠臣之妻, 孝子之母, 死無憾矣."

沐浴梳洗, 自縊而逝.《林氏家乘》

25. 왜적에게 저항하다 죽은 창녕 성씨

윤기삼[88]은 본관이 파평이고 벼슬은 감찰에 이르렀다. 호는 월오당이다. 율곡 이이와 우계 성혼 두 선생의 제자이다. 부인은 창녕 성씨로, 찬성을 지낸 성임의 현손이고, 지돈녕부사였던 성세명의 증손이다. 임진왜란 때 적을 만나 저항하다 벼랑에 몸을 던져 죽어서 정려를 받았다.

尹起三坡平人官監察, 號月梧堂, 栗牛兩先生門人. 夫人昌寧成氏, 贊成任之之[89]玄孫, 知敦世明之曾孫. 遭壬辰亂, 遇賊抗節, 投厓而死, 旌閭.

---

88 윤기삼(尹起三) : 1563~?. 윤기삼이 우계 성혼에게 수학하려 왔을 때, "지금 세상에 사표(師表)로는 율곡만 한 분이 없으니, 그대는 어찌 그 문하에 가서 진학하는 방법을 도모하지 않는가."라고 하자, 즉시 율곡에게 찾아가 배웠다는 일화가 전한다. 성혼(成渾), 〈답문(答問)〉,〈우계연보보유(牛溪年譜補遺)〉 제1권,《우계집(牛溪集)》에《윤공가장(尹公家狀)》의 글을 실어 놓았다.
89 원문에 '之'가 하나 더 들어간 듯하다.

26. 역적에 협조한 시아버지의 잘못을 깨우친 며느리

이인좌의 난[90]이 일어났을 때 적에 투항하여 진천[91] 현감이 된 자가 있었다. 장차 관직에 나아가는 길에 며느리의 집을 지나가게 되었다. 며느리가 음식을 성대하게 준비하고 그 시아버지에게 잔을 올리며 말했다.

"제가 들으니 아버님께서 영예로운 벼슬자리로 가신다고 하여 감히 술잔을 들어 하례드립니다."

그리고 모른 척하고 묻기를,

"아버님께서 멀리 전원에서 지내시다가 어떻게 이런 좋은 벼슬을 받게 되셨습니까?"

라고 하니, 이르길,

"지금 조정에서 큰 난이 일어나자 많은 인사들이 모두 나라를 배반하였는데, 나도 다행히 동참하여 이 현감 자리를 얻게 되었다."

라고 했다. 며느리가,

"나라를 배반한 자는 역적이라 합니다. 아버님의 관직은 역적이 준 것이지 조정이 내린 것이 아닙니다. 제가 듣기로, 반역한 자는 죽임을 당한다고 하니 이제 멸족하는 화가 이를 것입니다. 제가 오래도록 아버님을 모시고자 한들 그럴 수 있겠습니까? 제가 먼저 죽기를 청하여 감히 이 술잔을 들어 영결하는 것입니다."

---

90 이인좌의 난은 무신년(戊申年)에 일어나서 '무신란'이라고도 한다. 영조 즉위 초 신임옥사를 무고로 인한 사건으로 규정하고 노론 4대신이 신원되자, 이인좌 등 소론 강경파가 남인 세력과 함께 일으킨 반란이다.

91 진천(鎮川) : 충청북도 북서쪽 끝에 있는 군이다.

라고 이르자 시아버지가 크게 놀라 깨닫고 달아났다. 《동계집》

　戊申之亂, 有投賊, 爲鎭川縣監者. 將上官, 過其子婦. 婦盛備饌, 觴
獻于其舅曰:
　"竊聞大人以榮官行, 敢擧酒賀."
　因僞問曰:
　"大人遠處田野 何以得此營官?"
　曰:
　"今朝廷大亂, 群雄皆反, 吾幸以同事, 得此縣官."
　婦曰:
　"反國者名爲逆賊. 大人之官, 乃賊授, 非朝廷所授也. 妾聞爲逆者誅,
赤族之禍今至矣. 妾欲長侍大人, 其可得乎? 妾請先死, 敬擧此酒永訣."
　舅大驚悟, 遁走. 《東谿集》[92]

27. 남편을 죽인 자에게 복수하고 임금의 인정을 받은 최씨와 딸

　숙종 때 삼가(三嘉)[93] 출신인 홍방필(洪邦弼)이 어떤 이에게 살해되
었다. 그 아내 최씨와 딸이 여러 해 동안 기회를 엿보다가, 지니던
칼로 찔러 간을 갈라서 먹었다. 도의 관리가 이를 아뢰니, 임금이 이
르길,

92　조귀명(趙龜命), 〈열사홍림전(경술)(烈士洪霖傳(庚戌))〉,《동계집(東谿集)》권5에 있다.
93　삼가(三嘉) : 경상남도 합천군 남부에 있는 면이다.

"두 여인의 절의가 옛사람에게 부끄러울 것이 없다. 이는 특별히 함부로 죽인 죄를 용서해 주는 것만으로 그칠 일이 아니다."

라고 했다. 대신(大臣) 이유(李濡)와 서종태(徐宗泰)가 아뢰길,

"살인 사건을 임의로 저리한 일이 뒷날에 폐단이 될까 염려됩니다. 정려(旌閭)하는 일을 가벼이 논의하기에는 어려움이 있으니 특별히 부역을 면하게 하시옵소서."

라 하였다. 《조야집》

肅宗朝三嘉出身洪邦弼, 爲人所殺. 其妻崔氏, 與其女積年伺便, 手刃刳肝以食. 道臣以聞, 上曰:

"兩女節義, 無愧古人. 此不但特原擅殺之罪而已."

大臣李濡徐宗泰議:

"以爲專殺, 後弊可慮, 旌閭有難輕議, 特令給復." 《朝野集》[94]

28. 남편에게 넓적다리 살을 잘라 먹이고 생전에 정려를 받은 이씨

남포의 선비 최성집이 나병[95]을 앓은 지 5년이 되었는데 온갖 약을 써도 낫지 않았다. 부인 전주 이씨가 오 년을 하루같이 목욕재계를 하고는 이슬을 맞으며 기도하고 정성을 다해 약을 썼다. 성집의 아우 성집(成集)이 그 형수와 번갈아 간호하다가 오랫동안 피로가 쌓여 잠시

---

94 《숙종실록》, 숙종 36년 경인(1710) 10월 19일(경진) 기사에 이 일이 보인다.
95 나병 : 나병을 한방에서 대풍창(大風瘡)이라 이른다.

바깥채에 나가 눈을 붙였다. 그러자 이씨가 틈을 타 뒷방에 들어가서 몰래 넓적다리 살 일곱 점을 잘라내 으깨고 끓여서 즙을 만들고는 소고기라고 속여 먹였다. 동생 성집의 꿈에 한 노인이 이르길,

"집에 위급한 일이 있는데 얼마나 곤하기에 자고 있느냐?"

라고 하여 놀라 돌아가 보니 피가 흘러 자리를 적시고 뼈가 거의 드러나 있었다. 급히 약을 쓰고 감싸니 오래 지나 아물었다. 그 남편이 이후로 병이 조금씩 낫는 듯하더니 두 달을 넘기고 죽었다. 성집이 자기 아들 돈보로 형 성집의 후사를 잇게 하였다.

금상[96]이 24년 정해(1887) 4월 동릉[97]에 행차할 때, 임금의 가마 앞에서 돈보가 격쟁[98]을 하여 드디어 생전에 정려를 받았다.

藍浦士人崔聖集, 患大風瘡者五年, 百藥無效. 夫人全州李氏, 沐浴露禱, 竭誠醫治, 五年如一日. 而聖集之弟成集, 與其嫂氏, 迭遞視疾, 積久困憊, 暫就外舍假睡. 李氏乘時入後房, 潛割股肉七㮚, 爛煮爲汁, 稱牛肉而饋之. 成集夢一老人曰:

"家有警急, 睡何困耶?"

驚歸視之, 流血鋪席, 幾至露骨. 急以藥裹之, 久乃合完. 其夫從以病稍減, 延過二朔而死. 成集以其子燉輔, 出系于聖集.

96 금상 : 고종을 이른다. 고종이 정해년에 동릉이 행차한 기록이 있다.

97 동릉(東陵) : 동구릉(東九陵)을 이른다. 태조 사후 태종의 명으로 조성되기 시작하여 1855년에 수릉이 9번째로 조성된 후 동구릉이라 부르게 되었다. 구리시 인창동 검암산 자락에 있다.

98 격쟁(擊錚) : 조선 시대에 억울한 일을 당한 사람이 왕이 거동하는 길거리에서 징이나 꽹과리를 쳐 왕에게 호소하는 일이다.

今上二十四年丁亥四月，幸行東陵時，燉輔鳴金於法駕之前，遂命生旌.

29. 팔을 자르고 자결하여 정려를 받은 과부 이씨

진주 강이덕의 아내 전주 이씨는 17세에 시집와서 부인의 도리를 다했는데, 그 남편이 불행히 일찍 죽었다. 강이덕이 죽던 날 울면서 이씨에게 이르길,

"당신은 비록 나이가 어리지만, 다행히 아들 한 명과 유복자가 있으니 잘 길러서 내 후사가 끊어지지 않도록 해주길 바라오."

라고 하니 열부가,

"그러겠습니다."

라고 했다. 이씨가 남편을 여읜[99] 슬픔에 살고 싶지 않았으나 참아내며 죽지 않은 것은 두 아이를 성취시켜 임금을 위해 공을 세우게 하기 위해서였다.

하루는 그 어머니가 딸이 혼자되어 외롭게 지내는 것을 가엽게 여겨서 찾아와 보고 돌아갔다. 이씨가 나가 배웅하고 돌아오는데, 한 불량배가 길을 막고 손을 잡고는 낫을 휘두르며 위협하길,

"만약 시키는 대로 하지 않으면, 당장 죽여버리겠다."

라고 하였다. 이씨가 엄히 꾸짖어 말하기를,

"너는 스스로 양반이라 하면서 짐승 같은 행동을 하려 하느냐? 내가

---

99 주곡(晝哭) : 남편이 죽은 것을 말한다.

비록 만 번을 죽어도 어찌 너에게 겁탈을 당하는 욕을 당하겠느냐?"
라고 하고는 죽을 각오로 벗어나 돌아왔다.

　이 씨는 혈서를 써서 관에 호소하고자 손가락 하나를 자르고 나서,
"그자에게 잡힌 손이니 그대로 둘 수 있겠는가?"
라고 하고, 도끼를 가져다가 손목을 자르고는 또 말했다.
"욕을 당한 것이 이에 이르렀으니 살아 무엇 하리오?"
　그리고는 양잿물을 마셨으나 오히려 죽지 않았다.

　이때 두 아이는 첫째가 7살이고 둘째가 3살이었는데, 울면서 이씨를 지키고 있었다. 이씨가 머리를 빗어주고 달래서 문밖에 나가 대추를 따게 하고는 이윽고 목을 매고 죽었는데 나이가 30세였다. 현(縣)의 관사에서 그 불량배가 처벌을 받았다. 뒤에 많은 선비들이 조정에 글을 올려 철종 기미년(1859)에 정려를 내리라는 명이 있었다. 《임고산집》

　晉州姜履德妻, 全州李氏, 十七而嫁, 克有婦德, 其夫不幸短命死. 死之日, 泣謂李曰:
"君雖年少, 幸有一子及遺腹, 幸善鞠育, 俾吾不絶嗣也."
　李曰:
"諾."
　自畫哭, 哀不欲生, 而隱忍不死者, 蓋爲成就二兒, 告功厥辟也.
　一日其母, 愍其惸惸, 來見及歸. 李出餞而還, 有一狂童, 遮道執手, 揮鎌威脅曰:
"若不聽, 當殺之."

李嚴責曰:

"汝自謂班名, 而欲爲禽獸之行乎? 吾雖萬死, 豈受汝劫辱乎?"

抵死脫身而歸.

將血書訟官, 斫一指, 旣而曰:

"爲彼所執之手, 其可存乎?"

引斧斷腕, 又曰:

"受辱至此, 生亦何爲?"

飮鹵猶不死.

時二子長七歲, 次三歲, 泣而守之. 李爲梳其頭, 誘使出門外撲棗, 遂投繯而死, 年三十. 縣司致狂童于罪. 後因多士上言. 哲宗己未命旌. 《任鼓山集》[100]

30. 정려를 받은 두 여종 홀개와 불관

아산에 관가에서 부리던 여종 가운데 정려를 받은 2명의 열녀가 있다. 한 명은 홀개인데 온순하고 얼굴이 고왔으며 벼슬아치[101] 이인 눌의 첩이었다. 나이 18세에 남편이 죽었고 유복자로 아들 하나가 있었다. 관아의 종이 범하려고 해서 홀개는 온갖 곤욕을 치렀다. 심지어 송곳으로 힘줄을 찌르기까지 했으나 홀개는 그를 따르지 않고 머리카락을 자르며 절개를 온전히 지킬 것을 스스로 맹세하였다.

---

100 임헌회, 〈이열부정려기(李烈婦旌閭記)〉, 《고산집(鼓山集)》 권9에 나온다.
101 품관(品官): 품계를 가진 벼슬아치를 말한다.

또 한 명은 불관으로 16세에 서울 사람 이진서의 아내가 되어 아들 하나를 낳았다. 몇 년 되지 않아 남편이 병에 걸리자 똥을 맛보고 부르 짖으며 울었다. 남편이 죽자 눈이 오나 비가 오나 꺼리지 않고 항상 빈소 곁을 지키며 죽을 때까지 뜻을 바꾸지 않고 절개를 지키니 다른 사람이 감히 함부로 하지 못했다. 또 시어머니를 잘 섬겼고 시어머니 가 죽자 3년 동안 죽만 먹었다. 철종 정사년(1857)에 관의 종 몇 명이 정려문을 다시 고쳤고 임고산이 정려기를 썼다.[102] 출전은 앞과 같다.

牙山官婢有二烈女旌閭. 一曰忽介, 溫順有姿色, 爲品官李仁訥妾. 年十八, 夫死, 有遺腹生一子. 衙僮欲汚之, 困苦備至. 至於以錐穿筋, 亦不從, 斷髮, 自誓以全節.

一曰佛官, 年十六, 爲京人李振緒妻, 生一子. 未數年, 夫遘疾, 嘗糞 呼泣. 及歿, 不憚雨雪, 恒守殯側, 終身守節不渝, 人不敢亂. 又善事姑, 姑歿啜粥三年. 哲宗丁巳, 官奴等重修旌閭, 任鼓山作記. 上同.

31. 남편의 복수를 한 것이 참작되어 감형된 옥례

숙종 때 전 참봉 신면이 애봉이라는 자를 때려죽였다. 그러자 애봉 의 아내 옥례가 분함과 원통함을 이기지 못하고 신면의 이마를 때렸 는데, 신면이 16일 만에 죽었다. 신면의 아들 광두가 관에 고하자,

---

102 임헌회, 〈열녀 홀개와 불관의 정려기[烈女忽介佛官旌閭記]〉,《고산집(鼓山集)》권9에 있다.

관에서 옥례를 가두고 형벌을 가했다.

형관 이익[103]이 말했다.

"옥례는 마땅히 죽어야 할 사람을 사사로이 죽인 겁니다. 본래 죽을죄를 지은 것은 아니고 그 남편의 원수에게 복수한 것이니 또한 용서할 방도가 있을 겁니다."

그러자 김석주[104]가,

"남편을 위해 복수를 한 것이므로 비록 살인죄에 처할 수는 없지만 사사로이 저지른 살인에 대한 법이 있으니 완전히 석방할 수는 없습니다."

라고 하니, 임금이 그대로 따랐다.

肅宗朝前參奉申勉杖殺愛奉者. 愛奉妻玉禮不勝忿痛, 打勉之額, 十六日死. 其子光斗[105]告官, 囚玉禮施刑, 刑官李翊啓:

"玉禮擅殺應死之人, 本無死罪, 復其夫讐, 亦有可恕之道."

金錫冑曰:

"爲夫復讐, 雖無代殺之理, 擅殺有律, 不可全釋."

上從之.

---

103 이익(李翊) : 1629~1690. 숙종 때 형조, 이조판서를 지낸 인물로 송시열과 정치적 운명을 함께 했다.

104 김석주(金錫冑) : 1634~1684. 숙종 대에 홍문관 교리 등을 지낸 문관이다. 남인을 숙청하고 노론을 이끌었다.

105 애봉의 처 이야기는 《흠흠신서》, 《숙종실록》 등 여러 문헌에 나오는데, 신면의 아들 이름이 《흠흠신서》에는 '光斗'로, 《숙종실록》에는 '光井'으로 표기되어 있다.

32. 손가락을 자르고 발가락이 다 닳도록 남편의 원수를 갚은 김씨

호남 사람 최씨는 무자년[106] 대흉년 때 그 아내 김씨를 데리고 홍산 해현으로 왔다. 최씨는 품삯 일로 먹고살았고, 그 아내는 김매기와 수확 등 안 하는 일이 없었다. 병신년(1896) 정월, 이웃에 사는 윤 교리가 그 남편 최씨를 고용해 불전에서 나온 소작료[107]를 지고 무량사[108]에 가게 했다. 절에서 곡식을 되어 보니 그 양이 많이 부족했다. 윤씨가 양반 텃세를 하며 중을 무시해서 해마다 이렇게 해왔던 것이었다. 무량사의 중 만진은 본래 사나운 인물이었는데 일꾼인 최씨에게 그 화풀이를 해서 즉시 때려죽였다.

당시는 개화가 이루어지던 때로 홍산군은 홍주관찰부에 속하게 되었고[109] 경조[110]는 10부가 되었다. 최씨의 아내는 홍주부에 두 번 혈서를 올리고 3차 혈서는 한여름 뜨거운 더위를 무릅쓰고 서울로 가서 법부에 올렸다. 혈서를 쓸 때마다 매번 손가락 하나를 잘랐다. 8월에 비로소 사형하라는 문서가 내려오자[111] 홍산 군수 이재화가 만진을 저잣거리로 끌어내 포수를 시켜 쏘아 죽이게 했다. 만진의 숨이 끊어지기 전에 그의 아내가 앞으로 뛰어나가 군수에게 하소연하기를,

"저 중이 비록 법에 따라 죽지만 저는 반드시 그 간을 꺼내 먹은

---

106 무자년 : 1888년. 전국적으로 큰 흉년이 들었다.
107 도조(賭租) : 남의 논밭을 빌려 농사를 짓고 그 세로 매해 내는 곡식을 말한다.
108 무량사(無量寺) : 충남 부여에 있는 절이다.
109 관찰부(觀察府) : 관찰사가 직무를 보던 관아이다.
110 경조(京曹) : 형조. 법률과 소송을 맡아보던 관청이다.
111 대살(代殺) : 살인한 사람에게 그 목숨의 대가로 죽이는 것을 말한다.

뒤라야 남편의 원수를 갚을 수 있겠습니다."

라 하고 바로 칼로 그 배를 가르고 간을 꺼내서 먹으니 저잣거리에
있던 사람들이 몹시 놀라워했다.

그때 나는 홍산에 살고 있었는데 9월에 한 여자가 자루를 지고 길
을 가고 있고 한 아이가 그 뒤를 따라가고 있었다. 사람들이 모두 그
들을 가리키며 말했다.

"열녀구나, 이 여인은! 배를 갈라 중의 간을 먹고 그 남편의 원수를
갚더니 이제 그 아들을 먹이려고 쌀을 구걸하는구나."

그리고 후하게 주지 않는 집이 없었다.

혈서를 쓴 뒤 손가락의 상처가 아물지 않아 다섯 손가락을 아직도
싸매고 있었고, 고생해서 근근이 서울로 가느라 다 닳은 발가락에는
아직 살이 돋지 않고 있었다. 내가 자세히 보니 얼굴이 순하게 생겼고
몸집이 작아 한 가녀린 여자에 불과했는데 그 속은 어찌 그리 강한가!
아! 저 여자는 한 상민으로 멀리 타향에 와서 저토록 늠름하게 우뚝한
절개를 세웠으나 장차 그 이름이 사라져 전하지 않으리니, 안타깝다!

湖南人姓崔者, 戊子大無之年, 率其妻金姓, 轉入于鴻山蟹峴, 以傭
賃爲生, 而耘籽刈穫, 厥妻無不爲之. 丙申正月, 鄰居尹校理賔得厥夫,
負送佛[112]田賭租于無量寺. 及其斗量, 頗有零縮, 盖尹氏恃班侮僧, 年年
如此也. 寺僧萬辰素以頑者, 移怒於賔夫, 卽搏殺之.

時當開化, 鴻山郡屬於洪州觀察府, 京曺改爲十府. 厥妻二次血書,

---

112 원문에는 '佛佛田'으로 되어 있다. '佛'이 한 번 더 들어간 것으로 보인다.

呈于洪州府, 三次血書, 三伏炎天, 跋涉上京, 呈于法府. 每一血書, 斫一指. 至八月, 始有代殺之牒題, 鴻倅李載華, 出置萬辰於市上, 使砲手射之. 僧姑未絕, 厥妻踊躍而前, 訴于倅曰:

"彼僧雖死於法, 妾必取肝以食, 然後, 可報夫讐."

卽以刀刳腹, 取肝食之, 市人大驚.

時, 余僑居鴻山, 九月有一女, 負橐而行, 一兒隨後. 人皆指之曰:

"烈哉! 此女也! 刳食僧肝, 旣報夫讐, 今則欲哺其子乞米."

諸家莫不厚遺.

血書後, 指瘡未合, 尙裹五指. 且跋涉上京, 足掌盡磨, 尙不生肉. 余細觀之, 貌順而體小, 不過一弱女, 而其膓則何如是剛也. 噫! 渠一箇常女, 遠來他鄕, 能樹卓節, 如彼凜然, 而將泯名無傳, 惜哉!

33. 죽은 남편의 바람대로 시어머니를 정성껏 모신 신씨

강태공의 아내 신씨는 신재선의 딸이다. 태공이 병들어 죽게 되자 신씨가 뒤따라 죽기로 마음먹었다. 태공이 그 뜻을 짐작하고 조용히 말했다.

"당신이 나를 따라 죽으면, 그 뒤에 늙으신 어머니와 어린아이는 어쩌겠소?"

신씨가,

"죽어서 같이 묻히기로 저는 마음을 정했습니다."

라고 하자 태공이 두 번, 세 번 달래어 말했다.

"내가 죽은 뒤에 우리 어머니를 잘 모셔서 내가 천고의 한을 품지 않도록 해주시오."

신씨가 울면서 그러기로 했다.

강태공이 죽었을 때 신씨는 나이가 열아홉이었다. 시어머니 모시기를 게을리하지 않았고 부녀자의 도리를 다했다. 유순한 태도로 시어머니를 공경하며 사십 년을 하루같이 여름에는 시원하고 겨울에는 따뜻하게 모시면서 시어머니가 아들을 잃은 슬픔을 잊도록 하였다. 《숙재집》

姜泰功之妻申氏, 載善之女也. 泰功病而將死, 申氏決意下從. 泰功知其意, 從容語曰:

"婦若從吾死, 其如老母及乳兒何?"

申氏曰:

"死則同穴, 吾已決矣."

泰功再三曉喩曰:

"吾死後, 善養吾母 勿使我飮恨千古."

申氏泣而諾之.

及其喪也, 申氏時年十九. 養姑不衰, 甚得婦道. 愉婉洞屬, 扇枕溫被, 使其姑忘其喪子之哀, 四十年如一日. 《肅齋集》[113]

---

113 조병덕(趙秉悳), 〈제신열부강효자사적후(題申烈婦姜孝子事蹟後)〉, 《숙재집(肅齋集)》
권20에 있다.

34. 칼날을 무릅쓰고 왜적을 꾸짖은 민씨

신예남[114]은 본관이 평산이며 백암 김력[115]의 제자이다. 임진왜란 때 왜적에게 붙잡혔는데 그들이 일본으로 함께 데리고 가려고 위협하며 오랑캐 옷[116]을 입게 하고 칼을 겨누었다. 공은 상황을 벗어나지 못할 것이라 생각하고 단호히 말하기를,

"우리 집은 대대로 충효가 두터운 집안이다. 어찌 오랑캐[117]의 포로가 되어 낯선 곳에서 목숨을 훔쳐 살겠는가?"

라고 하고 바로 자신의 옷을 벗고 혈서를 써서 종에게 주면서 말하기를,

"이것으로 초혼을 하고 돌아가 장사 지내거라."

라고 하고 마침내 자결하였다.

부인 민씨는 남편이 욕을 당하는 것을 보고 날카로운 칼날을 무릅쓰고 들어가 적을 꾸짖기를 그치지 않았다. 적이 부인을 칼로 베어 온몸에 피가 흘러 기절해 쓰러졌다 한참 후에 다시 살아났다. 그때 큰아들 건은 일곱 살이었고 둘째 아들 두는 태어난 지 몇 달 되지 않았다. 남편의 유언을 따라 어린아이들을 데리고 낮에 걷고 밤에 숨어 지내며 7년 동안 난리[118] 가운데 목숨을 보전했다. 선조조에 정려를 받았다.[119]

---

114 신예남(申禮男) : 생몰년 미상. 본관은 단양(丹陽). 자는 문길(文吉). 김력의 문인이다.

115 김력(金功) : 1540~1616. 본관은 예안(禮安). 자는 희옥(希玉), 호는 백암(柏巖)이다.

116 훼복(卉服) : 섬 오랑캐, 즉 왜노(倭奴)가 입은 옷을 말한다. 《서경(書經)》〈우공(禹貢)〉에 "島夷卉服"이라 하였다.

117 견양(犬羊) : 오랑캐 등 외적(外敵)을 멸시하여 부르는 말이다.

118 병혁(兵革) : 전쟁을 뜻한다.

119 조병덕이 쓴 〈참판에 추증되신 신예남 처 정부인 민씨 정려비명 병서(贈參判申公禮男妻贈貞夫人閔氏旌閭碑銘 並序)〉가 있다. 《숙재집》 권23에 실려 있다.

申禮男平山人, 金栢岩玏門人. 壬辰公爲倭賊所獲, 要與同歸其國,
刮著卉服拔劍擬之. 公度不得脫, 奮然曰:

"吾家世篤忠孝. 豈爲犬羊俘虜, 偷生異域耶?"

卽解其衣冠, 血書付僕曰:

"以此招魂歸葬."

遂自決.

夫人閔氏見公受辱, 冒白刃以入, 罵賊不絕口. 賊以劍斫之, 血流遍
體, 氣絕而仆, 久而蘇. 時長子檣年七歲, 次子枓生未幾月. 遵遺命, 挈
其孤遺, 晝行夜伏, 見保於七年兵革之中. 宣廟朝幷旌.

35. 정성껏 제사를 지내 집안을 지킨 엄씨

홍원에 사는 권석집은 안동이 본관이다. 아내 영월 엄씨[120]는 부덕
에 어느 것 하나 빠지는 게 없었다. 남편의 큰형은 집 밖을 떠돌아다
녔고 둘째 형은 멀리 떨어진 집에 양자로 나가 있었다. 그러던 중 시
부모상을 당해 영월 엄씨는 남편을 도와 예에 따라 염하고 장사를
지내며 3년 동안 거친 음식을 먹었다. 집안 살림이 가난하여 송곳을
꽂을 만한 밭도 없었고 어린아이들은 방에 가득했다.

얼마 지나지 않아 또 남편의 상을 당했다. 그때 부인의 나이 겨우
37세였는데 3년 동안 거친 음식을 먹었다. 자신의 밥그릇과 수저를
따로 준비해서 매번 밥을 먹은 뒤에는 종이봉지에 싸서 높은 선반에

두고 아이들의 생선국과 고깃국, 반찬과 섞여 더럽혀지지 않도록 하였다. 아침저녁으로 음식을 올릴 때는 비록 아무리 살림이 어렵더라도 반드시 술을 준비해놓고 향을 사르고 술잔 올리기를 3년 동안 그치지 않았다.

마침 남편의 장지를 **빼앗으려고** 하는 사람이 있어 그 과부를 업신여기며 여러 방법으로 위협하였다. 엄씨는 관을 집 안으로 옮겨 한 방에서 12일 동안 잠을 자고 다시 다른 장지를 구해 묻었다. 엄씨는 낮에는 김을 매고 밤에는 옷감을 짜며 살림을 꾸렸다. 김을 맬 때 혹 사람이 지나가면 호미를 두고 밭두둑에 피해 숨었다가 그 사람이 보이지 않을 때를 기다린 후 다시 김을 매었다.

남편의 큰형이 부인의 뜻을 **빼앗으려고** 간혹 내쫓으면 매번 피눈물을 흘리고 의롭게 저항하며 죽기로 맹세하였다. 남편의 큰형이 망하고 집이 가난하여 전혀 조상의 제사를 지내지 못했다. 부인이 친히 신주를 이고 집에 돌아와 거친 음식을 먹고 재계하며 대신 제사를 지냈다. 그리고 철마다 지내는 제사도 없애지 않았다. 직접 어린 손자를 십 리 밖까지 업고 아침저녁으로 고개를 넘어 글방의 스승에게 나가 공부시키며 말하기를,

"제사 때는 반드시 축문을 읽어야 하니 축문을 베껴 오너라."

라고 하고 이때부터 제사 지낼 때 축문을 읽었다.

또 말하기를,

"집안의 제사는 큰일이니, 만약 제사를 지낼 때 성의가 없으면 그 집안은 반드시 망할 것이다."

라고 하였다. 부인은 71세에 죽었다. 두 아들과 여섯 손자와 열세 명

의 증손이 있다.[121]

　權石集居洪原安東人. 妻寧越嚴氏婦德無虧. 夫伯兄放浪在外, 仲兄過房在遠弇. 遭舅姑喪, 贊助其夫, 依禮殯葬, 三年疎食. 家業傍落, 田無立錐, 幼稚滿室.

　又居未幾, 遭夫喪. 年纔三十七, 疎食三年. 別具飯器匕箸, 每食後盛于紙囊, 置之高架, 不令染汚於嬰兒之魚肉羹饌. 朝夕上食, 雖在百艱, 必自備酒, 焚香奠酌, 以至三年.

　適有欲奪其夫之葬地者, 蔑其寡孤威脅多端. 嚴氏遷柩入家, 同房居宿, 十有二日, 更求他地而窆焉. 晝鋤夜織, 以資其生. 鋤田時, 人或有過者, 置鋤避匿于畝間, 待其不見而更鋤.

　夫伯兄欲奪其志, 或至駈逐, 每血泣義拒, 以死自誓. 夫伯兄喪敗, 家貧全不行祖先祭祀. 夫人親戴神主歸家, 替奉祭祀, 必食素齋戒. 又不廢節祀. 親負穉孫於十里之外, 朝夕踰嶺, 使之就學于塾師, 曰:

"祭祀必讀祝, 膽抄祝文以來."

自是祭必讀祝. 曰:

"人家祭爲大事, 祭若無誠, 其家必亡."

年七十一而終. 有二子六孫十三曾孫.

---

121 조병덕이 지은 〈유인 영월 엄씨 묘지명(孺人寧越嚴氏墓誌銘)〉이 《숙재집》 권24에 실려
　있다.

36. 시가를 위해 평생 고생해야 했던 황씨[122]

황근은 본관이 장수인데 딸만 셋이었고 아들은 없었다. 첫째 딸은 일찍 죽었고 둘째 딸은 나이 15세, 막내딸은 12세였을 때 황근 내외가 전염병에 걸려 모두 죽었다. 친척과 이웃들이 병을 무서워하여 서로 왕래하지 않으니 둘째 딸과 셋째 딸이 직접 스스로 염하고 장례를 치렀다. 장례를 치른 뒤 자매가 잇달아 병에 걸렸어도 와서 구해줄 이가 없었다. 다행히 병이 나았지만 부엌에 땔감도 없고 항아리에는 먹을 것도 없었다. 두 자매가 서로 부축하며 친척집에 가서 머무르려고 하자 심한 전염병을 막 겪은 뒤여서 모두 거절하고 받아주지 않았다. 마침 해가 저물어 집 정원 옆 밤나무 숲 아래에서 잤다. 밤새도록 비가 내려 거의 죽을 지경에 이르렀다가 겨우 살아났다. 친척 어른인 황온이 거두어 길렀다.

상을 마치자 둘째 딸은 17세에 선전관인 전주 이씨 유염의 아들에게 시집갔는데 그는 두 눈이 멀었다. 막내딸은 15세에 청풍 김씨 중암 김선생의 아버지인 성양에게[123] 시집갔다.【앞 부분의 현모에 나온다.】

선전관의 둘째 아들은 자가 양보였다. 선전관이 황씨 며느리를 매우 사랑했으나 그 시어머니 최씨는 맏아들이 두 눈이 멀었다는 이유로 박대했고 그 황씨 며느리도 별로 사랑하지 않았다. 그저 양보 부부만 편애했다. 하지만 황씨는 마음 쓰지 않고 더욱 조심하며 시어머니를 섬겼다.

---

122 이 이야기는 김평묵이 쓴 〈가장(家狀)〉에 있다. 김평묵은 1874년 어머니 황씨에 대해 쓴 다음 이모에 대해서 쓴 것이다.

123 김성양(金聖養) : 큰아버지 김도홍(金道弘)에게 입양되었다.

얼마 뒤 남편이 일찍 죽고 선전관도 얼마 안 가서 죽었다. 양보는 제멋대로 굴어 집안을 망쳐 놓고 무뢰배들을 따라다니며 술과 도박을 하면서 제대로 살 궁리를 하지 않았다. 최씨가 그제야 양보를 꾸짖으며 막다가 사이가 나빠졌다. 최씨는 가슴을 치며 호소하기를

"내가 며느리의 어짊과 효성을 미처 몰랐으니 이제 와서 이런 재앙을 받는 것도 마땅하다."

라고 했다. 최씨는 이것이 병이 되어 결국 죽었다. 그 해에 크게 흉년이 들자 양보는 굶주림과 곤궁함을 이기지 못해 때때로 훔치기도 하고, 그 아내를 본가에 보내 의지하며 살게 했는데 어떻게 되었는지 알 수 없었다. 양보는 누더기를 입고 사방으로 구걸하러 다녔다.

황씨는 혼자 지내며 밤낮으로 방적하여 제사를 받들었다. 평소에는 문을 걸어 잠갔고 밤에 잘 때는 앞에 날카로운 칼을 두고서 예측하지 못할 일을 방비하였다. 한참 뒤에 양보는 머리에 다 해진 약립을 쓰고 옷은 다리를 덮지 못할 지경이 되어서 돌아왔다. 황씨가 눈물을 흘리며 말하기를,

"차마 사람의 자손이 되어 부모님이 낳고 길러주신 은혜를 잊고 부모와 조상의 집안을 망하게 할 수 있습니까? 이제라도 행실을 고쳐 어질게 살면 망한 것을 회복해서 집안을 보존할 수 있을 겁니다. 부디 깊이 생각해보십시오."

라고 했다.

양보는 고개를 숙이고 아무 말도 하지 않았으며 나가서 바깥채에서 잤다. 한밤중이 되자 몰래 사당 감실을 열고 신주 및 기물 등 팔 수 있는 것들을 거둬 갖고 갔다. 황씨는 새벽이 되어서야 알고는 크게

마음 아파했다.

얼마 있다가 마을 어르신이 말하기를,

"선전관의 사촌동생 이유평이 제천에 사는데 집이 매우 부유하다
고 한다. 종부가 신주를 받들고 가서 돌려주면 양자를 세워 집안을
일구게 해줄 것이다."

고 했다. 황씨가

"알겠습니다."

고 하고 몇 달 동안 방적을 하여 돈 수십 꾸러미를 마련했다. 마침
그때 선전관의 서제(庶弟) 아무개가 한양에서 왔다. 황씨는 그런 뜻을
말하고 돈을 건네주고 빨리 행장을 꾸리게 했다. 아무개 역시 무뢰배
여서 돈을 받고 나가서는 다시 돌아오지 않았다. 황씨가 어이없는 웃
음을 지으면서

"한 집안에 양보가 둘이나 있을 줄 생각지 못했구나."

라고 말했다.

그리고 또 방적을 하여 돈을 마련하고 직접 행장을 꾸리고 친정인
황씨 집안 사람 한 명으로 하여금 앞장서게 했다. 제천에 이르렀는데
그때 이유평은 이미 죽었고, 그 아들이 서까래 여러 개를 팔아 집은
다 무너진 채로 맞이했다. 황씨는 친척 아들을 세워 후사로 삼았다.
황씨는 늙고 병들었어도 죽을 때까지 베틀에서 떠날 수 없었다. 그
아들은 이런 사정으로 인해서 공부하지 못하여 다른 사람의 밭을 빌
려 농민이 되었다.

長水黃瑾有三女而無男. 長女早卒, 仲年十五, 季年十二, 黃瑾內外邁瘟俱歿. 宗族隣比, 畏病不通. 仲季二女, 躬自殮殯. 旣殯相繼病臥, 無復救者. 幸而病已, 廚無薪甁無粟. 兄弟扶携往投于族家, 則以新經大瘟, 拒而不納. 適値日暮宿于園側栗林之下. 終夜雨下, 幾至殞命而得勉. 族父黃瑠收育之.

服閱, 仲年十七, 歸于全州李氏宣傳官惟聃之子, 雙瞽. 季年十五, 歸于淸風金氏重菴先生之父諱聖養.【見上賢母】宣傳有第二子, 字曰陽甫. 宣傳雖愛黃婦, 其姑崔氏以長子雙瞽瞽[124]薄之. 遇其婦竝少恩, 偏愛陽甫夫妻. 黃氏不以爲意, 事之惟謹. 旣而夫早卒, 宣傳亦尋歿. 陽甫姿橫敗家, 追逐無賴, 使酒賭技, 無以爲生. 崔氏始乃呵禁, 遂至傷恩. 推胷而號曰:

"吾不識黃婦之賢孝, 今受此殃宜哉."

崔氏因成疾而沒. 歲又大無, 陽甫不勝飢困, 時行穿窬, 乃遣其妻, 依于本家, 後不知所終. 陽甫懸鶉百結, 行丏四方. 黃氏獨守一室, 晝夜治紅, 以供祭祀, 居常鎖門, 夜寢前置利劍, 以防不測. 久之陽甫, 首戴弊蒻笠衣不掩脛而來. 黃氏泣而道之曰:

"爲人子孫, 忍忘劬勞之恩, 而覆父祖之門乎. 及今改行爲善, 猶可回亡爲存, 願熟思之."

陽甫垂首不言. 出宿外舍. 夜半潛啓祠龕, 掇取主櫝器物可鬻者以去. 黃氏昧爽乃覺大痛. 移時, 里中長老曰:

"李宣傳從父弟惟平居堤川, 家甚饒. 宗婦奉祠板以歸, 則必立子成家."

---

124 문맥상 '瞽'가 아니라 '故'로 해야 한다. 김평묵이 쓴 글에서도 '故'로 되어 있다.

黃氏曰:

"諾",

治績數月, 得錢數十緡. 適宣傳庶弟某, 自京來. 黃氏以其意告之, 授其錢, 使速治行. 某亦無賴子, 受之而出, 不復返. 黃氏笑曰:

"不料一門中, 有二陽甫也."

又治績得錢 躬治行具, 使黃氏族一人爲前導. 至堤川, 時惟平已歿, 其子買數椽破屋而接之, 立族子爲後. 然黃氏老且病, 至屬纊, 身不離機杼. 其子坐此失學, 賃人田爲農民.

해제

〈열녀〉에 속한 일화들은 모두 36편으로 양반, 중인 여성[김史], 관비(官婢) 등 다양한 신분 출신의 여성들의 열행을 기록하고 있다. 시대적으로는 14세기 안동 유천계의 아내로부터 19세기말 김상집 당대의 호남 사람 최씨의 아내까지 전 시대의 열녀들이 포함되어 있다. 그 내용은 전쟁의 와중에서 적군이 닥치자 죽음을 택한 여성들과 정절을 지키지 못 할 다급한 상황에서 죽음을 택한 여성들, 남편이 죽은 뒤에 수절한 여성들, 남편과 아버지의 원수를 갚은 여성들, 남편과 시아버지가 의리를 저버리고 변절한 것을 비판한 여성들에 이르기까지 다양한 면모를 보여준다. 이처럼《본조여사》의 〈열녀〉항목에는 17세기 이후 열녀전에서 주로 볼 수 있는 종사형(從死型) 열녀, 즉 남편이 죽으면 따라죽는 열녀뿐만이 아니라 남편이나 시아버지의 실의(失義)와 변절(變節)에 대해 비판한 여성도 포함되어 있어 흥미롭다.

특히 호남 사람 최씨의 아내 이야기는 김상집 당대인 무자년 대흉년을 배경으로 양반의 텃세와 사나운 중의 횡포로 죽은 남편의 억울함을 풀어주기 위해 손가락을 잘라 혈서를 쓰고 발가락이 닳도록 서울로 간 여성의 일을 기록한 것으로 당시의 혼란스러운 사회상을 보여주는 동시에 그에 굴하지 않는 여성의 힘을 실감나게 보여준다.

효부

1. 시아버지를 위해 기도한 임씨

남포의 김노정은 본관이 경주이다. 효성으로 정려를 받았다. 그 아내는 풍천 임씨인데 시부모를 섬기는 데에 매우 효성스러웠다. 그 시아버지가 나이 팔십에 오랫동안 아팠는데 약을 달이고 음식을 해드리는 일을 조금도 게을리하지 않았다. 후원에 단을 만들고서 울면서 신에게 기도하였다. 금상 신묘년에 함께 정려를 받았다. 〈증정부인묘갈〉

藍浦, 金魯貞, 慶州人. 以孝旌閭. 其妻豐川任氏, 事舅姑亦甚孝. 其舅以八耋久病, 侍湯供膳不少懈. 設壇後園泣禱于神. 今上辛卯並旌閭. 〈贈貞夫人墓碣〉

2. 시조부를 살려 낸 오씨

남포의 김약제 아내는 보성 오씨이다. 매우 부덕이 있어 시할아버지와 시부모를 예로써 섬겼다. 자식이 없는 데다 일찍이 과부가 되었지만 시할아버지를 봉양하는 데에 효를 다하였다. 그 시아버지가 장차 돌아가실 듯하다는 말을 듣고 손가락을 깨물어 피를 내어 입에 흘려 넣기를 여러 날 하여 다시 살렸다. 온 고을 사람들이 칭송하였다.

藍浦, 金樂濟妻, 寶城吳氏. 甚有婦德, 事祖舅及舅姑以禮. 無子而早寡, 養祖舅以孝. 聞其舅將死, 嚼指取血灌之數日復甦. 鄕黨稱之.

해제

이 항목에는 김노정 처 임씨, 김약제 처 오씨의 이야기가 있다. 임씨는 팔순이 된 시아버지를 극진히 모셨고, 오씨는 과부로서 시조부를 잘 모셨다. 시집 어른을 효도로 섬긴 여성 2명 이야기를 썼고, 김상집이 살았던 고장인 홍성의 여성만 선별했다.

절부

1. 남편이 참형을 당하자 식음을 전폐하고 죽은 정씨

교리 권달수[1]는 호가 동계이고 본관이 안동이다. 연산조에 임금의 잘못을 아뢰다가 형을 받고 죽었다. 그 아내 정씨[2]가 함창[3]에 있었는데 가슴을 치고 발을 구르며 통곡하면서 물 한 모금도 마시지 않았다. 신위를 차리고 제사를 지내며 하루에 세 번 밤낮으로 곡을 하는 소리가 끊이지 않았고 눈물이 다하여 피가 이어 흘렀다. 얼마 후 말하기를,

"제가 구차히 살아서 오늘에 이른 것은 제 남편의 뼈가 이 땅으로 돌아오는 것을 보고 싶어서였습니다. 돌아오거든 반드시 저와 함께 묻어 주십시오."

라고 했다. 또

"남편의 형님 정랑군(正郞君)의 아이를 후사로 삼아주셔요."

라 이르고 말을 그치자 죽었다. 중종 때 정려를 내렸다.

---

1 권달수(權達手) : 1469~1504. 이조좌랑, 부교리 등을 역임한 문신으로 연산군의 생모 윤씨를 종묘에 모시는 것의 부당함을 극간하다가 참형을 당했다.

2 원문에는 성씨 표기가 없으나 《대동야승》, 《국조보감》의 기록에서 정씨(鄭氏)로 확인된다.

3 함창(咸昌) : 경상북도 상주지역의 옛 지명이다.

權校理達手, 号桐溪, 安東人. 燕山朝極諫刑死. 其夫人●氏在咸昌, 擗踊叫號, 勺水不入口. 設位以祭, 日三晝夜, 哭不絕聲, 淚盡血繼. 旣曰:

"吾苟活至今者, 欲見吾良人之骨返此土也. 返則必以吾祔."

又

"以良人之兄, 正郎君之兒, 爲後."

言訖而終, 中廟朝旌閭.[4]

2. 자신을 예우한 남편이 죽자 따라 죽은 박씨

참판 윤승길[5]은 호가 남악이고 본관이 해평이다. 아내 박씨는 어려서부터 효성스럽고 유순하기가 남달랐고 예를 다하여 남편을 섬겼다. 남편이 세상을 떠나자 숨이 끊어졌다가 다시 살아나 가래와 피를 토했다. 자녀들이 울면서 조금 진정하기를 호소하자 부인이 이르길,

"내가 일찍 부모를 여의고 계모에게 마음을 얻지 못하여 궁한 사람이 되었다가 너희 집에 시집와서야 다행히 지아비에게 버림받지 않았다. 나에게 은혜를 베풀고 예로 대하셨으니 실로 나에게 부모인 셈이다. 그런데 이제 끝났구나. 내가 의리상 홀로 살 수 없고 하물며 너희들이 있어 족히 뒷일을 맡길 수 있는데, 내가 어찌 세상에 미련을 두어 함께 떠나지 않겠느냐?"

---

4 이행(李荇), 〈권통지부인모씨합장지명(權通之夫人某氏合葬誌銘)〉, 《용재집(容齋集)》 권9에 정씨의 사적이 보인다.

5 윤승길(尹承吉): 1540~1616. 형조판서, 의정부 좌참찬을 역임한 문신이다. 딸을 왕실 자제와 혼인시켜 뒤에 해선군(海善君)에 봉해졌고 영의정에 추증되었다.

라고 하고는 말도 하지 않고 먹지도 않았다. 하루는 스스로 일어나 세수하고 머리 빗고는 단정히 앉아 죽었다. 남편과 함께 묻혔다. 〈본장〉

尹參判承吉, 號南岳, 海平人. 夫人朴氏, 自兒時, 孝順出凡, 事公盡禮. 及公歿, 絶而復甦, 吐痰嘔血, 子女號泣請少寬抑. 夫人曰:

"吾早失父母, 不得於繼母, 爲一窮人, 及歸汝家, 幸不見棄於所天. 恩我禮我, 實父母我也. 乃今已矣. 義不可獨存, 況汝等在, 足任後事! 吾何眷念於世, 而不與偕逝也?"

因不言不食. 一日, 自起梳洗, 端坐而逝. 與公同窆. 〈本狀〉[6]

3. 의리를 지켜 굶어 죽은 김씨

풍산 김씨는 이강에게 시집갔는데, 이강이 말에서 떨어져 죽자 그 노비가 시신을 들고 돌아왔다. 김씨가 삼 일 밤낮으로 부르짖으며 울고 염을 하고 나서는 한 달이 넘도록 먹지 않고 물만 마셨다. 부모가 이르길,

"먹고 곡을 한들, 의리에 무슨 해가 있겠느냐!"

라고 하자 김씨가 말하기를,

"슬퍼서 먹지 않는 것이 아닙니다. 먹고 싶지 않은 것입니다."

라고 했다. 53일 뒤에 죽었으니 스무 살이었다. 남편과 같은 무덤에

---

6 이식(李植), 〈정부인박씨행장(貞夫人朴氏行狀)〉, 《택당선생별집(澤堂先生別集)》 권8에 있다.

장사지냈다. 《삼강행실》

豊山金氏適李橿, 橿墜馬死, 舁尸歸. 金號咷, 三晝夜, 及殯, 踰月不食, 但吸水而已. 父母曰:

"食而哭, 於義何害!"

金曰:

"非哀而不食. 自不思食."

積五十三日而卒, 年二十. 同穴而窆. 《三綱行實》[7]

4. 남편이 신원된 후 죽은 김씨

충민공 윤각[8]은 함안사람이다. 무과로 총융사를 지냈는데 신임사화[9]를 만나 3년이나 잡혀있었다. 그 아내 김씨가 목욕하고 바깥에서 기도하기를 삼 년을 하루같이 하였다. 공이 죽자 예를 다하여 상을 치르니 흰 제비가 여막에 집을 지었다.[10] 공의 원통함이 풀리자, 김씨

---

7 이 이야기는 《태종실록》 태종 13년 계사(1413) 2월 7일(병진) 기사와 《신증동국여지승람》 제24권 경상도 안동대도호부 "열녀"조에도 실려 있다.

8 윤각(尹慤): 1665~1724. 전라수사, 총융사를 거친 무신이다. 1721년(경종 1) 신축화옥에 관련되어 여러 해 심한 고문과 옥고를 치르다 죽었다. 영조 즉위 후 신원(伸冤)되었다.

9 신임사화(辛壬士禍): 경종이 세자였을 때 시해하려 했다는 목호룡의 고변이 있자 소론이 노론 4대신을 사사하게 하고 수백 명의 노론을 제거한 사건이다. 신축(辛丑)·임인(壬寅) 두 해에 걸쳐 진행되었다.

10 송귀수가 효성을 다하여 시묘살이를 할 때 흰 제비[白燕]가 날아와 그 여막에 집을 짓고 새끼를 길렀는데 그 새끼들도 모두 흰색이었다고 한다. 〈고모숙인송씨전(姑母淑人宋氏傳)〉, 《송자대전》 권215에 일화가 나온다. 여기서는 김씨가 예와 정성을 다하여 상을 치른 것을 강조하는 표현으로 사용되었다.

가 이르길,

"내가 죽지 않은 것은 기다리는 것이 있어서였다."

라고 하고는 음식을 끊고 죽었다. 뒤에 정려를 받았다. 《신임제요》

忠愍公尹慤, 咸安人. 武惣使, 遭辛壬之禍, 被拿三年. 其妻金氏沐
浴露禱, 三年如一日. 及公死, 居喪盡禮, 白燕巢幕. 及公雪冤, 金氏曰:
"吾之不死, 有所待耳."

遂絕食而終. 後命旌閭. 《辛壬提要》[11]

5. 절명사를 남기고 죽은 정씨

선비 이희지[12]는 병조판서 이사명[13]의 아들이다. 임인년의 화[14]가
일어나자 그 아내 정씨가 〈절명사〉를 지었다.

어진 재상과 칭송받는 선비가 모두 원통하게 죽고
군자께서 화를 당하시니 또한 죄가 없으시네.

---

11 이의현, 〈병조참판윤공묘표(兵曹參判尹公墓表)〉, 《도곡집(陶谷集)》 卷20과 박필주,
〈병조참판윤공묘지명(兵曹參判尹公墓誌銘)〉, 《여호집(黎湖集)》 권26에도 내용이 실려
있다.

12 이희지(李喜之) : 1681~1722. 이사명(李師命)의 아들이자 노론 4 대신인 이이명(李頤
命)의 조카이다. 경종의 시해를 모의했다는 무고로 신임옥사가 일어났을 때 극형을
받고 죽었다. 영조 즉위 후 신원되었다.

13 이사명(李師命) : 1647~1689. 숙종 대 병조·형조 판서를 역임한 문신으로 시재가 뛰어
났다. 기사환국 때 사사되었다가 뒤에 신원되었다.

14 임인년의 화 : 신임사화를 이른다. 임인옥(壬寅獄)이라고도 한다.

처자를 노비로 삼고 재산을 몰수하라고 윤허하시니
군자의 외로운 혼을 거두어 줄 사람이 없구나.
몸에 독약을 지니고
죽기로 내 마음을 정했으나
네 번 약을 먹어도 완악한 목숨이 끝내 끊어지지 않고
하룻밤에 세 번 목을 매도 죽지 않네.
6월 4일 새벽에
혈서를 쓰고 강으로 향하지만
강보의 아이는 이제 의지할 곳이 없으니
죽어 저승에서도 애통함이 지극하겠지.

마침내 물에 빠져서 죽었다. 훗날 정려를 받았다.[15] 출전은 위와
같다.

士人李喜之, 兵判師命之子也. 壬寅禍作, 妻鄭氏作絕命詞曰:

賢相譽士皆冤死
君子逢禍亦非罪.
收孥籍産幷啓允
惟君孤魂爲無主
身邊有毒藥

---

15 충남 부여 규암면 진변리에 시어머니 가림 조씨와 함께 받은 정려가 있다.

歸寄自我心

四藥頑命終未絕

一夜三絞亦不死.

六月四日鷄鳴時

題罷血書向江水

襁兒從此無倚賴

瞑目重泉抱至痛.

遂投水死. 後命旌閭. 上同.

6. 왜란으로 남편이 죽자 함께 굶어 죽은 고부 오씨와 정씨

평택이 본관인 임영수는 임진란 때 선전관으로 임금의 가마를 호위하다가 중도에 전사하였다. 4년 뒤 정유재란이 일어나 남원이 포위당하자 그 아들 계와 육촌 아우 박이 병사 이복남[16]을 따라 남원 성안에서 함께 죽었다. 임계의 아내 진주 정씨는 그 시어머니 오씨와 성이 함락되었다는 소식을 듣고 용진산에 들어가 음식을 끊고 죽었다.

의론하는 자들이 한 집안의 아버지와 아들, 시어머니와 며느리가 충신과 열녀로 모이다니 아름다운 일이라 감탄했다. 《임씨가승》

平澤林英秀, 以宣傳官, 壬辰亂扈從大駕, 中途戰亡. 越四年丁酉, 南

---

16 이복남(李福男) : 113쪽 주 87) 참조.

原之圍, 其子桂與其再從弟樸, 從兵使李福男, 同死于南原城中. 桂之
妻晉州鄭氏, 與其姑吳氏, 聞城陷之報, 入簀珍山中, 廢食而終.

議之者以爲一門之內父子姑婦, 何其忠烈之萃也, 嗚呼懿哉. 《林氏
家乘》[17]

7. 시아버지 봉양 마치고 남편 따라 죽은 오씨

경주 김호주의 처 오씨는 본관이 보성이다. 어려서부터 지극한 행
실이 있었는데 13살에 아버지의 악성 종기를 빨아냈다. 결혼한 지 1년
만에 남편이 죽었다. 일 년 지나 제사 지낸 뒤에, 술 한 궤, 반찬 한
합, 담배 한 갑을 시아버지에게 드리고 마지막으로 봉양하는 정성을
보였다. 또 유서를 써서 남편의 후사를 세워달라고 부탁하고 약을 마
시고 죽었는데 나이 22살이었다. 지나가던 나그네가 문에 시를 썼다.

오씨의 향기로운 이름 모든 이들이 말하는데
와 보니 나도 모르게 탄식 나오네.
해 저무는 강촌에 나그네가 가리키니
푸른 나무에서 매미 우는 곳 열녀의 집. 《성당집》

慶州金浩柱妻, 寶城吳氏. 幼有至行, 年十三吮父疽. 成婚一年, 夫歿.

---

17 기우만(奇宇萬), 〈평택임씨삼강유허비(平澤林氏三綱遺墟碑)〉, 《송사집(松沙集)》 권25
에 관련 내용이 보인다.

初碁行祀後, 封一匱酒一榼饌一匣草, 獻於舅以致終養之誠. 又有遺書
以托立嗣之義, 仰藥而逝, 年二十二.

有過客題詩於門曰:

吳氏香名萬口譁,
今來不覺發咨嗟.
江村落日行人指,
綠樹鳴蟬烈女家. 《性堂集》[18]

8. 남편 죽은 후 굶어 죽음을 선택한 이씨

선비 김노길[19]의 아내는 이씨로 본관은 청주이며, 청허당 이거이[20]
의 후손이다. 어려서부터 여자의 도리를 잘 갖추었다고 소문났다. 남
편이 죽자 7일 동안 말하지도 먹지도 않다가 죽었다. 남편과 같은 묘
에 묻혔다.

士人金魯吉妻, 淸州李氏, 淸虛堂居易之後也. 自少以婦道聞. 及夫
死, 七日不語不食而死. 同穴而窆.

---

18 정혁신(鄭赫臣)이 지은 '보성오씨열행정문(寶城吳氏烈行旌文)'이 있다.

19 김노길(金魯吉) : ?~?. 병자호란 때 죽은 김홍익(金弘翼)의 6대손이다. 정조 및 순조
때 사람인 듯하다.

20 이거이(李居易) : 1348~1412. 본관은 청주(淸州). 자는 낙천(樂天), 호가 청허당(淸虛
堂)이다. 1396년(태조 5)에 평양 부윤으로 부임했고, 1403년 서원부원군(西原府院君)
을 지냈다.

9. 왜적이 오자 스스로 찔러 죽은 박씨

한명윤[21]은 본관이 청주이다. 처음에 영동현감이 되었는데 임진왜
란 때 고을 사람들을 많이 불러 모아 여러 차례 왜구를 막았고 그
공으로 상주목사에 제수되있다. 또 직과 싸우다 죽었다. 영동에서 임
진왜란을 당했던 초기에 재취한 부인 밀양 박씨에게

"나는 마땅히 여기서 죽을 것이니, 당신은 멀리 피하시오."
라고 했다. 부인이 울면서 말하기를,

"남편이 여기에 있는데 제가 어디로 갑니까? 같이 죽을 뿐입니다."
라고 했다. 이때부터 박씨는 항상 칼을 지녀 손에서 놓지 않았다. 적
이 이르자 관아의 종인 임석이 업고 도망하려고 하니 부인은 허락하
지 않으면서

"차라리 한번 죽는 게 낫지 내 몸을 네 등에 닿게 할 수 없다."
고 말했다. 그리고 스스로 찔러 죽었다. 공은 죽은 아내의 장례를 치
르지 않고 몸소 많은 사람들을 이끌고 용감히 싸우며 죽음을 염두에
두지 않았다. 적들도 놀라면서 탄복했다. 이 일이 알려져 정려를 받았
다. 《임고집》【마땅히 〈열부〉에 넣어야 한다.】

韓明胤淸州人. 初爲永同縣監, 壬辰糾聚邑衆, 屢禦倭寇, 以勳除尙
州牧使. 又與賊戰遂死之. 永同當亂之初, 謂再娶夫人密陽朴氏曰:
"我當死於此, 卿可遠避."

---

21 한명윤(韓明胤) : 1542~1593. 조선 선조(宣祖) 때의 문신으로 본관은 청주(淸州)이다.
임진왜란 때 영동에서 송방조(宋邦祚)와 의병을 모아 대항하고, 상주 목사로 방어사(防
禦使)를 겸임하다 전사하였다. 선무원종공신(宣武原從功臣)에 책록되었다.

夫人泣曰:

"夫子在此, 妾將何往? 同死而已."

自是常持刀子不離於手. 及賊大至, 衙奴林石欲負而逃, 夫人不許曰:

"寧一死, 不可將此身近汝之背."

遂自刎而死. 公不爲殯殮, 以身率衆奮不顧死. 賊亦駭顧嗟歎. 事聞命旌. 《任鼓集》[22] 【當入於烈婦】

10. 남편 장례 후 따라 죽은 임씨

박세진은 본관이 함양으로 고왕 박권의 후손이며 20살에 죽었다. 그 아내 풍천 임씨는 어려서부터 홀어머니를 효성으로 잘 봉양했고 동기들을 매우 사랑했다. 20살에 시집갔는데 며느리 도리를 매우 잘 갖추었다. 얼마 지나지 않아 남편이 병들자 약 시중과 죽 끓이는 일을 여종들에게 맡겨 시키지 않으면서

"남편의 병은 곧 내 병이니 감히 게으르게 하겠는가?"

라고 했다. 밤이 되면 바깥에서 기도했는데 3년을 이와 같이 했다. 변고를 당하자 애통해하며 살고자 하지 않았다. 비록 동서나 시누이들과도 한 자리에 앉지 않았고, 먹을 때에도 그릇을 함께 쓰지 않았다. 밖에서 다른 이들이 오면 반드시 벽을 향해 앉았다. 시부모가 평소 그 지조를 잘 알고 있어 죽지 않도록 엄하게 지켰다. 장례 때 애통

---

22 임헌회, 〈목사증이조참판한공행장(牧使贈吏曹參判韓公行狀)〉,《고산집》권17과《동국신삼강행실열녀도》권6 '박씨자문(朴氏自刎)'에 실려 있다.

함이 누그러진 듯하니 집안 사람들이 조금 믿게 되었다. 졸곡을 한 다음 날 시어머니에게 제사를 올리겠다고 청했는데 제사가 끝난 후에도 오랫동안 나오지 않았다. 가서 보니 이미 옷띠로 스스로 목 졸라 숙었다. 유서에

"마땅히 남편을 따라 죽어야 했지만 시부모님을 위로하기 위해 지금까지 참고 있었습니다. 이제 남편이 땅속으로 들어갔으니 의리상 죽지 않을 수 없습니다."

라고 했다. 나이 23살이었다. 뒤를 이은 아들은 한봉이다. 고산 임헌회 문인이다. 출처는 위와 같다.

咸陽人朴世鎭, 孤狂 權之後孫, 二十而圽. 其妻豐川任氏, 自幼孝養偏母, 篤愛同氣. 二十而嫁, 婦道甚備. 未幾夫病, 刀圭饘粥, 不委婢使曰:

"夫子之病, 卽吾病也, 其敢怠乎?"

夜輒露禱, 如是者三年. 及遭變, 慟不欲生. 雖娣姒, 坐不同席, 食不同器. 有人自外至, 必面壁而坐. 舅姑素知其操, 防護甚嚴. 及葬, 哀若少殺, 家人稍信之. 卒哭翌日, 請于姑, 行饋奠, 及徹, 久不出. 往視之, 已以衣帶自絞而絕. 有遺書曰, 宜卽下從, 爲慰舅姑, 忍而至今. 今夫子入地, 義不可不死. 年二十三. 系子漢鳳. 任鼓山門人. 上仝.[23]

---

23 임헌회 《고산집》 권14에 〈학생박공렬녀임씨묘지명(學生朴公烈女任氏墓誌銘)〉이 있다.

11. 남편 장례 치르고 죽은 신씨

아산의 아전인 고세진의 처 신씨는 어려서부터 성품이 유순했다. 시집가서는 효도로써 시부모를 섬겼다. 얼마 지나지 않아 남편이 병에 걸렸는데, 삼 년을 하루같이 정성을 다해 구완하고 치료하면서 허리띠를 풀지 않았다. 목욕재계하고 바깥에서 자기가 대신하게 해달라고 기도했다. 상을 당했을 때 심하게 슬퍼하지 않은 듯했다. 다만 관에 넣는 물건을 마음을 다해 갖추었다. 염을 한 후 사람들이 깊이 잠든 때를 타서 남편이 쓰던 허리띠를 가져다 스스로 목을 졸라 죽었다. 나이 겨우 28살이었다. 염을 하려고 집안사람들이 옷을 풀자 작은 칼이 가슴속에 감춰져 있었다. 출처는 위와 같다.

牙山邑吏高世鎭之妻申氏, 自幼性度柔順. 及歸, 事舅姑以孝. 未幾, 其夫遘疾, 殫誠救療, 衣不解帶, 三年如一日. 沐浴露禱, 乞以身代. 及遭喪, 若不甚慽. 惟附身之具, 盡心焉. 旣斂, 瞰人熟睡, 取其夫腰帶, 自縊而死. 年纔二十八. 方其斂也, 家人解其衣, 則有小刀, 藏在懷中. 命旌. 上仝.[24]

12. 남편 죽자 스스로 자결한 오씨

남포에 사는 임성순의 아내 오씨는 남편이 죽은 다음 날에 스스로 칼로 찔러 자결했다. 영조 때 정려를 내렸다. 《해동삼강록》

---

24 임헌회 《고산집》 권9에 〈열부신씨녀정려기(烈婦申氏女旌閭記)〉가 있다.

藍浦任聖舜妻吳氏, 夫死翌日引刀自決, 英宗朝旌閭. 《海東三綱錄》

13. 바다에서 죽은 남편을 만나고 온 듯한 문씨

제주 사람 송덕보의 아내 문씨는 16살에 시집가서 효성을 다해 시부모를 모셨다. 집이 가난해 남의 집에서 고용살이를 하면서도 틈을 얻어 마음을 다해 모시기를 게을리 하지 않았다. 시집간 지 4년이 되던 해 덕보가 일이 있어 바다를 건너갔는데 돌아오지 않았다. 마을 사람들은 덕보가 죽었을 것이라고 했다. 문씨가 슬퍼하고 미망인으로 자처하며 시간이 지나도 옷을 바꿔 입지 않고, 해가 지나도 머리를 빗지 않았다. 1년이 지나 남편이 물에 빠져 죽은 것을 의심할 수 없게 되자 문씨는 바로 문을 닫아걸고 아무것도 먹지 않고 죽었다.

염을 할 때 보니 해초와 소라껍데기가 관 바깥 여기저기에 나 있는 것이 마치 깊은 바다를 지나온 듯해서 사람들이 기이하게 생각했다. 제주의 선비와 백성이 여러 차례 문서를 올려 암행어사에게 아뢰니 철종 임술년(1862)에 그 집에 정려를 내리라는 명을 내렸다. 훈련대장 양헌수[25]가 제주목사로 있을 때 화서 이항로 선생에게 전을 지어서 그 일을 표창해 달라고 부탁했다. 《화서집》

---

25 양헌수(梁憲洙) : 1816~1888. 자는 경보(敬甫), 시호는 충장(忠莊)이다. 이항로의 문인이었으나 무예를 익혀 무과에 급제, 병인양요 때 프랑스군을 물리치는 데 결정적인 역할을 했다. 이 공로로 한성부 좌윤에 임명되었다가 1869년 황해도 병마절도사로 부임하고 공조판서를 지냈다. 1876년 강화도조약 당시에는 김병학, 홍순목, 이용희 등과 함께 척화론을 주장했다.

濟州宋德寶妻文氏, 十六出嫁, 事舅姑甚孝. 家貧傭賃, 乞假忠養不懈. 居四年, 德寶以事浮海而出, 因不返. 鄕里以爲死, 文氏痛之, 以未亡人自處, 逾時不易衣, 經歲不櫛髮. 犖年知溺水死無疑也, 卽閉戶不食以殉. 殉時見海藻螺殼, 忽遍生棺面, 若經沉水然, 人異之.[26] 本州士民屢以狀聞于繡衣, 哲宗壬戌命旌其閭. 訓將梁憲洙爲濟牧時, 請於華西李先生作傳而表章之. 出《華西集》

14. 왜적이 손을 잡자 손을 자르고 죽은 박제의 아내 송씨[27]

진위장군 박제[28]는 본관이 무안으로 죽헌 박염[29]【모재 김안국의 제자】의 아우이다. 선조 임금 때 왜군이 쳐들어오자[30] 쌀 수백 말을 가져가서 임금에게 바쳤다. 또 무안에 의병청을 설치하고 보평산에 매복하며 적을 엿보다가 적에게 사로잡혔다. 부인 송씨가 그를 구하려 하자 적이 그 손을 잡았다. 부인이 칼로 자신의 손을 자르고 마침내 스스로 목숨을 끊어서 장군이 빠져나갈 수 있었다. 이 일이 알려지자 정려하고 포상했다.【형인 박염도 중봉 조헌[31]의 의병진에 쌀 수백 말을 보냈다.】

---

26 서미주에 "《화서집》에 나온다[出《華西集》]."라고 되어 있다. 이항로가 쓴 〈효열부 문씨전〉에서 내용의 일부를 가져왔다. 《화서집》 권28에 실려 있다.

27 송씨에 대한 기록으로《동국신속삼강행실도》의 〈송씨 피해(宋氏被害)〉, 기우만(1846~1916)《송사집》의 〈열부 송씨 정려추기〉가 있다.

28 박제(朴悌) : 1547~1620. 자는 순지(順之). 진위장군에 추증되었다.

29 박염(朴恬) : 1525~1603. 김평묵이 쓴 〈군자감정 죽헌 박공 묘갈명(軍資監正竹軒朴公墓碣銘)〉이 있다. 《중암집》 권46에 실려 있다.

30 《동국신속삼강행실도》에 정유재란 때라고 밝히고 있다. 정유재란은 1597년 강화가 결렬되자 일본이 다시 침략해 온 전쟁이다.

振威將軍朴悌務安人, 竹軒恬【金慕齋門人】之弟也. 宣祖倭變, 運米
數百斛, 獻于行在. 且設義兵廳于務安, 設伏寶平山覘賊, 爲賊所執. 夫
人宋氏救之, 賊握其手. 夫人以刀斷手, 遂自殺. 將軍得脫, 事聞旌褒.
【兄恬小運米數百斛於趙重峰義陣.】

15. 남편의 원수를 갚은 시말을 글로 써서 남기고 죽은 이씨

광주에 사는 정시립[32]의 아내 이씨는 본관이 원주로 정언 이빈[33]의
딸이다. 집안이 영락한 데다 가까운 친척도 없었다. 고을 사람인 양진
강은 신분이 천하고 행실이 못된 인물이었는데 정시립이 양진강에게
독살당했다. 이씨가 피를 뿜으며 관에 고소했으나 양진강의 집안이
크게 번성했기 때문에 갖은 방법으로 죄안을 뒤집었다. 이씨가 밤낮
으로 뛰어다니면서 몸에는 상복을 벗지 않고 입으로는 고기를 가까이
하지 않고 혹한이나 무더위도 아랑곳하지 않은 것이 5년이었다. 그
모습이 피폐하게 말라 다 죽을 지경이 되었으나 매번 소리를 높여
송사를 변론할 때는 기운이 조금도 위축되지 않았으며 그 말이 분명
하고 조리가 있어 듣는 사람이 눈물을 흘렸다. 인조 기축년(1649)에

---

31 조헌(趙憲) : 1544~1592. 본관은 배천. 자는 여식(汝式), 호는 중봉(重峯)이다. 이이와
   성혼의 문인이다. 예조좌랑을 역임하고 임진왜란 때 의병을 일으켜 왜병과 싸우다 죽
   었다.
32 정시립 : 정엄(鄭淹, 1530~1580)의 증손으로, 본관이 광주이다. 정엄은 문과에 급제한
   뒤 여산군수, 남원부사 등을 지냈다.《동국신속삼강행실도》,〈정엄성효(鄭淹誠孝)〉에
   정엄에 대한 기록이 있다.
33 이빈(李彬) : 1597~1642. 자는 빈빈(彬彬), 호는 서주(西疇)이다. 영암 옥천에서 태어
   났으며 장수현감을 지냈다. 백광훈의 외손자이다. 저서로《서주집》이 있다.

형조판서 이해가 순찰사 허적의 보고에 대한 답으로 법대로 하게 해 달라고 하여 양진강이 마침내 곤장을 맞고 죽었다. 이씨는 그때야 상복을 벗고 띠를 풀고 글을 써서 남편의 묘에 고하기를,

"그대의 원수를 갚았으니 저의 바람이 이루어졌습니다. 살아서 무엇을 기다리겠습니까?"

하고 화를 당한 일의 전말과 복수한 일의 시종을 직접 기록해서 아들에게 주고 자리에 누워 죽었다.

光州居鄭時立[34]妻李氏原州人, 正言彬之女也. 家勢零落, 無親戚强近. 郡人梁振綱, 身賤行惡, 鄭公爲振綱所酖殺. 李氏沫血訴官, 振綱[35]族黨甚繁, 百道翻案. 李氏晝夜奔走, 身不釋衰, 經口不近魚肉. 不知祈寒暑雨者五年. 羸憊換形, 幾至滅性, 而每抗辭訟卞, 氣不少挫. 其言便便有條理, 聽者感泣. 仁祖己丑, 刑判李楷, 以巡使許積之案回啓請如律. 振綱遂得杖死, 李氏乃釋衰絰, 爲文告夫廟曰:

"夫子之讎復矣, 妾之願畢矣. 不死何俟?"

手記遘禍顚末復讐始終, 授其兒子, 因臥而不起.[36]

---

34 서미주에 "시립은 승지 정엄의 증손이다. 정엄은 효로 정려를 받았다[時立承旨淹之曾孫, 淹孝旌]."라고 되어 있다.

35 振剛 : '振綱'을 잘못 쓴 것으로 보인다.

36 이씨에 대한 기록으로 김평묵의 《중암집》에 〈열부이씨전〉이 있다.

16. 남편의 상을 치르고 죽은 함평의 나씨

함평의 선비 이 아무개의 처 나씨는 송재 나세찬[37]의 후손이다. 어려서부터 강상의 가르침을 알아 부모를 사랑하고 어른 섬기기를 두터이 하였다. 여자의 일을 할 때는 집안의 법도를 잘 따랐으며 행동거지와 말하는 것이 옛날 법도에 들어맞아 사람들이 여사라고 불렀다. 나씨는 이씨에게 시집가서 아들 셋을 낳았다. 그 남편이 고질병에 걸리자 낫게 하려고 나씨는 온갖 방법으로 간호하고, 병이 위독해지자 손가락을 잘라 피를 마시게 했다. 남편이 죽자 따라 죽으려 하다가 아들들에게 급히 구조되었다. 그 뒤에는 슬픔을 참고 장례를 치렀으며[38] 상복을 벗지 않고 입에는 맛있는 것을 가까이하지 않았다. 손아랫동서 아무개가 아버지를 잃은 아이들을 불쌍히 여겨 조카들을 사랑하고 가르치기를 자기 아이와 다름없이 했다. 남편의 1주기 제사[39] 열흘 전 나씨가 갑자기 아이들을 불러 말했다.

"모두 앞으로 오너라. 내가 마음에 지극한 슬픔을 품고도 지금까지 구차하게 살아온 것은 너희 때문이었다. 그런데 너희 숙모가 너희를 사랑으로 보살피니 내가 죽어도 네 아버지에게 할 말이 있겠구나."

이날 밤 마침내 세상을 떠났다. 아들들이 목숨을 구하려 했으나 할 수 없었다. 나이 39세였다.【박제 처 이하 세 부인의 일은 《중암집》에

---

37 나세찬(羅世纘) : 1498~1551. 본관은 나주. 자는 비승, 호는 송재이다. 중종~명종 대의 문신으로, 대사헌, 한성우윤 등을 역임했다. 권신인 김안로를 탄핵하다 유배당한 바가 있으며, 문집으로 《송재유고》가 있다.

38 송사(送死) : 장례를 치른다는 뜻이다. 《맹자》 〈이루(離婁) 하〉 양생송사(養生送死)에서 온 말로 어버이를 생전에 봉양하고 사후에 장사지내는 것을 말한다.

39 연(練) : 연복(練服)을 말한다. 죽은 지 1년이 되는 소상 때 입는 상복이다.

실려 있다.】

咸平士人李某妻羅氏, 松齋世纘之后也. 幼識綱常之說, 篤於愛親敬
長. 凡干女事, 能遵家法, 動止語黙, 黙契古法, 人稱女士. 及歸李氏,
生三子. 而其夫邁貞疾, 羅氏救護萬方, 疾革斫指進血. 屬纊欲下從, 被
諸子急救, 因節哀送死, 身不脫衰麻, 口不近珍味. 娣某氏悲其孤幼, 諸
侄之撫愛敎育無異己出. 練前十日, 忽召諸子曰:

"汝皆來前. 吾至痛在心, 而苟活至今者, 汝輩之故也. 汝叔母遇汝有
恩, 吾可以下報爾翁矣."

是夜, 遂殞命. 諸子求之不及. 得年三十九.【朴悌妻以下三夫人事, 出
《重菴集》】

해제

이 항목에는 16명의 여성 이야기가 나온다. 남편이 죽자 따라 죽은
여성들, 왜적에게 항거하다 절개를 지키며 스스로 목숨을 끊은 여성
들이다. 남편 권달수가 참형 당하자 스스로 죽은 정씨, 결혼 전 계모
와 소원하게 지내다 자신을 예우해준 남편을 따라 죽은 윤승길 처
박씨, 말에서 떨어져 죽은 남편 따라 죽은 이강 처 김씨, 윤각이 신원
되어 억울함이 풀린 뒤 죽음을 택한 김씨, 신임사화가 일어나자 절명
시를 남긴 이희지 처 정씨, 정유재란 때 자결한 임계 처 정씨, 남편
죽은 후 일 년 뒤 죽은 김호주 처 오씨, 왜적이 쳐들어오자 피난 가지
않고 자결한 한명윤 처 박씨, 병으로 죽은 남편 따라 죽은 박세진 처

임씨, 병든 남편 간호하다 남편 죽자 따라 죽은 고세진 처 신씨, 남편이 죽자마자 자결한 임성순 처 오씨, 남편이 바다로 나갔다 돌아오지 않자 미망인으로 자처하다 죽은 송덕보 처 문씨, 왜적에게 손 잡히자 목숨을 끊은 박제 저 송씨, 독살당한 남편의 원수를 갚고 자결한 정시립 처 이씨, 남편의 상을 다 치르고 세상을 떠난 나씨 등의 이야기가 실려 있다. 주로 남편이 죽었을 때 '스스로 죽음'을 선택한 여성들의 이야기를 선별하여 실었다.

현처

1. 남편의 덕을 기려 관리들의 부의를 받지 않은 경연의 아내

경연[1]은 본관이 청주이고 호가 남계이다. 겨울에 잉어와 채소 뿌리를 구해서 아버지 병환을 낫게 하자, 효도로 소문이 나 특별히 이성 현감이 되었다.[2] 경연이 죽자 관리들이 조문하는 뜻으로 쌀과 베를 보냈는데 그 아내가 받지 않으며

"어찌 감히 지아비의 맑은 덕을 더럽힐 수 있겠는가?"

라고 하였다. 《조야집》

淸州慶延號南溪. 冬月得鯉魚菜根以孝聞, 特除爲尼城縣監, 及卒. 吏民賻米布, 妻不受曰:

"豈敢累夫子淸德乎?" 《朝野集》

2. 병졸이 보낸 달걀을 거절한 강경서의 아내

강경서[3]는 호가 초당이고 본관은 진주이다. 벼슬이 승지에 이르렀

---

1 경연(慶延) : 생몰년도 미상. 조선 전기에 효행으로 천거된 문신이다.
2 《성종실록》, 성종 7년 병신(1476) 6월 12일(계미) 기사에 그 일이 보인다.
3 강경서(姜景敍) : 1443~1510. 김종직의 문인으로, 무오사화 때 유배되었다.

고, 무오사화⁴에 연루되었다.⁵ 일찍이 어느 말 모는 병졸이 강경서의
어린 아들에게 달걀 몇 알을 보내니, 부인이 거절하며,

"어찌 아이 때문에 남편의 맑은 덕에 누를 끼치겠는가?"
라고 하였다. 《조야집》

姜景叙號草堂晉州人, 官承旨, 戊午黨流也. 嘗有一驅卒遺兒子鷄卵
數顆, 夫人却之曰:

"豈可以兒故累良人淸德乎?"《朝野集》

3. 부모의 상례를 철저히 지킨 정씨

군수 임만근은 본관이 평택이다. 아내 광주 정씨는 시부모를 잘
모셨다. 시어머니가 병이 나자 여러 달 동안 옷에서 허리띠를 풀지
않았다. 남편의 임지를 쫓아간 곳이 모두 두 개 현, 두 개 부, 두 개
군이었는데, 일찍이 한 번도 벼슬길에서 잘못한 적이 없었으며, 집에
서 지낼 때 공사를 엄격하게 구분하였다.

연산군 때 정치가 어지러워지면서, 부모 삼년상을 줄였는데, 어기
는 자가 있으면 사형에 처하니 사대부들이 모두 그것을 따랐다. 마침
부인이 함흥부에서 어머니 상을 당해, 부윤 고상의 첩이 왕의 시행대

---

4 무오사화 : 조선 전기 4대 사화 가운데 첫 번째 사화로, 무오년인 1498년(연산군 4)에
   일어난 사화이다. 김종직의 제자 김일손(金馹孫)의 사초(史草)가 발단이 되어, 연산군
   이 김종직을 부관참시하였으며, 많은 신진사류들이 훈구파에게 화를 입었다.
5 허봉, 〈무오당적〉,《해동야언》에 그 일이 자세히 실려 있다.

로 억지로 고기를 먹게 하자, 부인은 고집하여 허락하지 않고 끝내 예에 따라 상을 마쳤다. 이는 장부라도 하기 힘든 바인데 부인이 능히 행하였으니 어찌 어질다고 이르지 않겠는가. 낙봉 신광한이 묘지를 써주었다. 《임씨가승》

林郡守萬根平澤人. 妻光州鄭氏, 善事舅姑. 姑病, 衣不解帶者數月. 從夫之任者, 凡二縣二府二郡, 而未嘗一跌, 家居內外斬斬.

當燕山之政亂也, 短三年通喪, 有違者罪死, 大夫士無不靡然從之. 時夫人於咸興府丁內憂, 府尹高相之妾, 以王制強進肉, 固執不許, 卒以禮闋服. 此丈夫之所難, 而婦人能行之, 可不謂賢歟. 駱峯申光漢撰誌. 《林氏家乘》

4. 첩의 입장을 헤아려주고 남편의 시묘살이를 함께 한 이씨

윤사정은 본관이 파평이고, 중종반정에 참여한 공이 있다. 재취한 이씨는 종실인 무풍부정 이총의 딸이다. 일찍이 이씨의 집안이 화를 당해 이총이 연산조 때 명대로 죽지 못했다. 이씨는 할머니를 극진히 효로써 모셨고, 부모님이 손수 써 주신 글을 얻으면 반드시 품에 고이 간직하고 어루만져 읽으며 비통해하였다.

윤사정의 배필이 되어 부녀의 도리를 잘 행하였으며, 아들딸에게 내훈을 읽게 하고, 그 내용을 듣고서 법규로 삼았다. 윤사정이 일찍이 양가의 딸을 첩으로 삼았는데, 첩이 공의 마음을 잃자, 공이 첩을 집에 돌려보내려 하였다. 그러자 부인이 간하여,

"부부의 의는 처와 첩이 다를 게 없습니다. 지금 기필코 쫓아내시면 제 어찌 마음이 편하겠습니까."
라고 하였다. 윤사정이 그 말에 감동하여 첩을 쫓아내지 않았다. 공이 죽자 묘 곁에서 첩과 함께 여묘살이 하였다. 《율곡집》

尹士貞坡平人, 參中廟靖國之勳. 後娶李氏宗室茂豐副正摠之女也. 早遭門禍, 茂豐燕山朝, 不得令終. 夫人奉王母致孝, 得父母手簡, 必謹藏于懷, 撫覽悲慟.

其配公也. 甚得婦道, 令子女讀內訓, 聽而取則焉. 公曾以良家女爲妾, 失公意, 公將遣歸, 夫人諫曰:

"夫婦之義, 無間嫡妾. 今必去之, 妾亦不敢自安."

公感其言, 不去. 及公卒, 同盧墓側. 《栗谷集》[6]

5. 말타기 연습을 하고 남편의 유배지에 따라간 강씨

종실인 숭선부정 이총(李灇)은 호가 마재이다. 기묘사화(1519)에 울산에 유배되어 15년을 보냈다. 부인 강씨는 반성위 강자순[7]의 딸이다. 남편이 유배 간 곳에 따라가고자 하였으나 말을 타지 못해 말타기 연습을 해서 마침내 멀리까지 갈 수 있었다. 그 일을 들은 사람들은

---

6 이이, 〈온성부사증판서서원군윤공신도비명(穩城府使贈判書瑞原君尹公神道碑銘)〉,《율곡전서》권17에 보인다.

7 강자순(姜子順) : 1443~?. 본관은 진주. 문종의 딸 경숙옹주(敬淑翁主)와 혼인하여 문종의 부마가 되었다.

코끝이 찡해져 눈물을 흘렸다.

　두 아들을 낳았는데 이학수는 연창부수이고 또 이미수는 연성부수이다. 연창부수의 장남은 원성령 이수이고, 이수의 아들 이배달은 율곡의 제자이다. 《율곡집》

　宗室嵩善副正瀁號磨齋. 己卯謫蔚山十五年. 夫人姜氏班城尉子順之女也. 欲從往而不能得跨馬, 習騎卒能行遠, 聞者酸鼻.

　生二子曰鶴壽延昌副守. 曰眉壽延城副守. 延昌長男曰原城令綏. 綏子培達栗谷門人. 《栗谷集》[8]

6. 유배 간 남편을 쫓아 마천령을 넘어가며 시를 지은 송씨

　유희춘[9]은 호가 미암이고 본관이 선산이다. 을사사화(1545)에 종성으로 유배 가서 19년을 지냈다. 부인 송씨[10]는 글을 잘 썼다. 미암을 쫓아 혼자서 만 리를 걸어 마천령을 넘어가며 시를 지었다.

8　이이, 〈숭선부정묘지명(嵩善副正墓誌銘)〉, 《율곡전서》 권18에 보인다.

9　유희춘(柳希春) : 1513~1577. 호남사림으로서 중종 조에 중앙에 진출하였으나, 정미사화에 종성으로 유배 가 17년간 《속몽구(續蒙求)》를 저술하였다. 선조 즉위와 함께 유배에서 풀려나 선조 조 경연에 입시하며 죽기 전까지 10년간의 일을 기록해 《미암일기(眉巖日記)》를 남겼다.

10　송씨 : 원문에 '崔氏'로 되어 있으나 본래 '宋氏'이므로 바로잡았다. 유희춘의 어머니가 최부의 딸로 崔氏이고, 유희춘의 부인은 홍주 송씨로, 자가 덕봉이다. 《미암일기(眉巖日記)》 부록에 송덕봉의 시 삼십여 수와 편지글이 전한다.

걷고 걸어 마침내 마천령에 이르니

동해는 끝이 없이 거울처럼 평평하구나.

부인이 무슨 일로 만 리까지 왔을까

삼종의 의리는 소중하고 이 한 몸 가볍기 때문이라네.

柳希春號眉菴[11], 善山人, 乙巳之禍, 謫鍾城十九年. 夫人崔氏[12]能文
章, 獨行萬里, 從眉菴過摩天嶺, 有詩曰:

行行遂至摩天嶺

東海無涯鏡面平.

萬里婦人何事到

三從義重一身經.

7. 남편 가르침을 따라서 예법을 알게 된 이원익의 아내

영의정 이원익[13]의 호는 오리이며 본관은 전주이다. 영남으로 장가
갔는데 혼인날 신부는 무당옷을 입고 얼굴에는 분을 잔뜩 발랐다. 절
하고 무릎 꿇는 것과 같은 예절도 예법에 맞지 않았다. 상 위에 가득

---

11 菴 : '巖'을 잘못 쓴 것이다. 유희춘의 호는 미암(眉巖)이다.

12 崔氏 : 본래 '宋氏'을 잘못 쓴 것이다.

13 이원익(李元翼) : 1547~1634. 본관은 전주(全州). 자는 공려(公勵), 호는 오리(梧里)이
   다. 15세에 동학(東學)에 들어가 수학해 1564년 사마시에 합격하고, 1569년 별시 문과
   에 병과로 급제했다. 1600년 다시 좌의정을 거쳐 도체찰사에 임명되어 영남 지방과
   서북 지방을 순무하고 돌아왔다. 1604년 호성공신(扈聖功臣)에 녹훈되고 완평부원군
   (完平府院君)에 봉해졌다. 시호는 문충(文忠)이다.

한 잔치 음식도 젓가락 갈 데가 없었다. 저녁에 신방으로 들어가니 옷과 이부자리도 놀라울 지경이었다. 신부가 촛불을 들고 들어왔는데 정수리에 머리를 묶어 틀어 올리고 팔 끝까지 적삼을 늘어뜨리고 구석을 향해 무릎을 꿇고 앉았다. 신랑이 웃으며

"나이는 몇 살이오?"

하고 물으니

"18세에 2를 더합니다."

라고 대답했다. 또

"이름은 무엇이오?"

하고 물으니

"처자의 이름을 알아 무슨 이익이 있습니까?"

라고 대답했다. 신랑은 웃어버렸고 드디어 잠자리에 들었다.

다음날 또

"언문과 여공은 할 줄 압니까?"

하고 물으니

"삼을 다듬고 베 짜는 일 등은 저만큼 하는 이가 적고, 바느질은 우리 집안에서 제일 잘합니다. 언문에는 통달했고 한자는 능히 천지현황 등의 글자를 압니다."

라고 대답했다. 신랑이 크게 웃자 신부는

"묻기에 대답했는데 어찌 크게 웃는 겁니까?"

신랑이

"나는 우주홍황 글자도 아니 어찌 당신에게 크게 이긴 게 아니겠소?"

하였다. 또

"나보다 먼저 머리 빗고 세수하고 평상복으로 갈아입으시구려."
라고 하니 신부가 그 말대로 했다.

신랑이 세세하게 살펴보니 미간은 맑았고 몸집은 살쪘으며, 이는
하얗고 입술은 붉어 진실로 덕이 있는 여자였다. 신랑이 탄식하면서
"흙 속에 옥이 묻혔고, 깊은 골짜기에 향기로운 난초가 버려졌으니
누가 알아볼 수 있었겠는가. 예의가 바르지 못함은 처음부터 가르쳐
이끌어주지 않았기 때문에 그리된 것이구나."
라고 했다.

사랑채로 나가 아버지께 말씀드리니 아버지는 몇 달 동안 머무르
며 가르친 다음에야 데리고 오도록 했다. 신랑은 신부에게《소학》을
배우게 했고 신부는 한결같이 가르침대로 따랐다. 낮에는 여공을 익
혔고 밤에는《열녀전》을 읽었다. 그리하여 저절로 말과 행동이 옛날
버릇에서 벗어났다.

하루는 누마루에 앉아 꽃을 구경하다가 갑자기 스스로 탄식하면서
"사람이 비록 아름다운 자질을 지녔다 해도 가르치고 이끌어주지
않으면 금수와 다를 게 무엇이랴. 사람이 오직 귀한 것은 예절이 있기
때문이다. 여자가 시집을 잘못 가면 어찌 평생을 그르치지 않으랴."
라고 했다. 집안사람들이 이상하게 여기고 물어보니
"제가 5, 6세부터 여러 놀이로 날을 보냈고 10여 년간 불 때고 밥
짓고 방아 찧는 일만 했지, 예절이나 법도라는 것이 무엇인지 알지 못했
습니다. 지금 지난 일을 생각하니 부끄러워 얼굴이 화끈거리네요."
네댓 달 후 신부가 시댁으로 갔는데 덕행을 두루 갖추고 있어 시부
모와 친척들이 칭찬하며 탄복했다. 얼마 지나지 않아 신랑이 과거에

급제하고 벼슬이 영의정에 이르고 부원군에 봉해졌다. 부인도 남편 직계에 따라 정경부인에 봉해졌다. 왕비가 매번 불러서 볼 때마다 스승의 예로 대했다. 《야설》

　李相國元翼, 號梧里, 全州人. 娶妻於嶺南, 婚日新婦着巫衣, 面沃粉, 拜跪之節, 不中禮度. 滿盤宴需, 無下箸處. 夕入新房, 衣服衾枕, 無非可駭. 新婦擧燭入來, 頭上生角, 臂末垂衫, 向隅跪坐. 新郎含笑問曰:

"年齡幾何?"

對曰:

"十八歲加二."

又問曰:

"名字云何?"

對曰:

"處子之名 知之何益?"

新郎笑而因就枕.

明日又問,

"諺文及女工能爲之乎?"

對曰:

"治麻織布如我者少, 針線吾家中第一, 諺文則達通, 眞書則能知天地玄黃字矣."

新郎大笑, 新婦曰:

"有問有答, 何爲大笑?"

新郎曰:

"吾則能知宇宙洪荒字, 豈不大勝於君耶?"

又曰:

"梳洗於吾前, 更着常時之服也."

婦從其言.

新郎細細看來, 眉間淸爽, 肌膚豐盈, 齒白脣紅 眞個有德婦女. 新郎
嘆曰:

"埋珠玉於塵土, 棄芝蘭於幽谷, 有誰知之. 人事之儱侗, 初不敎導而
然也."

出于外舍, 告于大人, 大人使之留連數月敎誨率來. 新郎卽使新婦受
小學, 新婦一從敎誨. 晝則習女工, 夜則讀烈女傳. 言語動靜, 自脫舊染.

一日坐軒看花, 忽自歎曰:

"人雖美質, 若無敎導, 則與禽獸何異哉? 惟人所貴, 以其有禮節也.
女子若不善嫁, 則豈不誤了平生耶?"

家人怪問之, 對曰:

"我五六歲 雜戲度日, 十餘年間炊飯舂米, 曾不知禮度之爲何物. 今
日想記過去之事, 愧赧無已."

過四五朔後, 新婦于歸, 德行具備, 舅姑宗族稱歎之. 未幾新郎登第,
官至領議政, 封府院君. 夫人亦從夫職封爲貞敬夫人. 王妃每引見待以
師禮焉. 《野說》

8. 남편에게 참된 덕을 권한 강정일당

윤광연의 호는 탄재(坦齋)이고 본관은 파평이다. 강재 송치규[14]의 제자이다. 부인 강씨는 호가 정일당이다. 문필이 빼어날 뿐 아니라 성리학에도 정통하였다. 탄재의 학문은 부인에게서 도움받은 것이 많다. 《탄재집》에 있는 뇌, 만사, 비문, 행장 등의 문장 또한 부인의 손에서 나온 것이 많다. 문집 한 권이 있다. 매산 홍직필[15]이 묘지를 썼다. 【남편을 권면하는 편지에서 말했다.

"자신에게 참된 덕이 있다면 사람들이 알아주지 않아도 무슨 손해가 되겠습니까? 자신에게 참된 덕이 없는데 헛된 명예가 있다면 어찌 이익이 되겠습니까? 당신께서는 참된 덕에 힘쓰시어 위로는 하늘에 부끄럽지 않고 아래로는 사람들에게 부끄럽지 않도록 하십시오."】[16]

정일당의 시들이다.[17]

〈삼가 시어머니 지일당[18]이 지은 시에 차운[19]하다〉

하학(下學)[20]은 인간의 도리를 돈독히 해야하니,

---

14 송치규(宋穉圭) : 1759~1838. 본관은 은진(恩津). 자는 기옥(奇玉), 호는 강재(剛齋)이다. 아버지는 송환명(宋煥明)이며, 어머니는 신사덕(申思德)의 딸이다. 송시열(宋時烈)의 6대손으로 김정묵(金正默)의 문인이다. 시호는 문간(文簡)이다. 저서로는 《강재집》이 있다.

15 홍직필(洪直弼) : 63쪽 주 37) 참조.

16 이 세주의 내용은 《정일당집(靜一堂集)》〈척독(尺牘)〉에 실려 있다.

17 아래 실린 정일당의 시들은 《본조여사》에 부전지(附箋紙) 형태로 실려 있다.

18 지일당 : 본관은 천안이며, 전여충(全汝忠)의 딸이다. 윤광연의 어머니이며, 강정일당의 시어머니이다.

19 차운 : 다른 사람이 지은 시의 운자(韻字)를 그대로 따라서 시를 쓰는 것이다.

20 하학 : 아래에서 배운다는 뜻으로 하학상달(下學上達)에서 나온 말이다.

어린애를 사랑하고 늙은 이를 편안케 하는 것이라네.
고삐 잡고 이 길 따라가노라면,
저절로 탄탄대로가 되리.

〈시어머니 지일당이 지은 원래의 시〉

봄 오면 꽃 활짝 피어나나,
세월 가면 사람은 점점 늙는다네.
탄식한들 무엇하랴,
다만 중요한 건 착한 도리 한 가지뿐.

〈성선〉

인성은 본래 모두 선하니,
선함 다하면 성인 된다네.
어질고자 하면 어질게 되니,
이치 깨닫고 몸가짐 정성스레 할 뿐이네.

〈중용을 읽고〉

자사께서 이 한 편 엮어 전하니,
천 년 동안 계속해 깨우쳐줌 많구나.
본체 서면 잘못도 치우침도 없고,

쓰고 행함에 어긋남도 없어라.

처음부터 경계하고 삼갈 수 있으면,

마침내 중용과 조화에 이르리라.

달도[21]는 삼덕[22]과 관계있어,

진실하도다! 이 이치에 누가 더하리오.

〈밤에 앉아서〉

밤 깊으니 움직임 하나 없고,

빈 뜰에는 흰 달만.

마음은 씻은 듯 맑아,

탁 트여 성정조차 드러나네.

〈마당의 풀 뽑으며〉

작은 호미로 우거진 잡초 뽑아내니,

시원한 비 먼지조차 쓸어냈네.

염옹[23] 뜻에 부끄럽지만,

---

21 달도(達道) :《중용》에 나오는 말로 천하의 달도로서 임금과 신하, 부모와 자식, 남편과 아내, 형제 사이, 친구간의 사귐 등을 의미한다.

22 삼덕(三德) :《중용》에 '달도'와 함께 나오는 말로서 지(智), 인(仁), 용(勇)을 가리킨다.

23 염옹 : 주렴계(周濂溪)를 말한다. 그의 제자가 '뜰에 돋아난 잡초를 왜 뽑아버리지 않는 지' 질문하니 '그것 또한 자연의 살려고 하는 의지를 타고났는데 굳이 뽑아 무엇하겠냐' 고 반문하였다고 한다.

산속 초가집 옛길 열렸네.

〈탄원〉【남편의 호이다.】

탄원은 그윽하고 고요하여,

덕 높은 이의 거처로 꼭 알맞아.

홀로 옛 책 읽다가,

작은 집에서 베개 높여 눕기도 하네.

尹光演號坦齋坡平人. 宋剛齋門人. 夫人姜氏, 號靜一堂. 不但文筆
奇絕, 精通性理之學. 坦齋之學多資於夫人. 『坦齋集』中誄挽碑狀之文,
亦多出於夫人之手. 有文集一卷, 洪梅山撰墓誌.【勸夫子書曰:
"我有實德, 人雖不知何損焉. 我無實德, 雖有虛譽何益焉. 願夫子務實德, 上
不愧天, 下不怍人."】

靜一堂詩

敬次尊姑只一堂韵:[24]

下學須敦倫,

慈幼且安老.

直轡從此行,

自是坦坦道.

原韵:

春來花正盛,
歲去人漸老.
歎息將何爲,
只要一善道.

性善:

人性本皆善,
盡之爲聖人.
欲仁仁在此,
明理以誠身.

讀中庸:

一編思聖傳,
千載繼開多.
體立無偏倚,
用行不謬差.
始能存戒愼,

終可致中和.

達道關三德,

誠哉理孰加.²⁵

夜坐:

夜久羣動息,

庭空皓月明.

方寸清如洗,

豁然見性情.

除庭草:

小鋤理荒穢,

快雨灑塵埃.

縱愧濂翁意,

山茅舊逕開.

坦園【夫子號】:

坦園幽且靜,

端合至人居.

獨探千古籍,

高臥數椽廬.

9. 우여곡절 끝에 태어나 어진 부인으로 성장한 이씨

정구는 호가 한강이고 본관은 청주이다. 남명 및 퇴계 두 분의 제자이다. 부인은 이씨로 본관이 광주이고 봉사 이수의 딸이다. 부인은 유복녀이다. 아버지인 봉사가 죽었을 때였다.【〈현모〉에도 나온다】[26] 그때 어머니가 높은 누각에서 떨어져 오랫동안 기절해 있다가 살아났다. 또 부인이 태어난 때가[27] 아버지의 장례식 날 저녁이어서 그 어머니가 바야흐로 정신을 못 차렸다. 그래서 임신 중일 때나 젖 먹여 기를 때 마땅히 해야 할 일들을 모두 하지 못했다. 그래도 마침내 별 탈이 없어 사람들이 기이하다고 했다. 이씨는 어려서 지극한 행실이 있었는데 시집와서 시아버지를 미처 섬기지 못했지만 그 시어머니를 효성으로 봉양했다. 시어머니는

"효성으로 나를 봉양하는 사람 가운데 내 새 며느리만 한 이가 없지만 내가 갚을 길이 없다."

고 했다.

---

26 어머니 고성 이씨는 곧 이우(李佑)의 딸이다.《본조여사》'현모' 항목의 제11번째 일화에 등장하는 고성이씨가 바로 이우의 딸이며 현모에서는 이홍기(李弘器) 어머니로 나온다. 정구의 부인과 이홍기는 남매지간이다.

27 이씨는 아버지가 죽은 후 7개월 되던 때에 태어났다. 정구, 〈정부인광주이씨묘지명〉,《한강집》권13.

시어머니가 죽자 집안이 가난하여 상례와 장례를 치를 만한 재물이 없었다. 그래서 시집올 때 가져온 재물을 모두 팔았다. 뿐만 아니라 상자를 기울여 비워내서 거의 파산할 지경에 이르렀다. 그렇지만 조금도 마음에 두지 않고 오직 상례에 혹 부족하지 않을까 걱정했다. 이씨는 동서와 십여 년을 같이 살았는데 공경하며 섬기고 잘 봉양하였다. 동서에게는 두 딸이 있었는데 이씨가 어루만지며 잘 길렀다. 그녀들이 장성하자 친히 혼수를 갖추어 시집 보냈다.

부인이 어렸을 때 친정어머니가 애틋하게 여겨 먹고 마실 때 반드시 맛난 것을 주었고 옷도 반드시 비단옷을 입혔다. 그런데 가난한 선비의 아내가 되자 거친 밥과 헌 옷으로 견뎌냈고 스스로 힘쓰며 화려한 것을 즐겨하지 않았다. 즐겁게 노는 잔치 마당은 피하고 가까이하지 않았다. 이웃들과 번잡하게 왕래하는 것도 본래 좋아하지 않았다. 남편이 벼슬에 있을 때 남편이 알지 못하는 것은 하나도 시키지 않았다. 또한 그 남편이 안 된다고 한 것을 요청하는 일이 없었다. 엄정하게 자신의 분수를 지켰다.

한강 정구가 묘지를 지었는데 이렇게 썼다.

부인네들 보통 행태
가난과 누추함 싫어하지
권세와 이익만 부러워하니
집안 법도 잘못됨이 많다네[28]

---

28 이 구절은 《본조여사》에는 없고 《한강집》의 원문에 있으므로 원문에 의거하여 넣었다.

이 부인만은 그렇지 않았으니

"운명은 정해져 있다." 하면서

나물밥 콩국 먹으면서도

천성을 온전히 보전했네

옛날 어진 부인네들과

감히 나란히 하지 못할지라도

세속의 교만한 여인들과 비교하면

얼마나 서로 다른가 《한강집》

鄭逑號寒岡淸州人. 南冥退溪兩門人. 夫人光州李氏 奉事樹之女也. 夫人以遺腹女, 當奉事之喪也, 母固城李氏【見賢母】從高閣投落, 久絶乃甦. 且夫人之生又當奉事之葬夕, 母方不省性命, 胞胎乳育之節, 俱失其宜, 竟無虞, 人曰:

"異哉."

幼有至行, 旣嫁而不及事舅. 孝養其姑, 姑曰:

"孝養我無如我新婦, 我無以報焉."

姑沒家貧, 無以爲喪葬. 盡賣嫁時裝資. 不惟傾倒囊篋, 幾至破産. 而不以一毫介意. 惟恐喪禮之或缺. 與姊氏[29]同居十餘年敬事厚養. 姊氏有兩女撫育, 長成親具資以遺.

夫人幼被慈母之憐, 飮食必甘旨, 衣服必綺紈. 旣爲寒士之妻, 麤糲

---

29 정구가 쓴 〈정부인(貞夫人) 광주 이씨(光州李氏) 묘지명〉에는 '사씨(姒氏)'라고 쓰여 있다.

緼布, 忍耐自勵, 不樂紛華. 歡娛燕樂之場, 避而不近. 隣里往來之煩,
尤非雅意所存. 從夫在官, 未嘗有一號令出其夫之不知者, 亦未有事請
其夫以不可爲者. 蕭然謹守常分.

寒岡作誌曰:

婦人常態

厭薄貧陋.

歆羨勢利

日有命焉

蔬食豆羹

素性以全.

於古賢婦

雖不敢竝,

比俗嬌女

其不遼迴. 《寒岡集》

10. 부인이라도 성인에 이를 수 있음을 깨달은 임윤지당

신○[30]의 아내 풍천 임씨는 호가 윤지당[31]으로 녹문 임성주[32]의 누이

---

30 신광유(申光裕) : 1722~1747. 본관은 평산이다. 원주 출신의 선비로 임윤지당과 결혼
했으나 요절했다.

31 임윤지당(任允摯堂) : 1721~1793. 성리학자로 본관은 풍천이다. 함흥판관을 지낸 임적
의 딸이자 임성주의 누이동생으로 신광유와 결혼했으나 남편이 일찍 죽었다. 어려서부

이다. 근재 박윤원[33]이 임성주의 동생인 임정주[34]에게 편지를 보내 말했다.

"그대 누님의 학문은 높고 뛰어납니다. 여자[35]의 몸이지만 탁월하여 선비의 유학을 공부하셨습니다. 이는 타고난 성품이 순수하고 바를 뿐만 아니라 형제들[36] 사이에서 배우고 감화된 결과일 것입니다. 그대 가문이 시문이 뛰어나고 예를 잘 지키는 것을 이를 통해 볼 수 있습니다. 부인으로 문장을 잘 한 사람은 옛날 조대가[37]가 있었고, 유학의 경우 태임과 태사[38] 이후로 과연 또 누가 있었습니까? 누님께서는 거의 수천 년 만에 나온 오직 한 사람입니다. 다른 사람들보다 이미 월등히 뛰어나고 저술한 것도 눈부시게 빛나니 마땅히 오래오래 전해서 사라

터 성리학을 공부했으며 결혼한 이후에도 계속 학문과 저술에 힘썼다. 문집으로 《임윤지당유고》가 있다.

32 임성주(任聖周) : 1711~1788. 자는 중사(仲思), 호는 녹문이다. 윤지당의 오빠다. 조선후기의 대표적인 성리학자로 벼슬을 사직하고 공주 녹문에 은거하며 학문에 몰두하였다.

33 근재(近齋) : 박윤원(朴胤源, 1734~1799)의 호이다. 본관은 반남이다. 성리학자로 김창협, 이재, 김원행의 학문을 이었으며 성리학과 예학에 뛰어났다.

34 임정주(任靖周) : 1727~1796. 자는 치공(穉恭), 호는 운호(雲湖)이다. 세자익위사 시직을 거쳐 서연관으로 세손을 보필하며 학문을 강론했으나 세도정치에 밀려 미관말직을 역임했다. 임성주의 학문을 이어받아 평생 성리학을 연구했다.

35 잠이(簪珥) : 비녀와 귀걸이란 뜻으로, 여자를 말한다.

36 영원(鶺原) : 형제를 말한다. 《시경》〈상체(常棣)〉편의 "척령이 언덕에 있으니 형제가 급난을 구한다[脊令在原, 兄弟急難]."에서 유래한 말이다.

37 조대가(曹大家) : 후한 사람으로, 조수(曹壽)의 아내 반소(班昭)를 가리킨다. 《한서》를 지은 반고(班固)의 누이동생으로 학식이 있어 반고가 죽은 뒤 《한서》를 이어 지었다. 뒤에 궁중에 들어가 황후와 비빈, 그리고 여러 귀인들을 가르쳤으므로 여자의 존칭인 대가라는 칭호를 받았다.

38 태임(太妊)과 태사(太姒) : 태임은 주나라 문왕의 어머니이자 무왕의 비이다. 태교를 잘했다고 알려져 있다. 태사는 문왕의 비이다.

지지 않게 해야 합니다. 어찌 부인의 글이라고 해서 묻어 두겠습니까? 뒷날의 여사들 가운데 반드시 본받을 사람이 있을 겁니다."【윤지당이 말했다.

"내가 비록 부인이지만 하늘로부터 받은 성은 애초에 남녀의 차이가 없다. 부인으로 태임과 태사 같이 되기를 스스로 기약하지 않는다면 이는 스스로 포기하는 것이다. 부인이라도 능히 행하면 또한 성인에 이를 수 있다."】

申○妻豐川任氏, 號允摯堂, 鹿門聖周之妹氏也. 朴近齋胤源與聖周弟靖周書曰:

"令姉氏學問高明. 簪珥之身, 而卓然爲儒者事業, 是不特天姿純正, 亦惟鴒原間薰陶之效. 高門詩禮之盛, 斯可見矣. 婦人之能文章, 古蓋有曹大家, 而至於道學, 任姒之後, 果復有誰歟? 此殆數千年一人而已. 旣已超絶乎倫類, 所著述又燦然, 則是宜傳之百世而不朽也. 何可以巾幗而掩之哉? 後之女士, 必有取法焉者矣."【其言曰:

"我雖婦人, 所受之性, 初無男女之殊.[39] 婦人而不以任姒自期, 則是自棄也.[40] 婦人而能有爲, 則亦可至於聖人."】

11. 손님 대접을 위해 하룻밤에 열 번이나 밥을 새로 지은 평산 신씨

이조참의에 추증된 이성복(李聖復)은 본관이 벽진으로 화서[41] 선생

---

39 임윤지당이 쓴 〈극기복례위인설(克己復禮爲仁說)〉에 나온다.

40 임정주가 쓴 〈유사(遺事)〉에 나온다.

41 화서(華西) : 이항로(李恒老, 1792~1868)의 호이다.

의 할아버지이다. 그 아내 평산 신씨와 약속하기를 손님을 대접할 때
는 찬밥을 내지 않기로 했다. 어느 날 밤 손님이 올 때마다 밥을 지으니
아홉 번이나 새로 지었는데 뒤이어 또 손님이 왔다. 공이 안마당에
들어가

"혹 남은 밥이 있소?"
라고 묻자 부인이

"약속을 해 놓고 어떻게 어길 수 있겠습니까?"
라고 하고 또 밥을 지으니 사람들이 '하룻밤에 열 번이나 밥을 지은
집'이라고 불렀다.

　李聖復贈吏議碧珍人, 華西先生之祖也. 與其妻平山申氏, 約接賓勿
進冷飯. 一夜賓至而炊凡九次. 繼又賓至. 公入于中庭曰:

"或有餘飯耶?"

夫人曰:

"旣有成約, 何可違也?"

又作一炊, 人謂一夜十炊之家.

12. 가난 속에서 아들 교육을 시킨 선산 곽씨

　송갑조[42]는 호가 수옹으로 본관이 은진이며 우암 송시열 선생의 아

---

42 송갑조(宋甲祚) : 1574~1628. 본관은 은진. 자는 원유(元裕), 호는 수옹이다. 송시열의
　　아버지로 과거시험에 합격했으나 혼자 서궁에 유폐된 인목대비를 배알했다가 유적(儒
　　籍)에서 삭제되었다. 인조반정 이후 경기전(慶基殿) 참봉 등을 지냈다.

버지이다. 부인은 선산 곽씨로 충신인 곽자방[43]의 딸이다. 부인은 타고난 성품이 뛰어나고 고금의 일을 잘 알았다. 수옹이 먹고사는 일에 힘쓰지 않아 수시로 쌀독이 비면 풀뿌리를 구워 아침저녁을 때웠다. 그러나 태연히 만족해하며 아들들에게 말하기를,

"내가 욕심이 없어서 몹시 가난하긴 하지만 이 때문에 부끄럽거나 후회스럽지는 않다."

라고 했다. 아들들이 옆에서 책을 읽으면 늘 그 소리를 듣기 좋아하며

"기분 좋은 소리들 가운데서도 이보다 좋은 건 없지."

라고 하고 시비와 득실에 대해 자신의 의견을 내어 논하곤 했다.

宋甲祚, 号睡翁, 恩津人, 尤庵先生之父也. 夫人善山郭氏忠臣自防之女. 天性絶異, 能通古今. 睡翁不事生業, 至空無時, 則只煮菜根以度朝夕. 怡怡然自得, 謂諸子曰:

"吾以無欲故貧甚, 然亦以此無愧悔."

諸子讀書于傍, 則輒喜聞曰:

"凡聲之可悅者, 無踰於此."

因以己意論其是非得失.[44]

---

43 곽자방(郭自防) : 1557~1592. 본관은 선산이고, 송시열의 외할아버지다. 무과에 급제하여 훈련원 봉사가 되었으며, 임진왜란 당시 조헌의 휘하에 들어가 싸우다 금산성 전투에서 전사했다.

44 이 부분 위에 서미주로 "앞으로 가야 함[當在上]."이라는 말이 있다.

13. 남편과 뜻을 같이해 어려운 사람을 도운 한씨

안분재 홍희는 본관이 당성이다. 아내 한씨가 어렸을 때 아버지 병을 간호하면서 자신이 대신 죽게 해 달라고 하늘에 호소하여 아버지가 되살아나자, 사람들이 효녀라고 칭찬하였다. 시집가서는 시부모를 친부모처럼 모셨다. 그 시어머니 김씨가 며느리의 정성에 감동하여 옷과 음식을 항상 다른 며느리들보다 넉넉하게 주었다. 한씨가 기회를 봐서 사양하며 말하기를,

"이처럼 지극히 사랑해주시니 은혜에 감사합니다만, 어머니께서 사람들을 대하는 방도를 잃을까 두렵습니다."

라고 하였다. 아들딸이 잘못하면 회초리로 종아리를 때리지 않고, 한적한 곳으로 불러 조용히 꾸짖으며,

"아녀자가 큰 소리를 많이 내면 집이 망하는 법이다."

라고 타일렀다.

눈이 많이 내리던 날, 공이 술 취한 사람이 길에 쓰러져 거의 죽어가는 것을 보고, 안고 돌아와 그를 두꺼운 이불로 덮어주었다. 한밤중에 (그가) 자리에 가득 게워내 비로소 살아날 기미가 있었다. 남편이 안으로 들어가 먹을 것을 챙기려 했는데, 한씨가 이미 뜨거운 국을 가지고 문밖에서 기다리고 있었다.

계집종을 사서 집에 들이려 할 때, 그가 양인의 딸임을 알고 공과 한씨가 그를 가엾게 여겨, 집안을 가려서 시집보내고, 노비였다는 자취를 없애버렸다. 공이 죽자, 그 사람이 땅을 치며 크게 통곡하고 "아버지!"라 부르며 들어오니, 집안사람들이 비로소 그 사실을 알게 되었다. 《중암집》

安分齋洪櫄, 唐城人. 妻韓氏幼侍父疾, 籲天願代, 得以回甦, 人稱孝女, 及歸事舅姑如父母. 其姑金氏感其誠, 衣食常厚於諸婦, 韓氏乘間辭曰:

"眷愛至此, 感恩則有之. 恐傷御衆之道也."

子女有過, 不施楚撻, 招致靜處, 從容呵戒曰:

"婦人多言高聲, 家之所由孛也."

公於大雪中, 見醉人僵死於道, 抱歸而厚覆之. 夜半嘔之滿席, 始有生意. 將入具食物, 韓氏已持熱羹, 待戶外矣.

買婢入門, 知其爲良人女, 公與韓氏憐之, 擇門戶嫁之, 泯其迹. 公歿, 其人叩之, 大哭呼爺而入, 家人始知其實. 《重菴集》[45]

해제

이 항목에 나오는 인물은 모두 13명이다. 이들은 남편이 죽거나 유배 갔을 때 남들에게 어떠한 것도 받지 않으며 남편의 청덕을 기렸고, 시부모를 효성으로 모시다 상례를 철저히 치렀으며, 남편이 얻은 첩을 투기하지 않았고, 사화에 희생되어 멀리 유배 간 남편을 직접 찾아가느라 애썼다. 또한 남편의 가르침을 따라 예절과 법도를 익혀 부인의 덕행을 갖추게 되었고, 남편의 학문에 도움을 주었으며, 남자 형제들 사이에서 가르침을 받아 문덕이 높아지기도 하였다. 그리고 집에 찾아온 손님을 정성껏 접대했으며, 가난해도 아들의 교육을 무

---

45 金平默, 〈안분재홍공공묘갈명(安分齋洪公公墓碣銘)〉, 《중암집》 권46에 실려 있다.

엇보다 우선시했고, 친정 부모와 시부모를 효성으로 모시며, 아들딸을 조용히 타일렀고, 양인인 계집종을 시집보내주는 등 부덕을 갖추어 행한 일화를 남겼다.

원문의 편집상 특이한 점은 정일당의 일화 뒤에 붙어 있는 시 다섯 수가 부전지 형태로 실려 있다는 것이다. 또 현처 항목의 마지막에 들어 있는 한씨 부인의 일화 뒤로 양천 허씨, 홍윤성의 부인, 이장곤의 아내 일화가 붙어 있으나, 이는 다음에 이어지는 혜식 항목에 그 원문이 온전히 실려 있어 여기서는 제외하였다. 이는 현처 항목에 한씨 부인의 일화를 하나 더 넣기 위해 혜식 항목의 첫 장에 부전지를 대어 붙인 것이기 때문이다.

혜식

1. 안평대군의 패망을 예견한 성간의 어머니

진일 성간[1]의 어머니 ○씨[2]는 그 아들에게

"안평대군과 어울리지 마라."

라고 경계하곤 했다.【〈현모〉에 나온다.[3]】

成眞逸侃之母夫人○氏, 戒其子,

"勿與交安平大君."【見賢母】

2. 아들의 위험을 예견한 류씨

학곡 홍서봉[4]의 어머니 류씨가 임진왜란 때 그 아들에게 말하기를,

"황혁[5]을 따라 북쪽으로 가지 마라."

라고 했다.【위와 같다.[6]】

---

1 성간(成侃) : 54쪽 주 18) 참조.

2 성간의 어머니는 안씨로 아버지는 안종약(安從約)이다.

3 앞의 〈현모〉 부분에 성간의 어머니에 관한 일화가 나온 것을 말한다.

4 홍서봉(洪瑞鳳) : 51쪽 주 12) 참조.

5 황혁(黃赫) : 52쪽 주 14) 참조.

6 앞의 〈현모〉 부분에 홍서봉의 어머니에 관한 일화가 나온 것을 말한다.

洪鶴谷瑞鳳之母夫人柳氏, 壬辰之亂, 謂其子,

"勿隨黃㷀北去."【上同】

3. 남편과 아들들의 죽음을 예견한 이세좌의 아내

이세좌[7]는 본관이 광주이다. 성종조에 임시로 승지를 대행하여[8] 폐
비 윤씨가 사사될 때 사약을 가지고 갔다. 그날 저녁 집에 가니 부인
○씨가 폐비를 어떻게 했느냐고 물어서 사사되었다고 하자 부인이 놀
라며 말했다.

"걱정입니다! 우리 자손이 남아나지 않겠군요. 어미가 죄 없이 죽
임을 당했으니 아들이 훗날 보복하지 않겠습니까?"

갑자년(1504)에 사화가 일어나자 이세좌와 아들 이수공, 이수정,
이수의, 이수형이 모두 죽었다. 부인의 선견지명은 다른 사람이 미칠
수 없는 것이었다. 《송와잡기》

李世佐廣州人. 成宗朝以代房承旨, 廢妃尹氏賜死時, 持藥去. 其夕
還家, 夫人○氏問廢妃處置, 答以賜死. 夫人愕然曰:

"傷哉! 吾子孫其無類乎. 母旣無罪被殺, 子無報復於他日乎."

及甲子之禍, 世佐與子守恭守貞守義守亨俱死. 夫人先見, 非諸人所

---

7 이세좌(李世佐, 1445~1504) : 본관은 광주. 자는 맹언(孟彦), 호는 한원(漢原)이다.
  예조판서를 역임했다. 형방승지로 윤비에게 사약을 전했다 하여 거제로 유배되던 중
  자살의 명을 받고 목매어 자결했다.
8 대방승지 : 자기 담당이 아닌데 임시로 대신하는 승지를 말한다.

及.《松窩雜記》

4. 선견지명으로 동생들의 목숨을 구한 허씨

양천 허씨 충정공 허종[9]과 문정공 허침[10] 형제는 모두 재상을 지냈다. 그 누나는 문장을 잘하고 행실이 뛰어났으며 사람을 알아보는 안목이 있었는데 102세까지 살았다. 충정공과 문정공은 무릇 중요한 의논거리가 있으면 반드시 누나에게 묻곤 했다. 윤씨가 장차 폐비될 무렵 그 누나가 말했다.

"아들이 동궁에 있는데 어미에게 죄를 주면 나라가 어찌 편안하겠는가?"

이에 충정공은 아프다는 핑계를 대고, 문정공은 자리를 옮겨 모두 화를 면했다. 사람들이 그 누나의 뛰어난 식견에 감탄했다.《송와잡기》

陽川許忠貞琮許文貞琛兄弟, 俱爲宰相. 其姊有文行知鑑, 享年百二歲. 二公凡有大議必咨之. 尹氏之將廢, 其姊曰:

"豈有子在儲宮而罪其母, 國家晏然乎?"

於是, 忠貞稱疾, 文貞遞職, 俱免禍. 人服其姊之卓識.《松窩雜記》

9　허종(許琮) : 1434~1494. 본관은 양천. 자는 종경(宗卿), 호는 상우당(尙友堂)이다. 병조판서, 우의정 등을 역임했다.

10　허침(許琛) : 1444~1505. 허종의 동생으로, 자는 헌지(獻之), 호는 이헌(頤軒)이다. 우의정, 좌의정 등을 역임했다.

5. 승정원의 기록을 들어 정실이 된 홍윤성의 아내

홍윤성[11]이 도원수로 호남에 갔을 때 전주의 모갑(某甲)[12]의 집이 부유하고 세 딸이 아름답다는 소문을 들었다. 홍윤성이 그 딸을 첩으로 삼으려고 호남 방백에게 문서를 보내 그 집에 숙소를 차리게 했다. 방백이 그 사람을 불러 말했다.

"따르지 않으면 화가 네게 미칠 뿐만 아니라 감사도 죽게 될 것이니 급히 혼인할 차비를 하라."

모갑이 집에 돌아가 그 아내와 울고 있으니 셋째 딸이

"이는 아주 쉬운 일이니 제가 대응하겠습니다."

라고 했다.

홍윤성이 집으로 오자 셋째 딸이 화려하게 꾸미고 중문에서 절을 하며

"처가 되게 해주시면 가겠지만 첩으로 삼으시겠다면 이 앞에서 죽겠습니다."

라고 했다. 홍윤성이

"당연히 네 말대로 해주겠다."

라고 하고 마침내 임금에게 계를 올려 계실로 삼게 해 달라고 청했다. 홍윤성이 죽은 뒤 전처와 후처가 적처 자리를 놓고 다투었는데 후처가 말했다.

"모년 모월 일에 전 임금께서 첩의 남편 집에 행차하셨는데 제게

---

11 홍윤성(洪允成) : 109쪽 주 75) 참조.

12 모갑(某甲) : 막벌이꾼이나 사당패, 선소리패를 이끄는 우두머리를 가리키는 모가비를 한자어로 표기한 것이다.

술을 따르게 하셨습니다. 승정원에 반드시 그날의 기록이 있을 겁니다."

돌아가 그 기록을 찾아보니 기록에

"부인으로 하여금 술을 따르게 했다."

라고 되어 있었다. 명을 내려 후처를 정실로 삼게 했다. 《조야집》

洪允成以都元帥, 出湖南. 聞全州某甲家富有三女美. 欲妾其女, 牒湖伯設宿次於其家. 方伯召其人語曰:

"不從非但禍及爾, 監司亦當死, 急理婚具."

其人歸與其妻泣, 第三女曰:

"此甚易. 女有以應之."

及允成來也, 女盛飾立於中門揖曰:

"若欲爲妻, 可也. 必欲妾之, 願死於前."

允成曰:

"當如女言."

遂啓請爲繼室. 允成死後, 前後妻爭嫡, 後妻曰:

"某年某月日, 先主幸妾夫家, 令妾行酒. 政院必有日記."

歸考其記, 記曰:

"令夫人行酒."

遂命後妻爲正室. 以上《朝野集》

6. 목말라 하는 선비에게 버들잎을 따 물에 띄워준 고리장이의 딸

교리 이장곤은 호가 금재이고 본관이 벽진이다. 연산조 때에 갑자사화(1504)를 당해, 달아나 보성에 이르렀다. 한 마을을 지나는데 갈증이 매우 심했다. 머리를 땋은 여자가 물을 긷고 있기에, 이장곤이 우물가로 가서 물을 청하니 그 여자가 손수 버들잎을 따서 표주박에 띄워 건네주었다. 이장곤이

"어째서 버들잎을 따서 띄웠는가?"

라 묻자, 여자는

"갈증이 매우 심하여 급히 마시면 혹 체하실까 하여 잎을 불어 조금이라도 더디 드시어 체증을 면케 하고자 잎을 띄웠습니다."

라고 답하였다. 이장곤이 여자의 지혜로움을 기특하게 여겨 그 집으로 따라 들어가니 곧 고리장이 집안이었다.

남녀가 다 성장하였기에 이장곤이 그 집의 사위가 되었는데, 서울에서 화려하게 살던 신분이어서 고리짝을 짜는 데는 어두웠고, 단지 게으르게 잠자는 것만 일삼으니, 주인장 부부가 그를 매우 미워하였다. 그러나 여자는 매번 솥 바닥의 누룽지까지 더해주어서, 정이 깊어갔다.

몇 년 뒤에 조정의 정국이 바뀌었는데, 이는 바로 병인년(1506)에 연산군이 쫓겨나고 중종이 임금 자리에 오른 일이다. 이때 죄를 받고 자리에서 밀려났던 사람들이 다 벼슬이 회복되고 품계가 오르게 되었다. 이장곤도 홍문관 교리에 제수되자, 조정에서 군과 읍에 공문을 보내 방을 내걸어 이장곤을 찾으러 다녔다. 마침 초하룻날이어서 주인집에서 고리를 관에 바치는 날이 되자, 이장곤이 주인 어른에게 자신이 대신 관에 들어가겠다고 청하였다.

당시 본관사또는 마침 이장곤 문하에서 지낸 무관이었는데, 눈을

들어 한 번 보더니 급히 계단을 내려와 동헌 위로 맞이하며

"어느 곳에서 자취를 의탁하였다가 이 모양이 되셨습니까?"

라고 하였다. 이장곤이

"죄를 짓고 목숨을 구하려고 고리장이 집에 숨어서 그 집 딸에게 의지하며 지냈네. 오늘에 이르러 하늘의 해를 다시 보게 될 줄은 생각지 못했네."

라고 말하였다. 본관사또는 곧바로 이장곤이 이 마을에 있다는 것을 본영에 보고하였다.

다음날 본관사또가 고리장이 집으로 가서, 이장곤과 자리를 같이 하고 앉아, 이장곤에게 형수를 보고 싶다고 청하였다. 여자가 막대 비녀를 꽂고 베 치마를 단정히 입고 나와 예를 갖추어 절을 하니 행동거지가 자연스러웠다. 본관사또는

"이런 뛰어난 선비가 형수님 집에 자취를 숨기어, 형수님의 도움을 받아 오늘이 있을 수 있었습니다."

라 하고는 지극히 감사함을 표하였다. 여자가 말하였다.

"돌아보면 지극히 천한 제가 외람되이 군자를 모시며 소홀히 대한 적이 많았으니, 죄를 피할 수 없습니다. 또 나리께서 이렇듯 천한 저를 형수라 부르시니 황송하기 이를 데 없습니다."

조금 지나 영읍 수령들의 일산이 관아의 문을 에워싸며 들어왔다. 부장들은 내려서 안부를 묻고, 각 역에서 말과 수레가 한꺼번에 와서, 보내온 짐을 바치는 데 끊이지 않고 문에 가득 찼다. 이장곤이 본관사또에게

"저 사람이 비록 천한 신분이나, 몇 년을 서로 의지하며 나를 위해

정성을 다했으니, 가마 하나를 마련하여 나를 따라 서울로 올라가게
해주게."

라고 했다. 본관사또가 이에 길 떠날 채비를 마련해주니, 날을 잡아
서울로 떠났다.

숙배를 올리자 임금께서 어느 곳에서 거주했는지를 물었다. 이장
곤이 이유를 갖추어 아뢰었다. 임금이 감탄하며

"이 부인은 자네에게 애써준 보람이 적지 않으니, 결코 천한 첩으
로 대우할 일이 아니다."

라고 하였다. 특명으로 부인에 버금가는 직위를 내리니 종신토록 영
화와 부귀를 누렸다.

李敎理長坤號琴齋, 碧珍人. 當燕山甲子之禍, 亡命逃至寶城. 過一
村, 渴甚. 有總角女汲水, 李到井邊請水, 女子取柳葉, 浮於瓢而進之.
李曰:

"何爲浮葉?"

曰:

"渴甚飮急, 恐或致傷, 欲其吹葉, 少得遲延, 以免致傷, 故卽以浮
葉也."

李奇其慧識, 隨入其家, 卽柳器匠家也.

男女自成, 遂爲其婿, 京華貴族, 昧織柳器, 只事惰眠. 主翁夫妻甚
憎之. 女每以鼎底焦飯, 益之而情密.

居數年, 朝庭更化, 卽丙寅靖國也. 罪廢者咸復官陞資, 李亦除弘文
校理, 行關郡邑, 揭榜搜問. 時値朔日, 主家當納柳器於官, 李請於主

翁, 代行入官.

其時本倅適李門下武弁也. 擡眼一瞰, 蒼黃下階, 迎上東軒曰:

"托迹何處, 作此貌樣?"

李曰:

"負罪偸生, 寄匿柳器匠家, 托身其女, 以到今日, 不意復見天日."

本倅卽以李某在本郡之意報營.

翌日出于柳器匠家, 與李分席而坐, 請於李願謁嫂氏, 女揷棒笄, 整布裳, 出來禮拜, 擧止天然. 倅曰:

"此位名士, 匿跡嫂家, 賴有扶護, 得有今日."

致謝萬萬. 女曰:

"顧此至賤, 猥奉君子, 多致簡慢, 罪無所逃. 且官主以此賤女, 稱爲嫂叔, 惶悚無地."

俄頃阾邑守宰飄盖匜至營門, 褊裨下來問候, 各驛馹騎, 一齊來到, 供遺卜駄, 絡繹盈門. 李謂本倅曰:

"彼雖賤人, 屢年相依, 爲我殫誠. 願修一轎, 隨我上京."

本倅乃治其行具, 卜日登程.

及至肅拜, 上問以住接何處, 李備達其由. 上嗟歎曰:

"此婦於汝效勞不少, 不可以賤妾待之."

特命以次夫人之職, 榮貴終身.[13]

---

13 본문 위 여백과 본문 끝난 곳에 다음과 같은 내용이 이어져 있다. 《기묘록》에 '달아나서 바다를 건너 함흥에 이르러, 백정들에게 의탁하였다. 한 사람이 공의 용모를 기이하게 여기고, 그 형에게 권해 딸을 공의 아내가 되게 하였다. 무릇 일할 때는 반드시 게으른 사위라고 일컬었는데, 그 아내가 일을 도와준 덕분에 일 년을 의지해 지냈다.

7. 목소리만 듣고도 남편감을 알아본 김씨

전주부의 이방[14]인 김씨는 집이 부유했다. 외동딸을 두었는데, 시집갈 나이가 되어 부모가 사위를 고르려 하자, 딸이 말했다.

"여자의 소망이 오로지 남편에 달려있으니, 한 번 잘못 고르면 후회해도 소용이 없습니다. 제가 직접 고르고자 합니다."

이때 정기룡은 본래 상주 사람으로 용기와 힘이 뛰어나고 의지와 기개가 남달랐다. 그 어머니를 모시고 진주로 가서 관리들의 사환이 되었는데 일찍이,

"대장부가 깃발을 세우고 전장에 드나들지 못하니 그 갑갑함을 견딜 수 없다!"

고 말하곤 했다.

진주 이방이 기룡을 시켜 전주 이방 김씨에게 편지를 전하게 하였다. 기룡이 편지를 가지고 가서 문을 두드리며 사람을 불렀으나 이방 김씨 부부는 마침 친척의 제사[15]에 간 뒤였다. 딸은 목소리만 듣고도 이미 비범한 사람임을 알고 문틈으로 한참을 엿보다가 이르길,

"제 아버지가 지금 돌아오시는 중이니 잠시 중문에 앉아 기다리십

병인정국 뒤에 관리들이 사방으로 흩어져 이 교리를 수소문해 찾았다. 공이 베옷을 입고 떨어진 갓을 쓰고 관에 나아가 명함을 넣자, 감사와 여러 관원들이 정신없이 뛰쳐 나와 맞았다고 한다.'[己卯錄曰 : 脫身渡海至咸興, 托跡於水尺之徒, 有一人奇其貌, 勸其 兄妻之以女, 凡於作役必稱懶婿, 其女助役賴以寄住一年矣. 丙寅靖國後官吏四散, 搜問李 敎理. 公以布褐破笠, 詣府通刺, 監司諸官顚倒趨迎云.]' 이는 《대동야승》의 〈기묘록보 유(己卯錄補遺)〉 권[상], 〈이장곤전(李長坤傳)〉에 실려 있다.

14 수리(首吏) : 이방아전(吏房衙前)을 이른다.

15 제사 : 원문에는 기상(朞祥)이라 했다. 기상은 죽은 지 1년 되는 날로 초상일이라고도 한다.

시오."

라고 했다. 잠시 뒤 부모가 도착하자 딸이,

　"이 사람은 진주 이방이 부리는 사람인데 제 배우자로 삼기로 정했습니다."

라고 했다. 부모가 화를 내며 야단치자 딸이,

　"부모님께서 어떻게 아시겠어요? 이 사람은 가난하지만 이목구비에 어디 한 군데라도 빠진 데가 있나요?"

라고 했다. 부모가

　"네 뜻이 그렇다면 네 뜻대로 하거라!"

라고 하고는 기룡에게,

　"내가 너를 사위 삼고 싶구나."

라고 했다. 기룡이

　"혼인은 큰일이니 어머니께 아뢰지 않을 수 없습니다."

라고 답하자 이방이 말했다.

　"진실로 옳다."

　전주 이방의 집에 사나운 망아지가 있었는데 사람이 감히 가까이 가지 못했다. 딸이

　"시험 삼아 기룡에게 이 망아지를 타고 진주에 다녀오게 하는 것은 어떠한지요?"

라고 하니 이방이 기룡에게

　"네가 이 말을 다룰 수 있겠느냐?"

고 물었다. 기룡이 답하기를,

　"어찌 남자가 말 한 마리를 다루지 못하겠습니까?"

라고 하고 구유 앞으로 다가갔다. 말이 입을 벌리며 몸을 일으키려 했다. 기룡이 그 뺨을 때리며

"네 놈이 어찌 알아보질 못하느냐?"

라 하고 앞으로 다가가 제압하자 말이 고개를 숙이고 가만히 보았다. 드디어 말을 타고 진주에 가서 그 모친에게 혼인을 하겠다고 아뢰고 다시 전주로 돌아와 초례를 치르고는 함께 진주로 돌아갔다.

얼마 지나지 않아 임진왜란이 일어나자 기룡이 전쟁이 났다는 소식을 듣고 일어나 춤을 추었다. 아내가 이르길,

"공을 세우는 데는 임금을 모시는 것이 제일입니다."

라고 했다. 기룡이 그 준마를 타고 달려 한강에 이르렀는데 임금의 행차가 도성을 떠났다는 소식을 들었다. 다시 진주로 돌아와 진주 목사에게 왕을 모실 것을 권하였으나 진주 목사가 말을 듣지 않았다. 기룡이 한칼로 베어 죽이고 그 무리를 이끌고 병사를 모아 여러 차례 싸웠는데 모두 이겼다. 조정에서 소식을 듣고 관직을 제수하여 평안 병사에 이르렀다.

《조야집》에 이른다.

'기룡의 어릴 때 이름은 무수로 온양에 살았다. 무과에 올라 이름이 불릴 즈음, 선조가 종로에서 용이 일어나는 꿈을 꾸고 그를 찾아내어 기룡이라는 이름을 내렸다. 임진왜란 때 방어사 조경[16]을 따라 거창에서 적을 물리쳤으며, 또 상주에서 적을 패배시키고 상주목사에 제수되

---

16 조경(趙儆) : 1541~1609. 조선 중기의 무신으로 임진왜란 때 공을 세워 선무공신(宣武功臣) 3등에 책봉되고 풍양군(豊壤君)에 봉해졌으며 명망이 높았다.

었다. 정유재란 때에는 고령에서 크게 이겨서 병사[17]에 올랐다. 기룡이 타던 신마는 여섯 길 도랑도 뛰어넘었는데 훗날 말이 병들어 죽자 글을 지어 제사를 지내주었다. 아내 강씨는 진주성이 함락되자 손가락에 피를 내어 적삼에 글을 써서 남편과 딸, 시누이에게 전하고 촉석루 강물에 빠져 죽었다. 기룡이 그 적삼을 선영에 장사지냈다.'

全州府首吏金家饒. 而有獨女, 及笄, 父母欲擇婿, 女曰:
"女子仰望, 專在良人, 一番誤了悔無及矣. 將以吾眼自擇."
時有鄭起龍者, 本以尙州人, 勇力絶倫, 志氣過人. 率其母, 往晉州爲官吏輩使喚. 嘗曰:
"大丈夫不能建旗鼓而出入, 不堪其鬱."
晉州首吏要起龍, 傳書於金吏. 起龍帶書而往, 叩門喚人, 金吏夫妻適往親族某祥. 女側聽語音, 已知非凡人, 從門間窺良久曰:
"吾父今當歸來, 姑坐中門而待之也."
有頃父母至, 女曰:
"此是晉州首吏伻兒, 而決爲吾配."
父母怒叱, 女曰:
"吾之父母, 何能知之? 此兒雖貧, 耳目口鼻, 豈有一欠乎?"
父母曰:
"汝意如此, 當依汝願."

17 병사(兵使) : 조선시대 각 지방의 군대를 통솔하고 경비를 담당하던 종이품 무관직(武官職)이다.

因謂起龍曰:

"吾欲以汝爲婿."

對曰:

"婚娶大事也, 不可不往告母氏."

吏曰:

"誠是."

吏家有惡駒, 人不敢近. 女曰:

"試使起龍, 騎往晉州, 何如?"

吏問曰:

"汝能制此馬乎?"

對曰:

"豈有男子不能制一馬乎?"

進向槽前, 馬張口欲立. 起龍批其頰曰:

"汝何無知?"

進前制之, 馬俛首熟視. 遂騎往晉州, 告娶於其母, 復還全州, 行醮禮, 偕歸晉州.

未幾當壬辰亂, 起龍聞變起舞. 妻曰:

"立功之期, 覲王爲先."

起龍騎其駿馬, 馳到漢江, 聞大駕去都. 歸到晉州, 勸晉牧覲王, 而不肯. 起龍一劍斬之, 率其衆募兵, 屢戰皆捷. 朝家聞之拜官, 至平安兵使.

《朝野集》曰:

'起龍初名茂樹, 居溫陽. 捷武科, 當唱名. 宣廟夢龍起於鍾街, 物色得之, 賜名起龍. 壬辰, 從防禦使趙儆破賊于居昌, 又破賊于尙州, 拜尙

州牧使. 丁酉大捷於高靈, 陞兵使. 所騎神馬, 能超六丈壕, 後馬病死,
爲文祭之. 妻姜氏晉州城陷, 血指書衫, 告其夫與其女及小姑, 投矗石
樓江水而死, 起龍葬其衫於先兆.'

8. 반정을 예견하고 적극적으로 도운 박씨의 아내

광해군 때 경기도에 사는 박씨는 어리석고[18] 무식하였다. 그의 아
내는 어질고 지혜로웠으며 맨손으로 집안을 일구었다.[19] 아내가 남편
에게 말하기를,

"사대부는 시골 구석진 곳에 머리를 묻고 살아서는 안 됩니다. 우리
집도 충분히 서울에 살 수 있는 여력이 있습니다. 들으니 아무 동네에
동지 김류[20]가 벼슬을 그만두고[21] 한가롭게 살고 있는데 사람들이 어른
으로 여긴다고 합니다. 어른은 이웃으로 할 만하다고들 하지요. 그러
니 가격이 비싸도 상관하지 말고 반드시 김류 집 근처에 집을 사세요."
라고 하였다. 박씨가 오직 아내의 말대로 즉시 김류 집 근처에 집을
사고 가족들을 데리고 서울에 올라갔다. 박씨의 아내는 곧 종을 통하
여 김류의 아내에게 매번 돈과 쌀을 계속해서[22] 주었다. 그때 김류에

---

18 농동(儱侗) : 어리석고 미숙하다.
19 적수성가(赤手成家) : 아무 것도 없는 가난한 사람이 맨손으로 가산(家産)을 이루다.
20 김류(金瑬) : 1571~1648. 조선 후기의 문신으로 본관은 순천(順天). 자는 관옥(冠玉),
   호는 북저(北渚)이다. 김수렴(金粹濂)의 증손으로, 할아버지는 찰방 김훈(金壎)이고,
   아버지는 증 영의정 김여물(金汝岉)이며, 어머니는 현감 박수강(朴壽岡)의 딸이다.
21 해관(解官) : 벼슬을 내어 놓다.
22 낙역(絡繹) : 사람이나 수레의 왕래가 끊이지 않다.

게는 이미 반정을 도모할 마음이 있었다.

어느 날 박씨의 아내가 남편에게 말하기를,

"빈둥대는 것[23]을 보기 민망합니다. 책을 읽기에 비록 늦었지만 이미 좋은 이웃이 있으니 가서 배우기를 청하세요."

라고 하고 바로 선반 위에서 《한서》[24] 한 권을 뽑아

"반드시 '〈곽광전〉[25]을 공부하고 싶다.'고 하세요."

라고 하였다. 박씨가 소매에 책을 넣고 가서 절하며 말하기를,

"제가 배움을 놓쳐 책을 읽기에 비록 늦은 나이지만 영감의 가르침을 받고 싶습니다."

라고 하였다. 김류가 말하기를,

"배우고 싶은 것이 무슨 책입니까?"

라고 하자 박씨가 소매에서 〈곽광전〉을 꺼냈다. 김류가 크게 놀라 한참 있다가,

"당신이 이 전을 청하는 것은 과연 당신의 생각에서 나온 것입니까? 아니면 다른 사람이 시킨 것입니까?"

라고 하자 박씨가 말하기를,

"제가 댁의 동네에 집을 정한 것은 아내의 주장에서 나온 것이고

---

23 낭유(浪遊) : 하는 일 없이 빈둥빈둥 놀다.

24 한서(漢書) : 후한(後漢)의 역사가 반고(班固)가 지은 중국 역사서이다. 12제기(帝紀)·8표(表)·10지(志), 70열전(列傳)으로 전 100권으로 이루어졌다.

25 곽광전(霍光傳) : 곽광(霍光)은 전한(前漢) 무제(武帝) 때의 사람이다. 무제의 유조(遺詔)를 받들어 대사마 대장군(大司馬大將軍)의 직책으로서 소제(昭帝)를 도왔으며, 다음 창읍왕(昌邑王)이 음란하므로 폐위시키고 다시 선제(宣帝)를 세웠는데, 이 사실을 적은 전기(傳記)이다.

오늘 아침에도 이 책을 꺼내 주면서 배우라고 해서 그래서 감히 청한 것입니다."

라고 하였다.

김류는 이에 박씨 아내가 똑똑한 것을 알아채고 박씨에게 그 책을 한 번 가르쳐주고 보냈다. 그리고 바로 집 안에 들어가 종에게

"가까운 이웃은 친척과 다름이 없으니 내일 방문하면 어떻겠습니까?"

라고 전하게 하자 박씨 부인이 과연 왔다. 또 말을 전하게 하길,

"부인이 이미 우리 집에 오셨으니 제가 들어가 절하고 제수와 시아주버니의 예를 베풀고 싶습니다."

라고 하였다.

마침내 박씨 부인이 들어와 살펴보니 특별히 고운 얼굴은 아니었으나 얼굴빛이 희고 잘생겼으며 키가 커 한 번 보면 지식이 있음을 알 수 있었다. 김류가 꿇어앉아 묻기를,

"어제 당신의 남편이 〈곽광전〉을 배우기를 청한 것은 제수씨의 뜻이라고 들었습니다. 다른 읽을 책도 많은데 반드시 이 책을 권한 것은 무슨 까닭입니까?"

라고 하였다. 박씨 부인이 마침내 좌우에 있는 사람을 물러나게 하고 다만 김류의 부인만 있도록 한 다음에 말하기를,

"시골의 부녀자가 비록 매우 어리석지만 운세를 점쳐보니 하늘의 때와 사람의 일이 극에 달하면 반드시 변화가 오고 변화가 오면 반드시 통하는 법입니다. 앞으로 일어날 일이 어찌 이 전에 있는 일과 합치되지 않겠습니까?"

라고 하였다. 김류가 크게 놀라 도모하고 있는 일을 솔직하게 토로하

며 말하기를,

"이 일은 천하의 지극히 위험하고 어려운 일입니다. 그것이 성공할
수 있겠습니까?"

라고 하였다. 박씨 부인이 말하기를,

"반드시 성공할 것이니 의심하지 마십시오. 제가 마땅히 얼마간의
곡식으로 비용을 대겠습니다."

라고 하였다.

이후에 김류가 혹 지혜가 미치지 못하는 일이 생기면 번번이 박씨
부인에게 보내 서로 의논해서 결정한 것이 자못 많았다. 인조반정[26]
이후에 공적을 논의하여 상을 줄 때 김류가 힘껏 박생을 선발하도록
도와 군현을 맡도록 하였다. 여러 공신들이 김류가 공이 없는 사람에
게 벼슬을 주는 것을 나무라자 김류가 말하기를,

"다른 사람들은 알지 못하는 것 중에 반드시 갚아야 하는 공이 있
기 때문에 이와 같이할 뿐입니다."

라고 하였다. 위의 내용은 《야설》에 나온다.

光海時畿邑朴姓人, 儱侗無識. 其妻賢而且慧, 赤手成家. 謂其夫曰:
"士大夫不可埋頭鄉曲. 吾家力足辦京居. 而聞某坊金同知塗解官閒
居, 人稱長. 長者可堪作隣云. 必就其近處, 買屋而勿拘價高也."

朴惟言是從, 卽爲買宅於金隣, 撤家上京. 朴內卽通婢子於金內, 每

---

26 인조반정(仁祖反正) : 1623년 4월 11일 서인 반정 세력이 광해군 및 대북파를 축출하고
능양군(인조)을 왕으로 옹립 및 추대한 사건이다.

以錢兩米斗, 絡繹周給. 方其時, 金公已有反正之謀.

一日朴內謂夫曰:

"浪遊可憫. 讀書雖晚, 旣有芳隣, 往請受學也."

仍抽架上漢書一卷曰:

"必請學霍光傳."

朴袖往拜謁曰:

"小生失學, 讀書雖晚, 願得令監之敎誨."

金曰:

"所欲受者何書?"

朴袖出霍光傳. 金大驚良久曰:

"尊之請學此傳, 果出尊意耶? 或有人指敎耶?"

朴曰:

"小生之卜居貴隣, 出於內子之指麾. 而今朝抽此書授吾請學, 故敢請焉."

金乃知朴內之英慧. 仍敎其書一番而送之. 卽入內使婢傳喝曰:

"比隣無異至親, 明日來訪何如?"

朴內果至. 又傳喝曰:

"內行旣臨吾家, 吾欲入拜以展嫂叔之禮."

遂入見朴內, 則無甚姿色, 白晳長身, 一見可知有知識. 因跪問曰:

"昨日尊夫婿請學霍光傳, 謂是嫂氏意也. 他書可讀者多, 而必勸此何也?"

遂辟左右, 只留金之夫人, 朴內曰:

"草野婦女雖甚愚迷, 亦所點運, 天時人事極則必變, 變則必通. 來頭事, 豈無洽合於此傳中事也?"

金大驚, 直吐所謀之事, 曰:

"此是天下至危至難之事也. 其或可成乎?"

朴內曰:

"必成無疑. 愚婦亦當以如干庄穀助費也."

自後金或有智慧之所不逮者, 輒致朴內, 而商確者頗多. 及至改玉後, 論功行賞, 金極力援拔朴生至典郡縣. 諸功臣譏其授爵於無功之人, 公曰:

"他人所不知中, 自有必報之功, 故如是耳." 以上《野說》

9. 시로 앞일을 예견한 류씨

홍명구[27]는 호가 나재이며 본관은 남양이다. 병자호란 때 평안도 관찰사로 김화에서 순절했는데 그때 나이 마흔이었다.[28] 공이 어렸을 때

"꽃이 지니 천지가 불그레하네."

라는 시를 짓자 공의 종조모[29]인 류씨 부인이 이 시를 보고 말했다.

---

27 홍명구(洪命耈) : 1596~1637. 본관은 남양. 자는 원로(元老), 호는 나재(懶齋)이다. 병자호란이 일어난 1636년 평안도 관찰사로 자모산성을 지키다가 남한산성이 포위되었다는 말을 듣고 근위병을 이끌고 가던 중 적병을 만나 김화에서 순절했다. 택당 이식이 쓴 〈평안도 관찰사 증이조판서 홍공 행장(平安道觀察使 贈吏曹判書洪公行狀)〉이 있다.

28 행장에는 42세에 죽은 것으로 기록되어 있다.

29 종조모(從祖母) : 할아버지 형제의 부인이다.

"이 아이는 분명 귀하게 되겠으나 요절하겠구나. '꽃이 피니 천지가 불그레하네.'라고 했다면 복록이 무궁했을 텐데 '지다[落]'에는 길이 복을 누릴 기상이 없으니 아깝구나."

洪命耈號懶齋南陽人. 丙子虜亂, 以西伯殉節於金化, 年四十. 公兒時作句云:

花落天地紅.

公從祖母柳夫人見之曰:

"此兒必貴, 然似夭折. 若曰, 花發天地紅, 則福祿無量, 而落字無遐福氣像, 惜哉."

10. 앞일을 예견해서 남편을 출세시킨 아내

이기축[30]은 가게에 고용된 종이었다. 사람이 어리석고 둔한 데다 오직 배불리 먹기만 했으며 남달리 힘이 좋았다. 주인집에 시집갈 나이의 딸이 있었는데 제법 글을 알았으며 성품도 영리하고 민첩했다. 부모가 몹시 아끼고 사랑하여 좋은 사위를 골라 시집보내려 하자 그 딸이 말했다.

---

30 이기축(李起築) : 1589~1645. 李己丑이라고도 한다. 본관은 전주. 자는 희열(希說)이다. 효령대군 이보의 7대손. 인조반정 때 공을 세워 완계군(完溪君)에 봉해졌다. 최석정, 〈완계군 이공 시장(完溪君李公諡狀)〉, 《명곡집》 권32이 있다.

"제 남편은 제가 선택하겠습니다. 기축【기축년에 태어나서 기축(己丑)이라 불렀는데 지금의 이름[起築]으로 바꾸었다】에게 시집가고 싶습니다."

부모가

"너는 어째서 부리는 종에게 시집가고 싶단 말이냐?"

라고 꾸짖었으나 그 딸은 죽음을 맹세코 다른 곳에 시집가려 하지 않았다. 부모가 어쩔 수 없어 마침내 허락했다. 그 딸이 기축과 혼인한 뒤 친정에 있고 싶어 하지 않고 그와 함께 서울로 가서 조그만 집을 사서 살아가기를 원했다. 부모도 친정에 있으면 다른 사람들의 웃음거리가 될 것 같아 차라리 따로 지내는 것이 낫겠다고 생각하고 먹고살 재산을 주어 서울로 보냈다. 딸은 장동[31]에 집을 사고 술을 팔아서 먹고 살았다.

하루는《사략》의 첫 권 중 "이윤이 태갑을 폐하여 동궁으로 내쫓았다"[32]는 편에 표시를 해서 그 남편에게 주며 말했다.

"신무문[33] 뒤 소나무 그늘 밑으로 가면 반드시 여러 사람이 모여 있을 겁니다. 이 책을 앞에 놓고 배우기를 청하십시오."

기축이 그 말대로 가서 배우기를 청하자 사람들이 서로 돌아보며 깜짝 놀라 말하기를,

"누가 시켜서 이 책을 배우려고 하는가?"

---

31 장동(壯洞) : 서울 종로구 통의동, 효자동, 창성동에 걸쳐 있던 동네 이름이다.

32 탕왕을 도와 폭군인 걸왕을 멸망시키고 난세를 평정한 명재상 이윤이 탕왕의 아들인 태갑이 포학하게 굴자 동궁에 내쫓은 일을 말한다. 이후 태갑이 개과천선하자 다시 불러 복위시켰다.

33 신무문(神武門) : 경복궁의 북문을 말한다.

라고 하니 기축이 대답했다.

"소인의 처가 이렇게 하라고 하더군요."

사람들이 그 집이 어디인지 묻고 함께 왔다. 그 여자가 그들을 맞아 윗자리에 앉게 하고 술과 안주를 차려 대접하고 나서 부탁했다.

"어르신들의 일을 저는 이미 알고 있습니다. 제게 어리숙한 남편이 있는데 힘이 뛰어납니다. 훗날 쓸 데가 있을 겁니다. 제게는 술과 안주가 많고 또 저희 집은 조용하고 외지니 일을 의논할 때 이곳에 와서 하시면 아무런 문제도 없을 겁니다."

모두 허락했는데 이들은 모두 승평군[34], 연평군[35] 같은 인물들이었다. 그 뒤 의거[36]하여 창의문[37]으로 들어갈 때 기축이 앞에서 장군목[38]을 부러뜨리고 들어갔는데 일이 평정된 뒤 이등 공신에 올랐다.

李起築店舍僱奴也. 爲人魯鈍, 只取飽食, 而有絕倫之力. 主家有女及笄而稍解文字, 性又穎敏. 父母鍾愛, 欲擇佳婿而嫁之, 其女曰:

"吾之良人, 吾自擇之. 願嫁于起築【己丑生故仍以名呼之, 改今名】."

父母叱曰:

---

34 승평(昇平) : 승평군 김류(金瑬)를 가리킨다. 인조반정에 가담하여 정사공신(靖社功臣) 3등에 책훈되고 승평부원군에 봉해졌다.

35 연평(延平) : 연평군 이귀(李貴, 1557~1633)를 가리킨다. 인조반정에 가담하여 정사공신 1등으로 책훈되고 연평부원군에 봉해졌다.

36 인조반정을 말한다.

37 창의문(彰義門) : 서울 종로구 있는 성문이다. 서울 성곽의 4소문 가운데 서북쪽에 있는 문으로, 자하문(紫霞門)이라고도 한다.

38 장군목(將軍木) : 궁문이나 성문을 닫아 잠글 때 빗장처럼 가로지르는 굵고 큰 나무를 말한다.

"汝何爲欲嫁雇奴也?"

其女以死自誓,[39] 不願他適. 父母不得已, 遂許之. 其女旣以己丑作配, 不願在此, 與之欲上京, 買斗屋而資生. 父母亦以爲在此惹人恥笑, 不如各居之爲好, 仍給家産之資, 而送于京. 買舍於壯洞, 酤酒爲業.

一日, 以《史略》初卷, 付標於伊尹廢太甲放桐宮篇, 而授其夫曰:

"往神武門後松陰下, 則必有諸人聚會矣. 以此册置于前, 而請受學焉."

己丑依其言, 往而請學, 諸人相顧大驚曰:

"誰人所使而欲學此書也?"

對曰:

"小人之妻如是指使."

諸人問其家而偕往. 其女迎之上座, 設酒肴而待之, 仍托曰:

"列位之事, 妾已知之. 妾有愚夫而有膂力. 日後自有用處. 妾有酒旨且多, 且妾家靜僻, 議事時, 必臨于此無妨也."

衆皆許之. 此皆昇平延平諸人也. 其後, 舉義入彰義門時, 己丑居前, 折將軍木而入. 事定後參勳二等.

11. 함께 살기로 한 약속을 지킨 세 여자

유생 아무개는 서울 부근 사람이다. 어려서부터 문장을 잘한다는 이름이 있었는데 스무 살 전에 사마시에 합격했다. 집이 몹시 가난했으며 수원에 살았다. 그 아내 아무개는 재능과 자질이 모두 뛰어났다.

---

39 '期'로 썼다가 '誓'로 고쳤다.

아내가 어느 날 서울에 가서 살자고 하면서 유생에게는 그 비용을 마련하지 않아도 된다고 했다. 회동[40]의 한 저택으로 들어가자 가마 두 채가 내문으로 따라 들어왔다. 그 뒤로 아침저녁 밥을 올릴 때는 좌우에 상을 벌여 놓았으며, 남녀 종들과 청지기가 재상가에 비길 만했다. 그 뒤 이틀 밤 동안 두 미인을 내보내 유생과 동침하게 했다. 유생이 그 까닭을 몰라 그 아내에게 물어보면 아내는

"차차 알게 될 겁니다."

라고만 하였다.

어느 날 권 판서가 와서 유생을 보고 말했다.

"옛날 자네의 처가와 우리 집과 역관 현 지사가 담장을 사이에 두고 이웃하여 살았는데 같은 해 같은 달 같은 날에 모두 딸을 낳았다네. 내 딸은 서녀일세. 세 여자아이가 조금 자라자 아침저녁으로 어울려 놀았는데 몰래 마음속으로 한 사람을 함께 섬기기로 결심해서 여기에 이른 것이라네. 자네야말로 좋은 팔자라 할 만하지."

柳生某者, 洛下人也. 早有文名, 二十前登司馬. 家甚貧, 居水原地. 其妻某氏, 才質俱美, 一日, 請作京居, 不使柳生辦其資力. 入會洞一大第, 有二轎隨入於內門. 自是, 朝夕供饋, 左右鋪設, 婢僕傔從, 擬於卿宰之家. 其後二夜出送二美人, 與之同寢. 生莫知其由, 問於其妻, 妻曰:

"從當知之."

一日, 權判書來見柳生曰:

---

40 회동(會洞) : 지금 서울 중구 회현동 일대이다.

"昔君之娉家與吾家及驛官玄知事, 隔墻而居, 同年月日俱生女. 而
吾女即側出也. 三女稍長, 朝夕相從, 私自矢心, 同事一人, 以至於此.
君可謂好八字也."

12. 사람을 알아보는 데 뛰어났던 나씨

문곡 김수항[41]의 부인 나씨는 명촌 나량좌[42]의 여동생이다. 사람을
알아보는 안목이 있었다. 딸의 혼처를 택할 때, 셋째 아들 삼연 김창
흡[43]을 시켜 민씨 댁에 가서 보게 한 뒤 혼인을 정하려고 하였다. 삼연
이 보고 와서는,

"민씨 댁 자식들은 모두 기력이 떨어지고, 풍채가 빼어나지 않아[44]
합당한 자가 없습니다."

라고 고하자, 부인이

"이 집안은 명문가인데, 후손들이 반드시 그렇지는 않은가 보구나."

41 김수항(金壽恒) : 1629~1689. 본관은 안동(安東). 자는 구지(久之), 호는 문곡(文谷)이
   다. 할아버지는 청음 김상헌(金尙憲)이며, 아버지는 동지중추부사(同知中樞府事)를 지
   낸 김광찬(金光燦)이다. 기사환국 때 진도로 유배되었다가 사사되었다. 시호는 문충(文
   忠)이다.
42 나량좌(羅良佐) : 1638~1710. 본관은 안정(安定). 호는 명촌(明村)이다. 윤선거(尹宣
   擧)의 문인으로, 학문과 수양에만 전념하여 벼슬을 사양하였다.
43 김창흡(金昌翕) : 1653~1722. 본관은 안동(安東). 호는 삼연(三淵)이다. 김상헌의 증손
   자로, 아버지는 김수항이고, 어머니는 나성두(羅星斗)의 딸 안정 나씨(安定羅氏)이다.
   형은 김창집(金昌集)과 김창협(金昌協)이다. 이단상(李端相)의 문인이다.
44 풍채가 빼어나지 않아 : 원문에는 "貌麗"이라고 되어 있어 "풍채가 빼어나다."라고 번역
   해야 하나, 이와 비슷한 이야기를 담고 있는 《靑邱野談》(국립중앙도서관 소장 필사본)
   권11의 〈나씨부인의 식감[製錦袍夫人善相]〉에 "貌不麗"이라고 되어 있고, 앞뒤 문맥을
   고려해도 "貌不麗"가 자연스러우므로 이를 근거로 번역하였다.

라고 말하였다. 그 후 삼연이 이씨와 정혼하고 와서는

"풍채가 씩씩하고, 재주가 뛰어나니, 진실로 큰 그릇입니다."

라고 고하였다.

사위를 맞아 혼인하는 날, 부인이 보고는 탄식하였다.

"셋째가 눈은 있지만, 보는 눈이 없구나. 신랑이 수명이 짧아서 오래가야 수십 년에 지나지 않겠구나. 너는 어찌 그를 취하였느냐."

얼마 지나 또 빤히 보고는,

"내 딸이 먼저 죽겠구나."

라고 하였다.

하루는 민진후[45]와 민진원[46], 그리고 사촌 형제들이 젊은 나이였는데 일이 있어 함께 찾아왔다. 삼연이 들어와 고하기를

"민씨네 젊은이들이 지금 집에 왔습니다. 어머니께서 창틈으로 몰래 보시면 아실 수 있을 것입니다."

라 하자, 부인이 그 말을 따라서 몰래 보고는 또 삼연을 꾸짖으며 말하였다.

"네 눈에는 과연 눈동자가 없구나. 저 젊은이들은 과연 귀인이다. 이름이 후세에 드리울 큰 그릇인데, 혼인하지 못한 것이 아깝구나."

그 후 민공은 과연 크게 현달하였다. 그러나 이씨는 나이가 서른이 넘어 겨우 참봉이 되었다가 요절했다. 나씨 부인의 딸은 그보다 일

---

45 민진후(閔鎭厚) : 1659~1720. 본관은 여흥. 호는 지재(趾齋)이다. 숙종 계비 인현왕후의 오빠이다. 송시열(宋時烈)의 문인이다. 기사환국에 유배되었다가, 갑술옥사로 복직되었다.

46 민진원(閔鎭遠) : 109쪽 주 70) 참고.

년 먼저 죽었다.

부인이 일찍이 비단 세 단을 짰는데, 한 단으로는 남편 문곡 김수항의 조복을 만들고, 두 단은 깊이 감추어두었다. 그 뒤 둘째 아들 농암 김창협[47]이 과거에 급제하였는데 조복을 허락하지 않고, 몽와 김창집[48]이 음관으로 과거 급제하자 그 한 단을 내어 조복을 만들게 하였으며, 손자 사위 조문명[49]이 급제하자 그 한 단을 내어 또 조복을 만들었다. 세 사람이 모두 삼공의 지위에 이르렀으니, 부인의 생각은 삼공에 이르지 않으면, 사람들이 비단 조복을 입는 것을 인정하지 않을 것이라 여겼기 때문이었다. 농암이 과거에 급제하여 뵈러 오자, 부인이 찡그리며

"어찌하여 산림처사와 같은 모양을 하고 있느냐."

라고 하였다. 몽와가 과거에 급제하여 뵈러 오자 부인이 웃으며,

"우리 집안에 대신이 났구나."

라고 하였다.

---

47 김창협(金昌協) : 1651~1708. 본관은 안동(安東), 호가 농암(農巖)으로, 김창집(金昌集)의 아우이다. 갑술옥사 이후 아버지가 신원되자 여러 벼슬에 임명되었으나, 모두 사직하고 학문에만 전념하였다.

48 김창집(金昌集) : 1648~1722. 본관은 안동(安東). 호가 몽와(夢窩)로, 김창협(金昌協)의 형이다. 노론으로서 훗날 영조가 되는 연잉군(延礽君)을 왕세자로 세우는 데 힘썼다. 신임사화 때 사사되었다.

49 조문명(趙文命) : 1680~1732. 본관은 풍양(豊壤). 호는 학암(鶴巖)이다. 어머니가 김만균(金萬均)의 딸이다. 소론이나 외가와 처가가 모두 노론 집안이어서 노론 인물들과도 교유하였다. 영조 초 왕권의 안정과 확립에 일정한 기여를 하고, 민생 문제에도 관심을 보였다.

金文谷夫人羅氏明村良佐之娣也. 有識鑑, 爲女擇婿, 使三胤三淵往見閔氏家而定婚. 三淵往見來告曰:

"閔家兒皆氣短貌軀, 無可合者矣."

夫人曰:

"此是名家也, 後進必不然矣."

其後三淵擇定於李氏, 而來告曰:

"風儀動盪, 才華發越, 眞大器也."

及延婿合卺之日, 夫人見而歎曰:

"三兒有目而無珠也. 新郎壽限不足, 遠不過數十年. 汝何以取之."

已而又熟視曰:

"吾女先死矣."

一日, 閔鎭厚鎭遠從兄弟俱以弱冠, 有事來訪. 三淵入告曰:

"閔家少年今來家, 母氏從窓隙窺見, 則可知矣."

夫人從而窺見, 又責三淵曰:

"汝眼果無珠矣. 此少年果是貴人, 名垂後世之大器, 惜不得爲婚也."

其後閔公果大顯達, 而李氏年過三十纔參奉而夭, 夫人之女先一年而歿.

夫人嘗織錦三端, 以一端造文谷之朝服, 二端則深藏之. 其後二胤農岩登第, 不許造服. 夢窩以蔭官登第, 出其一端, 使造朝服. 孫婿趙文命登第, 出其一端, 又造朝服. 三人俱位至三公, 而夫人之意以爲未至三公, 人不可許故也. 農岩登第入謁, 夫人嚬曰:

"何爲而如山林處士樣也."

夢窩登第入謁, 夫人笑曰:

"吾家大臣出矣."

13. 영창대군의 탄생을 근심한 정씨

선조의 장인인 연흥 김공[50]의 며느리 정씨는 청주목사 정구[51]의 딸이다. 영창대군[52]이 태어나자【연흥(延興)[53]의 외손이다.】 사람들은 서로 축하하면서 경사라고 했으나, 정씨만 홀로 근심하고 한탄하기를 그치지 않았다. 아마도 그 화가 일어날 조짐을 걱정했기 때문이었다. 그 후 영창이 억울하게 죽고, 김씨 가문도 거의 멸족 당했다. 《공사문견》[54]

宣祖朝國舅延興金公之子婦鄭氏, 淸州牧使球之女也. 當永昌大君之生【延興外孫】, 人莫不相賀稱慶, 而鄭氏獨憂歎不已, 蓋慮其爲禍兆也. 其後永昌枉死, 而金門幾滅. 《公私聞見》

---

50 김공 : 김제남(金悌男, 1562~1613)을 가리킨다. 인목대비의 아버지이다.
51 정구(鄭球) : 1490~?. 본관은 동래(東萊), 자는 대명(大鳴)이고, 호는 괴은(乖隱)이다. 단천군수(端川郡守)까지 역임하고, 기묘사화(1519) 이후 두문불출하며 학문에만 전념하였다.
52 영창대군(永昌大君) : 1606~1614. 조선의 14대 왕인 선조와 인목대비 사이에 태어난 왕자이다. 선조 사후 광해군에 의해 서인(庶人)으로 강등, 강화도에 위리안치되었다가 만 8세에 죽임을 당했다.
53 연흥(延興) : 연흥부원군(延興府院君) 김제남을 이른다.
54 《공사문견》 : 《공사문견록》 혹은 《공사견문록》이라 한다. 효종의 부마 정재륜(鄭載崙)이 효종·현종·숙종·경종의 4조에 걸쳐 궁중에 출입하면서 국왕과 왕비·왕족·내관 등 왕실과 관련된 사람들에 대해 전해 내려오거나 직접 본 이야기를 기록한 야사집이다.

14. 남편의 역모에 앞서 나쁜 징조를 두려워한 아내

심기원[55]이 전에 역모할 마음을 품었을 때, 집안에 갑자기 귀신의 변고가 있더니,

"하지 마라, 하지 마라."

라는 소리가 났다. 심기원은 귀신을 두려워할 것 없다고 여겼으나, 그 아내만은 홀로 나쁜 징조라는 걸 알고, 근심하고 두려워하기를 마지않았다.

沈器遠之始懷叛心也, 家中猝有鬼變, 有聲曰:

"莫爲莫爲."

器遠以爲夜叉不足畏, 而其妻獨知其爲凶兆, 憂懼不已.

해제

지혜와 식견을 의미하는 혜식에는 14명의 여성이 등장한다. 상층 양반여성부터 시골의 미천한 여성에 이르기까지 신분에 관계없이 현명하고 지혜로운 여성들은 당시의 정치 상황을 정확하게 보거나 사람을 알아보는 안목이 있어서 앞으로 전개될 정국을 예견하거나 남편을

---

55 심기원(沈器遠) : 1587~1644. 본관은 청송(靑松). 권필(權韠)의 문인이다. 인조반정에 공을 세우고 이괄의 난을 막았으며, 정묘호란 때 세자를 모시고 피난하고 병자호란 때 서울의 방어책임을 맡았다. 1644년 좌의정으로 남한산성 수어사(守禦使)를 겸임한 것을 기회로 심복의 장사들을 두고 전 지사(前知事) 이일원(李一元), 광주부윤(廣州府尹) 권억(權澺) 등과 모의하여 회은군(懷恩君) 덕인(德仁)을 추대하려는 반란을 꾀하였다가, 일이 탄로되자, 거사 전에 죽임을 당하였다.

직접 고르고 남편을 출세시킨다. 여기에는 안평대군의 패망을 예견한 성간의 어머니, 아들의 위험을 예견한 홍서봉의 어머니, 남편과 아들의 죽음을 예견한 이세좌의 부인, 허종과 허침의 화를 면하게 해 준 누나, 김제남의 며느리 정씨 등 정치적 안목이 뛰어난 여성들의 일화가 가장 많이 들어 있다. 또 홍명구가 어렸을 때 지은 시를 보고 그가 요절할 것을 알아챈 홍명구 종조모 유씨, 사람 보는 안목이 뛰어난 김수항의 부인 나씨, 귀신의 변고를 흉조로 알아챈 심기원의 부인 등 사람을 알아보는 안목이 있거나 앞날을 예견하는 여성들의 일화가 들어 있다. 또 승정원의 기록을 뒤져서 처의 지위를 스스로 획득한 홍윤성의 부인을 비롯해서 이장곤을 도와 준 고리장이의 딸, 아전의 딸로 남편을 스스로 고른 정기룡의 부인 김씨, 남편을 출세시킨 이기축의 부인, 기읍의 박씨 등의 일화 등 자신의 앞날을 직접 열어간 여성들의 일화가 들어 있다. 혜식에 수록된 여성들을 보면 김상집이 생각한 여성의 지혜와 식견이 정치적 안목과 사람을 알아보는 안목, 앞날을 예견할 수 있는 것이며, 특히 정치적 상황과 관련되어 있음을 알 수 있다.

처녀

1. 세자빈 간택을 피하기 위해 미친 척한 권씨

인조가 소현세자[1]를 위하여 세자빈을 간택할 때 한 처자【성은 권씨라고 한다】의 생김새가 후덕해[2] 한 번 보면 덕이 있는 사람임을 알 수 있었다. 다만 앉고 설 때 예의가 없고 웃음을 절제하지 못했다. 음식을 주면 밥이나 국, 고기를 막론하고 모두 손가락으로 집어 먹어 궁인들이 모두 미쳤다고 손가락질했다. 임금 또한 그 처자가 정신병이 있다[3]고 의심하여 자세히 살펴보지 않았다. 나중에 그 처자가 시집을 갔는데 매우 부덕이 있었다. 인조가 그 이야기를 듣고 혀를 차며 말하기를,

"내가 그 처자의 술수에 빠졌구나."

라고 하였다. 《공사문견》【나중에 소현세자는 심양의 감옥에 갇혔다가 조선에 돌아온 후 병으로 죽었다. 세자빈 강씨[4]는 월당 강석기의 딸인데 조귀인[5]

---

1 소현세자(昭顯世子) : 1612~1645. 조선 16대 왕 인조의 맏아들. 소현세자는 왕세자로 봉해지고 1627년 12월 참의 강석기의 딸을 세자빈으로 맞이했다. 1636년 병자호란이 일어나자 인조와 함께 남한산성으로 피신했다. 그리고 이듬해 2월 세자빈과 함께 인질이 되어 청나라의 수도였던 성경(지금의 심양)으로 끌려갔다. 1645년 억류에서 풀려나 귀국하였지만 창경궁의 환경전에서 갑자기 죽었다.

2 풍영(豐盈) : 풍성하다는 뜻이다.

3 병풍(病風) : 정신병을 가리킨다.

4 강빈(姜嬪) : ?~1646. 본관은 금천(衿川)이다. 소현세자의 빈으로, 우의정 강석기의 딸이다. 병자호란 때 소현세자와 함께 심양에 볼모로 갔다가 돌아왔다. 소현세자가

의 무고로 한 집안이 죽임을 당하는 화⁵를 입었다.】

仁廟爲昭顯世子擇嬪也, 有一處子【姓權氏云】, 容貌豊盈, 一見可知爲
有德之人. 但其坐立無儀哂笑無節. 賜之飮食, 則無論飯羹湯哉, 皆以
手指取啖, 宮人指以爲狂. 上亦疑其病風, 不之察焉. 後有所歸甚婦德.
仁廟聞而嗟咄曰:

"我墮其術中矣."《公私聞見》【其後昭顯世子囚瀋獄. 返後病卒. 嬪姜氏
月塘碩期之女. 爲趙貴人所誣致有赤族之禍.】

2. 아버지 상을 당해 슬퍼하다 몸이 상해 죽은 이지남의 딸

영응선생 이지남⁷은 연안이 본관이며 벼슬은 참봉이었고 효행이

죽은 후 소의 조씨의 모함으로 조씨 저주 사건이 일어났고 이 사건의 배후자로 지목되
었다. 또한, 1646년 임금의 수라상에 독을 넣은 사건이 일어나자 그 소행의 장본인으로
모함을 받아 시비도 가리기 전에 후원별당에 감금되었다가 끝내 사사되었다.

5 귀인 조씨 : 조선 인조의 후궁으로 인조의 총애를 받으며 강빈의 옥사를 주도하였다.
   효종이 즉위한 뒤 청서파가 집권하면서 김자점의 옥사에 연루되어 사사되었다.

6 적족지화(赤族之禍) : 한집안이 다 죽임을 당하는 재앙을 뜻한다. 멸족지화(滅族之禍)
   와 같은 말이다.

7 이지남(李至男) : 1529~1577. 본관은 연안(延安). 자는 단례(端禮), 호는 영응선생(永
   膺先生)이다. 아버지 언침(彦忱)이 서천으로 귀양가 죽자 지성으로 장사지내고 3년간
   여막살이를 해 나이 20도 못되어 지효(至孝)라는 이름이 널리 퍼졌다. 1577년(선조
   10) 소격서의 참봉에 제수되었으나 어머니 안씨가 이질을 앓아서 증세가 위급하자 목
   욕하고 울부짖으며 하늘에 호소했다. 어머니는 차츰 회복되었으나 그는 오랫동안 시탕
   (侍湯) 간호에 지쳐서 피를 토하다가 그해 8월에 죽었다. 기직(基稷)·기설(基卨) 두
   아들이 있었는데, 사람들이 쌍벽(雙璧)·연주(聯珠)라고 일컬었다. 맏아들 기직은 아버
   지의 상사에 지나치게 슬퍼해 23세에 죽고, 시집 안 간 딸도 애통해하다가 18세에
   죽어 인조의 특명으로 효자문과 정려가 세워졌다. 따라서 어머니 안씨와 부인 정씨,

있었다. 이소재°의 제자였다. 그의 딸은 어린데 지극한 행실이 있었다. 시집을 가기 전에 아버지 상을 당하여 울며 피를 토하다 마침내 몸이 상해 죽었다. 임종에 두 오빠 기직과 기설에게 일러 말하기를,

"지하에 계신 아버지를 따르니 죽어도 한이 없어요. 다만 병든 어머니가 집에 계신데 끝까지 봉양하지 못하는 것이 한입니다."

라고 하고 말을 마친 후 죽으니 나이 18세였다. 일이 전해져 정려를 받았다. 〈본전〉

李至男永脣先生延安人, 官參奉有孝行. 履素齋門人. 其女幼有至行. 未及適人遭父喪, 泣盡血出, 遂以毁死. 臨終謂兩兄基稷基皐曰:

"從先人於地下, 死無所恨. 但病母在堂, 不得終養爲恨."

言訖而終, 年十八. 事聞旌閭. 〈本傳〉

아들 기직·기설, 딸 모두 그와 더불어 표창을 받아 한 집에 여섯 정문이 세워졌으며, 임금이 효자삼세(孝子三世)라는 편액을 내렸다. 그 뒤 또 기설의 아들 돈오(惇五)·돈서(惇敍) 및 돈오의 처 김씨가 병자호란 때 강화에서 순절해 모두 정려되어, 여덟 개의 정문이라는 뜻에서 팔홍문(八紅門)이라 일컬었다.

8 이중호(李仲虎) : 1512~1554. 자는 풍후(風后), 호는 이소재(履素齋)이며, 효령대군의 후손이다. 어려서부터 문장 공부에 힘써 김안국(金安國)의 절찬을 받고 시명을 크게 떨치자 학도 수백 명이 모였다. 안국은 교직(敎職)을 시키려고 하였으나 사퇴하고 또 맹자를 연구한 후 침식을 잃고 강론에 힘썼다. 당시 개성의 화담 서경덕(徐敬德)과 같이 며칠을 두고 예학을 논했던 바 화담은 개탄하면서 중호를 따르지 못하겠다 하였으며, 이황도 그의 저서를 보고 사람됨을 추측하면서 그의 학문을 극구 찬양하였다. 그 후 언관(言官)이 추천하여 6품의 벼슬을 받았으나 얼마 안 되어 사망하였다.

3. 자신을 사모한 남자가 죽자 평생 시집가지 않은 매분구

서울에서 화장품을 파는 할머니는 젊었을 때 아름다웠다. 이웃집 사내가 호감을 보이고 유혹하자 사양하며 말하기를,

"담을 넘고 구멍을 뚫으며 왕래하는 짓을 나는 하지 않을 것입니다. 부모님이 계시니 만약 저를 포기하지 않으신다면 제 부모님께 부탁하세요. 부모님이 허락하시면 일이 잘될 겁니다."

라고 하였다. 이웃집 남자는 물러갔다가 폐백을 갖추어 딸의 부모에게 갔으나 부모님이 부탁을 들어주지 않았다. 이에 사모하는 마음이 답답하게 맺혀[9] 병이 나서 죽었다. 여자가 그 소식을 듣고 울며 말하기를,

"이는 내가 저 사람을 죽인 것이다. 또 내가 비록 저 사람에게 몸을 허락하지는 않았지만 내가 진실로 마음으로 허락했다. 저 사람이 이미 죽었지만 내 마음을 바꿀 수 있겠는가? 사람이 나를 사모하다가 죽음에 이르렀는데 내가 그 사람을 등에 업고 다른 사람과 즐거움을 도모하고자 한다면 이는 개, 돼지이다."

라고 하였다. 이에 스스로 시집가지 않겠다고 맹세하고 화장품을 파는 것을 업으로 삼으며 늙어 죽을 때까지 뜻을 고치지 않았다. 《동계집》

京城有賣粉嫗者, 少有姿貌. 隣之子悅, 而挑之謝曰:

"踰墻穿穴, 吾不爲也. 有父母在, 若不捨我, 求我父母. 父母許, 則事可諧矣."

隣子退, 而具幣造女父母, 父母不聽. 於是, 思慕鬱悒, 成疾以終. 女

---

9 울읍(鬱悒) : 답답함을 표현한 것이다.

聞之泣曰:

　"是吾殺彼也. 且吾雖不沾身於彼, 而我固心許. 彼旣死, 吾心可改乎? 夫人慕我至於死, 我則負人, 而欲圖他人之歡, 是狗彘也."

　乃自誓不嫁, 賣粉爲業, 至老死不改. 《東谿集》[10]

4. 결혼을 약속한 남성이 죽자 술을 만들어 팔며 혼자 산 성가

　시골 여자 성가라는 사람이 있었는데 결혼을 하기로 기약하고 나서 남편이 죽자 끝내 다른 곳으로 시집가지 않고 종신토록 술을 만드는 일을 하며 살았다. 흰 병풍[11]에 남편의 혼백을 그리고 작은 주렴을 걸어 아침저녁으로 제사를 지냈다. 교관 권극기가 열녀전을 지어 기록하였다. 《명재잡록》

　有村女聖哥者, 定婚有期, 而夫死, 遂不他適, 終身業燒酒以生. 以素屛像其夫靈, 揭小簾朝夕祭之. 權敎官克己作烈女傳以記之. 《明齋雜錄》[12]

10　조귀명(趙龜命, 1693~1737)의 〈매분구옥낭전(賣粉嫗玉娘傳)〉이 있다. 《동계집(東谿集)》 권5에 실려 있다.

11　소병(素屛) : 그림이나 글씨가 없이 흰 종이나 비단만 발라서 만든 병풍이다. 주로 제사를 지낼 때 쓰인다.

12　권득기의 문집인 《만회집(晩悔集)》 〈성열녀전(聖烈女傳)〉이 실려 있다. 권득기(1570~1622)의 당숙부인 권극기가 지은 열녀전을 권득기가 자신의 문집에 실은 것으로 보인다.

5. 피난 중 노승이 주는 밥을 끝내 먹지 않고 굶어 죽은 처녀

임진왜란이 일어났을 때 한 처녀가 달아나 숨어 지냈는데 굶주려 거의 죽을 지경에 이르렀다. 어떤 노승이 처녀를 보고 불쌍히 여겨 밥을 수었으나 또한 먹지 않았다. 노승이 절에 돌아와 밥을 지어 주었는데 또 먹으려 하지 않았다. 노승이 처녀의 옆에 밥을 놓고 갔다가 며칠 지난 후에 와서 보니 밥은 한 숟가락도 줄어들지 않았고 처녀는 이미 죽어 있었다. 《북관지》[13]

倭變時有一處女, 奔竄隱伏, 飢餓將死. 有老僧見而哀之, 與之飯不食. 歸寺炘飯而饋之, 又不肯食. 僧置飯其傍而去, 後數日往見之, 飯則不減一匙, 而女已死矣. 《北關志》

6. 겁박을 당한 후 자결한 매향

순천에 사는 정환[14]은 본관이 연일이다. 매향이라고 하는 딸이 있었는데 어려서부터 지극한 행실이 있었다. 나이 19세에 부모의 명령을 받들어 산밭에 가서 면화를 따다가 강포한 자에게 겁박을 당했다. 딸은 힘껏 저항해 옷이 모두 찢기는 지경에 이르렀으며 온몸에 상처를 입었다. 위험에서 몸을 벗어나[15] 집으로 돌아오니 아버지가 마침 집에 없었다. 딸이 어머니에게 갖추어 말하기를,

---

13 북관지(北關志) : 87쪽 주 18) 참조.
14 서미주에 "송강의 형 정소의 후손이다[松江兄沼之后]."라는 글이 있다.
15 탈신(脫身) : 위험에서 벗어나다.

"제가 이처럼 더럽고 욕된 일을 당했으니 무슨 면목으로 아버지를 볼 수 있겠습니까?"

라고 하고 마침내 몰래 방에 들어가 스스로 목을 매어 죽었다. 단암 민진원[16]이 호남에 관찰사로 있을 때[17] 포상을 청하여 정려를 윤허 받았다. 《단암집》

順天居鄭渙延日人. 有女名曰梅香, 幼有至行. 年十九承命, 往山田摘綿花, 爲强暴者所劫. 女拒之甚力, 至於衣裳盡裂, 全體被傷. 脫身而歸, 父適不在. 女具告其母曰:

"吾遭此汚辱, 何面目見吾父乎."

遂潛入其室, 自縊而死. 閔丹岩鎭遠按湖南時, 褒啓蒙允命旌. 《丹岩集》

7. 손가락을 베어 어머니를 살려낸 안씨의 두 딸

김제에 사는 선비 안세로의 둘째 딸과 셋째 딸은 어려서부터 타고난 효성이 있어, 지극히 정성스럽게 부모님을 봉양하였다. 을해년 2월에 어머니가 위독하여 숨이 끊어질 듯하였다. 둘째 딸이 목욕하고 하늘에 기도를 드린 뒤, 왼손 장지를 베어 피를 몇 숟가락 흘려 넣자, 어머니가 곧바로 살아났다. 5월에 어머니가 또 병이 났는데, 둘째 딸은 이미

---

16 민진원(閔鎭遠) : 109쪽 주 70) 참조.
17 민진원은 1703년에 전라도 관찰사를 지냈다.

시집을 간 뒤여서 셋째 딸이 향을 피우고, 자신이 대신 죽게 해 달라고 하늘에 빌었다.

하루는 어머니 목숨이 끊어지려 하자 온 집안사람들이 어쩔 줄 몰라 허둥댔다. 딸이 놀라지 말라고 하며, 몰래 왼손 무명지를 잘라 피를 몇 숟가락 흘려 넣었다. 그러자 어머니가 곧 살아났다. 석 달이 지나 어머니가 죽자, 딸은 물 한 모금도 마시지 않고 곡을 하며 울고, 가슴을 치고 발을 구르다, 기력이 다하고 몸이 상하여 뼈만 남더니, 이로 말미암아 병이 되었다. 어머니 상을 마치고 시집간 지 겨우 일년 만에 아들 하나를 낳고서, 갑자기 오래 앓던 병으로 죽었다. 단암 민진원이 임금께 포상해줄 것을 아뢰었다. 《단암집》

金堤士人安世老第二女第三女, 自幼有出天之孝, 至誠供養. 乙亥二月, 其母病革垂絕. 第二女沐浴禱天, 斫左手長指, 灌血數匙, 而卽甦. 五月母又病, 第二女已出嫁矣, 第三女焚香祝天, 請以身代.

一日母命絕, 渾舍奔遑, 女令愼母驚動, 潛斫左手無名指, 灌血卽甦. 過三朔母死, 勺水不入口, 哭泣擗踊, 漸毀骨立, 因以成病. 服闋, 適人纔周年, 産一男, 遽以宿病歿. 閔丹巖褒啓. 《丹巖集》[18]

---

18 원문에는 "위와 아래의 출처와 같다.[上同下同.]"라고 되어 있는데, 이는 《단암집》을 가리킨다. 이 글은 민진원, 〈초주도내충효절의인청가포상장계(抄奏道內忠孝節義人請加褒賞狀啓)〉, 《민문충공주의(閔文忠公奏議)》 권4에 실려 있다.

8. 두 차례나 손가락을 잘라 부모님을 구하려 한 최조이

광양에 사는 배하경의 어머니 최조이는 어려서 효성이 있었다. 아버지가 병이 심해 숨이 끊어지려 하자, 최조이가 왼손 네 번째 손가락을 잘라 피를 흘려 넣으니 아버지가 곧 깨어나 8년을 더 살았다. 어머니가 병이 났을 때도 손가락을 잘랐으나 어머니는 구하지 못했다. 두 차례나 손가락을 자른 것은 장부도 하기 어려운 일인데, 여자가 능히 하였으니, 그 또한 기특한 일이다. 단암 민진원이 임금께 포상해줄 것을 아뢰었다.

光陽裵夏慶母崔召史幼有孝誠. 父病垂絶. 斷左手第四指, 灌血卽甦, 延壽八年. 母病又斷指, 而不得救. 二次斷指, 丈夫之所難能, 而女子能爲之, 其亦奇矣. 閔丹巖褒啓.[19]

9. 아버지의 원수를 갚기 위해 묘를 파헤친 박효낭

숙종 때 성주에 살던 박효낭은 이름이 문낭이다. 박수하【일해(一海)】[20]의 딸로, 문헌공 박원형[21]의 후손이다. 대구의 전 현감이었던 박경여【박팽년의 후손이다.】가 자신의 할아버지 묘를 박수하 부모의 산소

---

19 이 글도 민진원, 〈초주도내충효절의인청가포상장계(抄奏道內忠孝節義人請加褒賞狀啓)〉, 《민문충공주의(閔文忠公奏議)》 권4에 실려 있다.
20 박수하(朴壽河) : 박수하에 대한 세주 "일해(一海)"는 미상이다.
21 박원형(朴元亨) : 1411~1469. 시호가 문헌공이다. 본관은 죽산(竹山), 호는 만절당(晚節堂)이다. 조선 전기 문신으로, 문종 대에 사가독서를 하였고, 세조 때 이시애의 난을 평정하였다.

근처로 이장했다. 경상도 관찰사 이의현은 박수하에게 비방을 받았다고, 관아에서 그를 곤장 쳐서 때려죽였다. 박효낭은 당시 아직 시집가기 전이었는데, 직접 노복을 데리고 가서, 박경여 할아버지의 묘를 파고 관을 꺼내어, 도끼로 부수고 불을 지르고는 박경여가 오기를 기다렸다. 박경여가 4백여 명을 거느려 칼을 잡고 창을 끼고서 왔다. 박효낭이 칼을 들고 달려들어 박경여를 찌르려고 하자, 여러 사람들이 박효낭을 창으로 마구 찔러 죽였다. 임금이 정려를 명하고, 영남의 선비들이 효낭전[22]을 지어 애도하였다. 박효낭의 아우 박경낭이 임금께 징을 쳐 호소하여 원수를 갚았다. 《조야집》

肅宗朝星州朴孝娘名文娘, 壽河【一海】之女, 文憲公元亨之後. 大邱前縣監朴慶餘【彭年之后】遷葬其祖於壽河親山近地. 嶺伯李宜顯以壽河侵詆, 營門杖殺之. 孝娘時未筓, 躬率奴僕, 掘慶餘祖墳, 出棺, 斧斫放火, 以待慶餘之來. 慶餘率四百餘人, 執刀挾槍而來. 孝娘持劍, 突入欲刺慶餘, 衆槊亂刺孝娘而殺之. 上命旌閭, 嶺南士人作孝娘傳而哀之. 孝娘弟慶娘擊錚復讐. 《朝野集》[23]

---

22 효낭전(孝娘傳) : 남유용(南有容)과 이익(李瀷), 안석경(安錫儆) 등의 문집에 박효낭에 대한 전이 실려 있다. 남유용, 〈효자박씨전(孝子朴氏傳)〉, 《뇌연집(雷淵集)》 권27과 이익, 〈박효낭(朴孝娘)〉, 《성호사설(星湖僿說)》 권17, 그리고 안석경, 〈박효낭전(朴孝娘傳)〉, 《삽교집(霅橋集)》 권6 등에서 볼 수 있다.

23 이 일은 《숙종실록》 숙종 40년 갑오(1714) 6월 9일(기묘) 기사에 실려 있다.

10. 아버지 산소에서 강도에게 겁탈당하려 하자 자결한 강처자

남포 내성동에 사는 강처자는 효와 열이 남보다 뛰어났다. 난국재 이예환[24]이 노래를 지어 찬미하였다.

열렬한 강처자여,
당시 나이는 19세였네.
깊은 수풀에서 살면서,
삼십 일에 한 번 먹는 것도 잇지 못했네.
해진 치마는 무릎을 덮지 못하였고,
가시나무 비녀는 머리 위에 겨우 꽂았네.
어려선 다른 사람 보는 것도 수줍어했지만,
성품과 행실은 실로 씩씩하였네.
이월에 갑자기 아버지를 여의고,
금당 어귀에 산소를 만들었네.
때때로 가서 부여잡고 울부짖으니,
기절했다 깨어났다 할 즈음에,
봉천의 강도 같은 놈이,
느닷없이 나타나 꾀어내어
순식간에 겁탈당하기에 이르렀는데,
하늘을 가리켜 죽으리라 맹세하자

---

24 이예환(李禮煥) : 1772~1837. 호가 난국재(蘭菊齋)이다. 본관은 경주. 보령 사람이다. 학문과 행실로 관찰사에 천거되었으나 나아가지 않았다.

도둑이 마침내 버리고 갔으나,

분함을 어찌 억제할 수 있었겠는가.

입술을 깨물고 혀를 씹으며

스스로 목매어 죽었네.

효성스럽고 또 정렬함은,

두씨[25]와 같은 이도 미치기 어렵구나.

태수가 현명하여

강도는 얼마 지나지 않아 죽었네.

조만간 임금께 알려져,

정려가 길이길이 빛나리라.

세상의 운세가 떨어졌다고 말하지 마라,

바른 기운은 본래 바뀌지 않는다네.

무릎을 치며 길게 탄식하다가,

시를 지어 스스로 다짐하노라. 《난국재집》

藍浦內城洞有康處子, 孝烈卓異. 蘭菊齋李禮煥作歌, 以美之日:

烈烈康處子,

---

25 두씨(竇氏) : 도적 떼에게 끌려가다 골짜기에 투신해 죽은 당나라 봉천의 두 자매를
가리킨다. 《소학》 선행 제6에 실려 있다. 당나라 봉천의 두씨 자매가 어려서부터 지조
가 있었는데 도적떼가 그 촌락을 노략질하여, 그들이 두씨 자매들을 끌어내 핍박하여
가다 골짜기에 이르러 언니가 떨어져 죽고 동생도 투신하여 정조를 지켰다. 경조윤
제오기가 그 정렬을 가상히 여겨 임금께 아뢰자 임금이 정려하였다.

時年十九歲.

生在綠蘿下,

三旬食不繼.

弊裳不掩膝,

荊釵才上髻²⁶.

自初羞見人,

性行誠愷悌.

二月奄失怙,

出殯金塘汭.

時時往攀號,

頓絕方蘇際.

奉天強盜孽,

忽地撼厥帨.

蒼黃至折破,

殊死指天誓.

盜雖竟捨去,

忠憤那能制.

斫噬唇與舌,

因以自經逝.

孝以又貞烈,

---

26 髻 : 원문에는 이의 속자인 "髻"으로 되어 있으나, 이예환, 〈내성강처자가〉,《난국재
집》권1에는 '髻'로 되어 있다.

竇氏似難逮.

太守賢且明,

盜已不日殲.

早晚聲聞天,

旌閭照百世.

莫謂世運下,

正氣元不替.

擊節長嘆息,

題詩自砥礪. 《蘭菊齋集》[27]

해제

이 항목에는 10명의 여성이 등장한다.(10편의 일화가 실려 있다.) '처녀'라는 항목으로 묶였지만, 여기에는 평생 혼인하지 않고 살았을 것으로 보이는 여성, 나중에 혼인은 했지만 해당 일화가 처녀였을 때 일인 여성 등이 섞여 있다. 여기에는 자신 때문에 상사병으로 죽은 남성을 위해 수절을 택한 매분구(賣粉嫗), 정혼한 남자가 죽자 수절을 택하고 술을 빚어 생계를 유지하면서 남편의 제사를 지낸 '성가(聖哥)'라는 시골 여성, 19세 때 면화 따러 갔다가 겁박당하고 돌아와 어머니에게 그 사실을 말하고 목매어 죽은 정환의 딸 매향 등 정절과 관련된 일화가 들어 있다. 또 아버지가 죽자 슬픔으로 인해 죽는 이지남의

---

27 이예환, 〈내성강처자가(乃城康處子歌)〉, 《난국재집》 권1에 실려 있다.

딸, 어머니를 위해 단지(斷指)한 안세로의 두 딸, 부모를 위해 두 차례나 단지(斷指)한 배하경의 어머니 최소사, 아버지의 억울한 죽음을 바로잡으려다가 죽임을 당하고 정려를 받은 박수하의 딸 박문랑 등 효성이 뛰어난 여성의 일화가 들어 있다. 그 외 소현세자 비 간택 때 일부러 못난 짓을 해서 성명을 보전한 권씨, 왜란 때 노승의 호의를 거절하고 굶어 죽은 처녀, 가난하지만 '효열(孝烈)'을 인정받은 강처자 등의 일화가 들어 있다. 김상즙은 처녀 항목을 독립시켰으나 다른 특징을 발견하기보다는 결국 해당 여성들의 열행과 효행을 강조하고 있다. 이는 여성들의 행동이 시집가기 전인가 아닌가에 초점을 맞추어 서술한 결과로 보인다.

시인

1. 이옥봉

이원【혹 천한 신분의 여자라고도 한다.】의 호는 옥봉이다. 운강 조원의 처이다.[1] 〈과노릉〉[2] 시에서 이렇게 말했다.

오일[3]의 긴 고개 10일 만에 넘어서니
구슬픈 내용 노래에 노릉의 구름 끊어진다.
이 몸 또한 왕가의 후손이라
이 땅 두견새 소리 차마 듣지 못하겠네

〈춘일유회〉 시에서 이렇게 말했다.

번화가 멀고 머니 사람 애를 끊는데
두 마리 잉어로 한강 가로 편지 전했네

---

1 조원의 첩이었다.
2 옥봉집에는 〈영월도중(寧越途中)〉으로 되어 있다.
3 《가림세고(嘉林世稿)》에 있는 〈옥봉집〉에는 '오일장관삼일월(五日長關三日越)'이라고 되어 있다. 또한 《본조여사》 원문에 제1구 옆에 '一片靑山葬吾(我)君'이라고 쓰여 있는데 《소화귀감(小華龜鑑)》에는 "賤女李瑗詩曰一片靑山葬我君哀詞吟斷魯陵雲妾身亦是王孫女此地鵑聲不忍聞"이라고 쓰여 있다.

꾀꼬리 새벽부터 울어 근심 속에 비내리고

푸른 버들 하늘거리며 중춘이 가까운데

적막한 옥 계단 푸른 풀만 돋아나고

거문고 처량하게 흰 먼지에 덮여 있네

누가 목란배⁴ 손님 생각하나

광릉진에 흰 마름꽃만 가득하네

李媛【或云賤女】, 號玉峰. 趙雲江瑗之妻. 〈過魯陵詩〉曰:

五日長關十日越

哀辭唱斷魯陵雲

妾身亦是王孫女

此地鵑聲不忍聞

春日有懷:

章臺迢遞斷腸人

雙鯉傳書漢水濱

黃鳥曉啼愁裡雨

綠楊晴裊望中春

瑤階寂歷生青草

---

4 목란주(木蘭舟) : 향목의 하나인 목란으로 만든 배이다. 배를 좋게 칭하는 말이다.

寶瑟凄涼閉素塵
誰念木蘭舟上客
白蘋花滿廣陵津

2. 허난설헌

허씨의 호는 난설헌이다. 하곡 허봉과 악록 허성의 누이며 김성립
의 처다. 시집이 있다. 〈궁사〉의 내용은 이렇다.

맑게 갠 가을 궁전 비로소 밤이 길어지는데
궁인이 임금 침상 가까이함을 허락하지 않으니
때때로 가위 잡고 월나라 비단 잘라
촛불 앞에서 한가히 원앙 수를 놓는다.[5]

〈새하곡〉에서는 다음과 같이 읊었다.

차디찬 변방 봄도 없어 매화도 못 보고
변방 사람 젓대 부는 소리만 들리네
깊은 밤 놀라 고향 꿈 깨보니
음산의 백 척 누대에 달빛만 가득하네

---

5 《허난설헌집》에는 "燭前閒繡紫鴛鴦"으로 되어 있다.

〈유선사〉 시에는 이런 내용도 있다.

영롱한 꽃 그림자 바둑판 위에 지고
한낮 소나무 그늘에 바둑돌 더디 놓네[6]
시내가에서 흰 용을 낚고
석양 무렵 말타고 천지 향해 간다네

許氏, 號蘭雪軒. 荷谷篈, 岳麓許筬之妹, 金誠立之妻. 有詩集. 宮詞曰:

清齋秋殿夜初長
不放宮人近御床
時把剪刀栽越錦
燭前閒繡紫元央

塞下曲曰:

寒寒無春不見梅
邊人吹入笛聲來
夜深警破思鄕夢

---

6 《허난설헌집》에는 "玲瓏花影覆瑤棋, 日午松陰落子遲. 溪畔白龍新賭得, 夕陽騎出向天池."라고 되어 있다.

月滿陰山百斥臺

遊仙辭曰：

玲瓏花影覆瑤棋

日午松陰落子遲

溪畔白龍新釣得

夕陽騎出向天池

3. 남추의 누이

남추는 곡성 사람으로 기묘사화를 기록한 책에 이름이 들어 있다.[7] 그 누이가 시를 잘 지었다. 일찍이 남추가 눈에 대한 시를 짓게 하면서 홍(紅), 녹(綠)을 운자로 하도록 했다. 곧바로 이렇게 지었다.

땅에 떨어지는 소리 누에가 푸른 잎 먹는 듯
허공에 나는 모습은 나비가 붉은 꽃 엿보는 듯하네

---

7 남추(南趎) : 남추는 자는 계응(季應)이고 호는 서계(西溪), 또는 선은(仙隱)이며 본관은 고성(固城)이다. 곡성(谷城)에 살았으며, 갑술년에 문과에 장원 급제하자 명성이 매우 자자했다. 그러나 관직에 나아가지 않고 영광의 삼계로 갔다. 나이 28세에 전적(典籍)으로 죽었다. 그 누이가 시를 잘 지었다고 한다. (《연려실기술》제8권, 중종조 기사본말-기묘당적)

南趎, 谷城人, 己卯黨籍也. 其妹能詩. 趎嘗使賦雪, 以紅綠爲韻. 卽
應曰:

落地聲如蠶食綠

飛空狀似蝶窺紅

4. 조씨

조씨의 〈야행시〉의 내용은 이렇다.

깊숙한 물가 차디차고 달도 미처 뜨지 않아
땅에 드리워진 컴컴한 넝쿨 다니는 이 적구나.
촌가는 산 돌아가야 있나 보다
안개 짙은 골짜기 성긴 별빛에 방아소리만 들리네.

曹氏夜行詩曰:

幽澗冷冷月未上

暗藤垂地少人行.

村家知在山回處

浹霧疎星一杵鳴.

5. 서숙옥

서화운의 딸은 이름이 숙옥이다. 다음과 같은 시를 지었다.

영월루 가 꽃버들 새로 돋고
가벼이 강가에 노니니 신선이 된 듯.
산의 작약 물가 대나무
비 내리는 맑은 밤 모두 사랑스런 봄이로구나.

徐化雲女, 名淑玉. 詩曰:

迎月樓邊花柳新
縹然江上羽化身.
山間芍藥水濱竹
得雨淸宵共愛春.

6. 황옥진

황씨의 이름은 옥진(玉眞)이다.【혹은 기생이라고도 한다.】〈박연폭
포〉에 대해 이렇게 읊었다.

긴 물 한 줄기 골짜기에서 뿜어나오니
용추 백 길 물안개 부슬부슬
허공 나는 샘물 거꾸로 쏟아져 마치 은하수인 듯

성난 폭포 가로질러 내리니 흰 무지개인 듯
골짜기 가득 찬 어지러운 우박과 치닫는 우레 소리
찢고 부서지는 옥구슬들 푸른 하늘까지 치솟는구나
유람하는 이들아, 여산 폭포 좋다 마라
천마산 폭포 해동에서 으뜸이니.

黃氏, 名玉眞【或云妓.】朴淵瀑沛詩曰:[8]

一派長川噴壑礱
龍湫百仞水濛濛
飛泉倒瀉疑銀漢
怒瀑橫垂宛白虹
雹亂霆馳瀾洞口
珠舂玉碎徹晴空
遊人莫道廬山勝
須識天磨冠海東.

7. 양사언의 첩

봉래 양사언이 풍덕부사로 있을 때 안악을 오가곤 했는데 돌아오
지 않자 그 첩이 시를 지어 보냈다.

---

8 瀑沛: '瀑布'로 표기해야 한다.

서글픈 맘으로 먼 길 보느라 사립문 열어두었고
밤 깊어져 바람 이슬 비단 옷 적실 뿐이네
양산관 속 예쁜 꽃들 많다하는데
매일매일 꽃 구경에 오실런지 안 오실런지.

楊蓬萊士彦, 以豊德府使, 往來安岳未還, 其妾寄詩曰:

恨望長途不掩扉
夜深風露濕羅衣
楊山館裏花千樹
日日看花歸未歸.

8. 여종 취죽

안동 권씨 집안 여종 얼현[9]이는 호가 취죽이다. 〈추사시〉에 이렇게
썼다.

하늘은 마치 물빛 같고 달은 흰 서리빛
우수수 지는 나뭇잎 밤에 빛나네

---

9 얼현 : 생몰년 미상. 호는 취죽(翠竹). 본래 안동권씨(安東權氏) 집안의 노비이다. 얼현
(孼玄)은 신분이 노비였음에도 불구하고 뛰어난 시재(詩才)를 지녔고, 지은 작품 또한
많았다고 하나, 현재는 《해동시화(海東詩話)》에 〈추사(秋思)〉, 〈석전의 옛집을 찾아
가〉 등 2수(首)가 전해질 뿐이다.

열두 폭 주렴 드리우고 홀로 자는 이
도리어 옥 병풍 속 원앙에 부끄럽구나

〈석전[10]의 옛집을 찾아가〉 시의 내용은 이렇다.

십 년 전 석전과 함께 거닐 때
몇 번이나 양자강 가에 취해 머물렀는지.
오늘 그 사람 떠난 뒤 혼자 와 보니
가을 강 흰 마름 붉은 여뀌만 가득할 뿐.

安東勸家婢孼玄, 號翠竹. 秋思詩曰:

洞天如水月如霜
樹葉蕭蕭夜有光
十二緗簾人獨宿
玉屛還羞兩元央

訪石田舊居詩曰:

十年曾伴石田遊
楊子江頭醉幾留

---

10 석전(石田) : 성로(成輅, 1550~1616)의 호이다.

今日獨尋人去後

白瀨紅蓼滿江秋.

9. 가겟집 여자

가겟집 여자의 시에 이렇게 말했다.

골목의 나무 시내 가 구름 밤에 처량하고

행인들 말 먹일 제 닭 세 번 우는구나.

남편은 콩 팔러 서울로 가고

어린 부인 방아 찧고 돌아가니 달이 서쪽에 있네.

店女詩:

巷樹溪雲曉色凄

行人秣馬第三鷄.

阿郞販荳京師去

少婦春歸月在西.

해제

이 항목에는 이옥봉, 허난설헌, 남추의 누이, 조씨, 서숙옥(徐淑玉), 황옥진(黃玉眞), 양사언의 첩, 여종인 취죽(翠竹), 가겟집 여자 등 모두 9명 여성의 시 13수가 있다. 이옥봉은 조원의 첩으로 〈과노릉〉과 〈춘일유회〉 시에서 남편을 그리워하는 마음을 표현했다. 난설헌의 시로는 〈궁사〉·〈새하곡〉·〈유선사〉, 남추 누이가 쓴 '눈'을 소재로 한 시구, 조씨의 〈야행〉, 서숙옥이 영월루를 대상으로 지은 작품, 황옥진의 〈박연폭포〉, 양사언 첩이 양사언을 기다리면 쓴 시, 취죽의 〈추사〉〈석전의 옛집을 찾아가〉, 가겟집 여자의 시 등이 있다. 그동안 시화집, 개인 시집으로 전해오던 여성들이 시들을 선별하였다. 조선 여성에 관한 것들이 열녀 등에 집중된 것과 달리 '시인으로서의 여성'이라는 범주를 설정한 것은 《본조여사》만의 특성이라고 할 수 있다.

첩

1. 남편의 진정한 벗을 알아본 오씨

백사 이항복[1]은 연평 부원군 이귀[2]와 가깝게 사귀었다. 하루는 연평군이 백사를 찾아갔는데 백사가 마침 집에 없었다. 그러자 여종에게 이르길,

"너의 상전께 장성 현감 이귀가 오늘 저녁 다시 올 것이니 저녁상을 잘 준비하여 대접하시라고 아뢰어라."

라고 했다. 저녁이 되어 백사가 돌아오자 연평군도 곧 이르렀다. 백사의 첩 오랑이 술과 음식을 성대히 준비해서 밤이 새도록 이야기를 나누고 돌아갔다.

그 뒤에 중청 윤해가 백사를 찾아왔는데 밤늦게까지 이야기만 나누었다. 훗날 윤해가 다른 사람에게 말하기를,

"재상집이면 반드시 좋은 술이 있을 텐데 대접하지 않으니 야박하

---

1 이항복(李恒福) : 1556~1618. 조선 중기의 문신으로 호는 백사(白沙)이다. 임진왜란 때 병조판서로 많은 공을 세워 벼슬이 영의정에 이르렀다. 오성부원군(鰲城府院君)에 봉군되어 오성대감으로 불렸다. 죽마고우인 한음 이덕형(李德馨)과의 재미있는 일화들이 잘 알려져 있다.

2 이귀(李貴) : 1557~1633. 조선 중기 문신으로 임진왜란 때 의병을 일으키고 유성룡을 도와 공을 세웠다. 이후 인조반정에 참여하였고 서인계의 영수로 활동하였으나 정치적 상황에 따라 부침을 거듭했다. 후에 영의정에 추증되었다.

더이다."

라고 했다. 백사가 그 첩에게 이르길,

　"지난번 나는 손님을 접대하는 예절을 잊었다지만, 너는 왜 손님 접대에 소홀하였느냐?"

라고 하니 첩이 말했다.

　"장성 현감 이귀가 진실로 대감의 벗입니다."

　백사가 그렇게 여겼다.

　李白沙恒福, 與李延平貴友善. 一日延平訪白沙, 白沙適不在. 謂婢子曰:

　"告爾上典, 李長城今夕復來, 善爲夕饌以待."

　及暮, 白沙還而延平踵至. 白沙妾吳娘, 盛備酒饌, 竟夜唔語而歸.

　其後尹仲淸瀟來訪白沙, 但終宵對話而已. 他日尹語人曰:

　"宰相家必有好酒而不饋, 可謂埋沒."

　白沙語其妾曰:

　"向者吾忘接遇之節, 爾亦歇后於待客耶?"

　妾曰:

　"李長城眞大監之友也."

　白沙然之.[3]

---

3 〈잡기(雜記)〉, 《백사별집(白沙別集)》 권4에 일화가 자세히 실려 있다.

2. 정처와 첩의 본분을 아는 이현달의 첩

통제사 이현달[4]은 호가 소성으로 인조 때 무신이다. 여러 번 병사 (兵使)를 지냈으며 집이 제법 넉넉하였다. 정실은 자식이 없고 첩이 아들을 낳자 첩에게 살림을 맡겼다. 부인[5]은 다른 방에서 지내게 하고 는 매달 옷과 음식을 나누어주게 했다.

이현달이 죽자 첩이 부인을 안방에 맞아서 무릎을 꿇고 문서 한 통을 드리며 아뢰었다.

"이것은 집안 재물을 모두 기록한 것입니다. 공이 무인이시라 집안 을 다스리는 도를 알지 못하시어 저에게 집안 살림을 맡기셨는데, 저 는 천한 몸이라 감히 어기지 못했습니다. 그러나 처와 첩이 지켜야 할 분수를 대략이나마 알고 있어서 한 필의 베나 한 냥의 은도 감히 사사로이 사용하지 않았습니다. 늘 집안에서 사용되는 것을 기록해 서 책을 만들고 오늘을 기다렸다가 부인께 드리는 것입니다."

부인이 열어보지 않고 돌려주며 말했다.

"내가 만약 너를 원망한다면 이는 내 지아비의 덕이 부족하다는 것을 드러내는 것인데 내가 어찌 차마 그리하겠느냐? 너는 영감이 살았을 때처럼 곳간을 맡아 살림하고 나를 모시면 된다."

이에 함께 지내며 예전 일은 마음에 두지 않았다. 정재륜[6]의 《공사

---

4   이현달(李顯達) : 1591~1645. 효령대군(孝寧大君)의 7대손이다. 1637년 남한산성(南漢 山城)을 출입할 때 호종(扈從)한 공로로 원종훈(原從勳)에 책록되고, 북병사(北兵使)에 제수되었으며, 이후 평안 병사(平安兵使) 등을 역임하였다.

5   강홍립의 셋째 딸이다.

6   정재륜(鄭載崙) : 1648~1723. 호는 죽헌(竹軒)이고 효종의 다섯째 딸 숙정 공주(淑靜公 主)와 결혼해서 동평위(東平尉)가 되었다. 저서에는 《동평기문(東平記聞)》·《한거만록

문견》

李統制顯達號笑醒, 仁廟朝武臣也. 屢經閫任, 家頗豐饒. 而嫡無育,
妾有子, 使妾秉家. 置夫人于異室, 月分衣食.

李之歿也, 妾迎夫人于正室, 跪進一封書曰:

"此家貨摠錄也. 公以武人不知御家之道, 使妾掌家, 妾處賤, 不敢違
越. 然粗知尊卑之分, 一疋布一兩銀, 不敢私用. 常錄家中所用, 以成册
子, 正擬待今日, 以獻夫人也."

夫人不拆見, 還授曰:

"吾若推咎於汝, 是彰吾夫不德, 吾何忍爲? 汝仍行管庫事享我, 如家
翁在世時也"

仍與同居, 不以前日事介意. 《公私聞見》鄭載崙.

3. 용꿈을 꾸고 첩이 된 충주 호장의 큰딸

물재 손순효[7]는 본관이 평해로 향교의 학생이었다. 동당 회시[8]에
응시하고자 하여 충주에 이르러 저녁에 호장[9]의 집에 들어가 방아 찧

(開居漫錄)》이 있다.

7 손순효(孫舜孝) : 1427~1497. 자는 경보(敬甫)이고 호는 물재(勿齋)·칠휴거사(七休居
   士)이다. 대사헌, 병조판서 등을 역임하고 우찬성을 거쳐 판중추부사를 지냈으며 고령
   으로 사퇴를 청하였으나 허락받지 못하고 궤장(机杖)을 하사받았다. 성리학에 조예가
   깊었고 문장, 그림에 능했다.

8 동당시(東堂試) : 조선시대의 문과(文科) 또는 대과(大科)의 속칭(俗稱)이다.

9 호장(戶長) : 각 고을 아전(衙前)의 으뜸 구실을 하던 하급관리이다.

는 방을 빌려 곤히 잤다. 호장 부부와 두 딸이 모두 방아 찧는 방에서 용이 누워 자는 좋은 꿈을 꾸었다. 이에 호장이 가서 청하길,

"나에게 두 딸이 있으니 자네가 직접 고르게."

라고 하자 공이 큰딸을 골라 혼인했다. 뒤에 사마시에 높은 등수로 합격하고 또 전시[10]에서 장원을 하니 성종이 사람을 얻은 것을 기뻐하여 이판 신공[11]의 딸을 그에게 시집보냈다. 정언(正言)이 되어서 고향에 내려갔다가 그 첩을 데리고 상경하였다. 후에 관직이 우찬성에 이르렀다. 《금고기관》

孫勿齋舜孝, 平海校生也. 欲赴東堂會試, 至忠州, 暮投戶長家, 借得碓室而困睡. 戶長夫妻及二女皆大夢龍臥碓室, 戶長往請曰:

"吾有兩女, 君可自擇."

公乃擇其長女而成婚. 後巍中司馬, 又魁殿試. 成廟喜得人, 使吏判申公女妻之. 以正言下鄉, 率其妾上京. 後官至右贊成.《今古奇觀》

4. 전당 잡힌 도포를 돌려주어 첩이 된 주모의 딸

성종 때 공주의 이진사가 과거를 보러 가는 길에 주막에 해진 도포한 벌을 잡히고 한 말의 쌀을 얻어 가지고 갔다. 금강에 이르렀을 때주모의 어린 딸이 도포를 가지고 뒤따라와 말하기를,

---

"진사께서 이 도포가 없으면 도성에 들어가실 수 없는데 늙으신 어머니께서 사리를 모르고 전당 잡아 곡식을 빌려드린 것이니 제가 그 곡식의 값을 갚아드리는 것이 마땅합니다."

라고 하자 이진사[12]가 감사의 인사를 하고 서울로 갔다. 드디어 장원으로 뽑히자 주모의 어린 딸을 부실로 삼았다. 출전은 위와 같다.

成廟時公州李進士欲赴殿試, 典一弊袍於酒家, 得斗米而去. 至錦江, 酒媼之少女, 持袍追至曰:

"上舍無此袍, 不能入洛, 老母不識事理, 典而借米, 吾當償其米價."

上舍感謝而上洛. 遂擢魁科以酒媼少女爲副室. 上同.

5. 노인의 예언을 그대로 지켜 재상의 첩이 된 송도의 여자

소재 노수신[13]은 영상을 지냈고 본관이 광주이다. 혼인[14]하기 전, 송도를 지나다가 밤에 여관에 앉아있는데 한 여종은 촛불을 들고 어린 여자가 고운 자태로 다가오며,

"안으로 드십시오."

---

12 원문에는 상사(上舍)라고 했는데, 상사는 조선시대 소과인 생원 진사시에 급제한 사람을 이른다. 여기서는 이진사를 말한다.

13 노수신(盧守愼) : 1515~1590. 장인 이연경(李延慶)의 문인이며, 당대 명유(名儒)였던 이언적(李彦迪)에게 배우고 학문적 영향을 받았다. 대윤의 한 사람으로 영의정에 올랐으나, 정여립(鄭女立) 모반사건에 연루되어 파직되었다. 이황·기대승 등과 주자의 인심도심설(人心道心說)을 놓고 논쟁을 벌였다. 저서에 《소재집》이 있다.

14 위금(委禽) : 혼례의 납채(納采)에서 기러기를 기증하는 것으로 혼인(婚姻)을 말한다.

라고 했다. 공이 따라 들어가니 마치 신방과 같았다. 곧 저녁상을 풍성하고 사치스럽게 차려 내오며 주인이 문밖에서 인사하고 꿇어앉아 말했다.

"이 아이는 제 여식인데 공의 처분에 맡기겠습니다."

이윽고 더불어 밤을 보내니 친밀한 정이 매우 돈독하였다. 며칠을 머물고 데리고 돌아가려 하자 여자가 거절하며,

"이후에 어찌 다시 만날 날이 없겠습니까?"

라고 하면서 다만 '강남 가는 나그네의 쓸쓸한 배는, 저녁 무렵 찬 강의 빗속으로 들어가네.'[15]라는 당나라 시 한 구절을 읊조리고 부탁하여 이르길,

"이 시를 잊지 마십시오."

라고 했다. 뒤에 공이 혼인하고 과거에 급제하여 여러 번 찾아가 보고 데려오고자 했으나 여자가 끝내 듣지 않았다.

하루는 공이 경연에서 임금을 모시고 있다가 문득 잠이 들어 강남 가는 나그네 배 한 구절을 외웠는데 늘 외던 것이었기 때문이다. 임금이 이상하게 여겨 물으니 공이 그 까닭을 세세히 아뢰었다. 임금이 곧 명하여 송도의 살림을 꾸려오게 하고 궐내로 불러들였다. 여자가 궐에 들어와 마주해 보니 용모와 행동거지가 매우 마땅하였다. 임금이 자세히 물으니 대답하길,

"제가 7, 8세 때 어떤 노인이 와서 말하기를, '너는 귀한 분의 첩이 될 것이다.'라고 해서 이때부터 낮이고 밤이고 늘 찾았는데, 하루는

---

15 당나라 문인 유중용(柳中庸)의 시 〈강행(江行)〉의 일부이다.

또 와서 이르길, '오늘 네 지아비가 오니 너는 이리이리 하여라.'라고
하였습니다. 시댁에 들어가지 않고 당시를 외워 전한 것 모두 노인의
가르침입니다."

라고 했다. 공도 비로소 자세히 들었으며, 임금 또한 매우 기이하게
여기고 '통령부인'이라는 네 자를 써 주었다. 출전은 위와 같다.

盧蘇齋守愼官領相光州人. 未委禽時, 過松都, 夜坐逆旅, 有一婢持
燭, 有一童女綽約前進曰:

"請入內"

公尾而入, 有如新房. 俄進夕飯豊侈, 主人拜跪於門外曰:

"此小人之女也. 任公處分."

公遂與經夜, 情私甚篤. 留數日, 欲携歸, 女拒之曰:

"此後豈無會合之日耶?"

但以唐詩'蕭蕭楚客帆, 暮入寒江雨'一句, 誦以托之曰:

"勿忘此詩."

後公委禽擢第, 數次往見, 欲同歸, 女終不聽.

一日 公侍筵中, 忽昏睡中, 誦楚客帆一句, 盖恒誦故也. 上怪問之,
公細陳其由, 上卽命松留治來, 召入闕內. 女進對, 容貌擧止, 七分稱
當. 上細問之, 對曰:

"臣妾七八歲, 有老翁來言曰:'汝當爲貴人之妾.'自是或晝或夜, 每
每相見, 一日又來謂曰:'今日汝夫來. 汝可如此如此.'不往夫家, 誦傳
唐詩, 皆老人之指敎也."

公始聞其詳, 上亦大異之, 書'通靈夫人'四字, 而賜之. 上同.

6. 양사언의 첩[16]

봉래 양사언은 본관이 청주인데 사람들은 그에게 신선의 풍모가 있다고 했다. 풍덕부사로 안악을 오갔는데 돌아오지 않자 그 첩이 시를 보냈다.

머나먼 길 하염없이 바라보며 사립문 닫지 못하고
깊은 밤 바람과 이슬에 비단옷 젖는구나
양산관에 천 그루 꽃 있어
날마다 꽃 보느라 오려다 못 오시나

楊蓬萊士彦淸州人, 人稱仙風道骨. 以豊德府使, 往來安岳未還, 其妾寄詩曰:

恨望長途不掩扉
夜深風露濕羅衣
楊山舘裡花千樹
日日看花歸未歸

7. 절개를 지켜 죽은 송상현의 첩

천곡 송상현[17]은 본관이 여산이다. 동래 부사로 임진왜란 때 순절

---

16 이 부분의 서미주에 "〈시인〉에 들어 있다[入於詩家]."라고 되어 있다.
17 송상현(宋象賢) : 1551~1592. 본관은 여산. 자는 덕구(德求), 호는 천곡(泉谷)이다. 임

했다. 공에게는 첩이 두 명 있었다. 한 첩은 이씨로 포로가 되었으나 절개를 지켰고[18], 또 한 첩은 함흥 기생으로 이름이 김섬이었는데 공을 따라 죽었다.[19] 〈본전〉

宋泉谷象賢礪山人. 以東萊府使, 殉節於壬辰倭寇. 公有二妾. 一妾 李氏被擄全節, 一妾咸興妓, 名金蟾, 從公而死. 〈本傳〉[20]

8. 김준을 따라 죽은 첩 김씨와 딸

방어사 김준[21]은 안주 목사로 정묘호란 때 병마절도사 남이흥[22]과 성을 지키다 죽었다. 첩 김씨와 그 딸도 함께 죽었다.【〈열부〉에 나온다.)】

金防禦使浚, 以安州牧使, 丁卯胡亂, 與兵使南以興, 守城死. 妾金氏 與其女同死.【見烈婦.】

진왜란 때 왜적이 동래성으로 쳐들어오자 동래부사로 군대를 이끌고 항전했으나 성이 함락되고 순절했다.

18 이씨에 대해서는 신흠의 〈이양녀전(李良女傳)〉이 있다.

19 김섬에 대해서는 신흠의 〈김섬전〉이 있다.

20 신흠이 쓴 〈송동래전〉을 가리키는 것으로 보인다. 신흠의 《상촌고》에 〈송동래전〉, 〈김섬전〉, 〈이양녀전〉이 나란히 실려 있다.

21 김준(金浚) : 92쪽 주 29) 참조.

22 남이흥(南以興) : 67쪽 주 46) 참조.

9. 정발을 따라 죽은 첩 매향

정발[23]은 본관이 경주이다. 부산 첨사로 임진왜란 때 순절했다. 그 첩 매향이 열여덟 살이었는데 시신 옆에서 목을 찌르고 죽었다.

鄭撥慶州人. 以釜山僉使, 殉節於壬辰倭亂. 其妾梅香, 年十八, 自刎屍傍.

10. 의리를 지킨 노수신의 첩

소재 노수신[24]이 진도로 유배 갔을 때 태수가 관비 한 사람을 정해서 왕래하며 밥을 짓게 했다. 관비는 낮에는 일을 하고 밤에는 문밖에서 잤다. 물러가라고 하면

"태수의 명령이라 감히 물러날 수 없습니다."

라고 하였다. 이렇게 일 년이 지나갔다. 비록 한겨울 추위라 해도 흐트러지지 않자 노수신이 가련하게 여겨 방 안으로 들어오게 했다. 이렇게 또 일 년이 지나갔다. 그럼에도 오히려 가까이하지 않았다. 하루는 공이 말했다.

"네 나이가 이미 찼으니 물러나 시집가도 좋다."

관비가 말했다.

---

23 정발(鄭撥) : 1553~1592. 본관은 경주. 자는 자고(子固), 호는 백운(白雲)이다. 동래 전투에서 검은 옷[黑衣]을 입고 싸워 흑의장군이라 불렸다. 1592년 4월에 벌어진 부산진 전투에서 싸우다가 왜군의 총에 맞고 포로로 잡혔다가 살해되었다.

24 노수신(盧守愼) : 254쪽 각주 13) 참조.

"삼 년간 일을 해서 정과 의리가 이미 두터워 감히 물러나지 못하겠습니다."

공이 의롭게 여겨 마침내 첩으로 삼았다. 유배에서 풀려나 돌아올 때 첩을 함께 데리고 와서 삼십 년간 부귀를 누렸다. 딸 하나를 낳았는데 바로 파주 목사 허징[25]의 첩이다. 《낙전만록》

盧蘇齋守愼, 謫珍島, 太守定一官婢來往人者炊之. 晝則執役, 夜則寢戶外. 令退去, 曰:

"太守令也, 不敢退."

如是經一年, 雖隆冬不怠, 憐之許入戶內. 如是又一年. 猶不近之. 一日, 公曰:

"汝年已長, 可退去嫁夫."

曰:

"服役三年, 情義已敦, 不敢言退."

公義之, 遂爲妾. 宥還率來, 享富貴三十年. 生一女, 卽坡牧許澂妾也. 《樂全漫錄》[26]

---

25 허징(許澂) : 1549~? 본관은 양천. 자는 경우(景虞)이다. 용천 부사를 지낸 허윤과 재취부인 영광 김씨의 아들로 의학자 허준의 형이며 노수신의 사위이다. 파주 목사를 지냈다.

26 《낙전만록》: 신익성(申翊聖, 1588~1644)의 호가 낙전당인 것으로 미루어 신익성이 쓴 잡기류로 보인다. 그러나 이 책 제목은 《범허정집(泛虛亭集)》 부록에 보일 뿐 실제 책은 찾을 수 없다.

11. 사대부의 정치적 소신을 강조한 박홍구의 첩

박홍구[27]는 광해조의 신하이다. 계해반정 뒤 여러 번 역적의 진술에 이름이 나와서 죽임을 당했다. 그 첩 이씨가 매번 이때 일을 이렇게 말하곤 했다.

"사대부가 관직에서 일을 처리할 때는 반드시 자신의 뜻으로 결정해야지 옆 사람에게 흔들려선 안 된다. 비록 자제나 처첩의 말이라 해도 절대 따라서는 안 된다. 조직[28]이 임금의 어머니[인목대비]를 폐해서는 안 된다고 상소하다가 국문을 당하고 형을 받았을 때였다. 남편이 국문에 참여했는데 끝내고 돌아와 모자를 벗어 땅에 던지며 '어찌 차마 이런 일까지 보아야 하는가' 하고 물러나고자 하는 뜻이 있었다. 그러자 자제들이 모두 말리고, 나도 시골에 가서는 살기가 어렵다고 반대하며 만류해서 끝내는 화가 여기까지 이르렀다. 사대부가 관직에서 처신하는 것이 어찌 옆 사람에 의해 흔들릴 수 있는가? 이런 까닭으로 자신의 뜻으로 결정하는 것이 마땅하다고 한 것이다."

이는 실로 약이 되는 말이다. 《공사문견》

朴弘耉光海朝臣也. 癸亥改玉後, 屢出賊招賜死. 其妾李每言伊時

---

27 박홍구(朴弘耉) : 1552~1624. 본관은 죽산. 자는 응소(應邵), 호는 이호(梨湖)이다. 이조판서, 병조판서, 좌의정, 판중추부사 등을 역임했다. 광해군 때 북인의 대표적인 인물로 1623년 인조반정 때 삭직되고, 1624년 인성군(仁成君)을 옹립하려 했다는 역모로 처형되었다.

28 조직(趙溭) : 1592~1645. 본관은 풍양. 자는 지원(止源), 호는 지재(止齋)이다. 폐모론이 제기되었을 때 22살의 젊은 나이로 상소했다가 남해로 유배되었다. 인조반정 이후 석방된 뒤 군수를 역임했다.

事曰:

"士大夫當官處事, 當決以己意, 毋爲傍人所撓惑. 雖子弟妻妾之言, 切不可從. 當趙澯疏陳母后不可廢, 被鞫受刑也. 家翁參鞫, 罷歸脫帽投地曰, 何忍目見此事, 欲有退去之意. 而子弟並皆沮止, 吾亦以歸田資生之難, 反有挽留之意, 畢竟禍機至此. 士夫之居官處身, 豈可爲傍人所撓乎. 其所以當決以己意云."

此眞藥石語也. 《公私聞見》

12. 스승의 첩을 넘본 무인, 그를 무시한 첩

한 무인이 있었는데 그 스승을 지극하게 섬겼다. 스승 역시 아들처럼 길렀다. 스승에게 첩이 있었는데 스승이 죽자 바느질을 해서 먹고 살았다. 무인의 집이 마침 그 첩이 사는 곳과 가까워 옷을 지을 때면 반드시 이 첩에게 부탁하고 또 쌀과 콩으로 급한 사정을 돌보아 주었다. 첩이 몹시 고마워하고 때때로 와서 인사를 했는데 이로 인해 서로 가까워졌다. 마침내 임신을 해서 숨길 수 없게 되자 함께 살았다. 그 뒤 나라에 역모 사건이 있어서 포졸들이 사방에 출몰했다. 문득 첩이 그도 연루되어 잡힐까 걱정이 되어 말했다.

"당신도 분명히 같이 했겠지요?"

무인이 꾸짖자 첩이 말했다.

"당신이 스승의 첩에게 음란한 짓을 하는 데 아무 거리낌이 없었으니 분명히 윗사람을 넘보는 마음이 있는 거죠. 그래서 걱정하는 것일 뿐입니다."

무인이 얼굴이 붉어지며 말을 하지 못했다. 첩이 그를 의심하고 무시하는 것이 죽을 때까지 계속되었다고 한다. 《공사문견》

有一武人, 事其師甚至. 師亦子畜之. 而師有妾, 及師死, 妾以針線資生. 武人家適與其妾所寓相近, 每製衣服必請於是妾, 且以米豆周其急. 妾深感之, 時時來謝, 因以相昵. 遂有娠, 旣不可隱, 則與之同居. 其後, 値國有逆獄, 邏捕四出. 妾輒憂其連逮曰:

"君必與知."

武人責之. 妾曰:

"君其無難於淫其師之妾, 則必有犯上之心. 是以憂之耳."

武人板板不能言. 妾之疑侮, 終其身不已云. 《公私聞見》

해제

이 항목에는 12개의 일화에 총 13명의 첩이 등장한다. 집에 방문한 남편의 두 친구를 비교하여 남편의 진정한 친구를 평가한 이항복 첩 오랑, 자신에게 집안 살림을 맡기자 남편 사후 그동안 살림살이를 기록한 문서를 처에게 보여주고 권한을 돌려주려 한 이현달의 첩, 과거 보러 가는 길에 호장의 집에 투숙해 인연을 맺었다가 정식 혼인 후 데리고 온 손순효의 첩, 전당 잡힌 도포를 돌려주고 과거길 노자를 도와주어 이진사의 부실이 된 주모의 딸, 송도의 여관 주인 딸로 노인 의 예언과 가르침에 따른 노수신의 첩, 시를 남긴 양사언의 첩, 동래부 사 송상현이 임란 때 순절하자 수절한 첩 이씨와 자결한 첩 금섬, 방어사 김준을 따라 죽은 첩, 정발이 임진왜란 때 순절하자 곁에서 자결한 18세 첩 매향, 진도 유배 시 3년 동안 수발들던 노수신의 첩, 남편 죽은 후 관리는 조정에서 본인의 뜻대로 처신해야 한다고 말한 박홍구의 첩, 남편 제자의 첩이 되었으나 평생 무시하고 비난했던 무인의 첩 등이 있다. 남성이 첩을 들이는 과정에 관한 이야기가 여럿 보이며 남편을 따라 열행을 한 첩, 처첩에 대한 가부장적 질서를 따르고자 한 첩 등 유교적 덕목을 내면화하고 질서에 순응하는 첩에 대한 이야기가 있다.

여종

1. 자식을 바꿔 주인의 대를 이은 여종

박팽년[1]의 호는 취금헌이며 본관은 순천이다. 병자년 사화[2]를 당했을 때 아들 순의 아내[3]가 임신 중이었는데 조정에서 명령하길

"아들을 낳으면 죽여라"

라고 하였다. 여종 또한 임신 중이었는데 순의 아내에게 말하기를,

"주인님께서 딸을 낳으시면 다행이지만 만약 우리 둘 다 아들을 낳으면 제가 낳은 자식으로 대신 죽게 하겠습니다."

라고 하였다. 둘 다 아들을 낳자 여종이 아들을 바꾸고 이름을 '박비'[4]라고 하였다. 박비가 장성하였을 때 임금이 특별히 용서를 내렸다. 뒤에 이름을 일산으로 바꾸었는데 동지 박충후[5]가 바로 그 후손이다.

---

1 박팽년(朴彭年) : 1417~1456. 본관은 순천(順天). 자는 인수(仁叟), 호는 취금헌(醉琴軒)이다. 1432년 생원시에 합격하고, 1434년 알성 문과(謁聖文科)에 급제하였으며, 1438년(세종 20) 진관사(津寬寺)에서 사가독서(賜暇讀書) 하였다. 단종복위를 도모하다 체포되어 모진 고문 끝에 옥사하고 가족 또한 참화를 당했다. 아버지 박중림은 환열형(轘裂刑)에 처해졌고, 동생 박인년(朴引年)·박기년(朴耆年)·박대년(朴大年)·박영년(朴永年)과 아들 박헌(朴憲)·박순(朴珣)·박분(朴奮)이 모두 처형되었으며, 집안의 여성들은 관비가 되었다.
2 병자사화 : 조선 세조 원년(1455)에 성삼문(成三問), 박팽년(朴彭年) 등(等)이 단종(端宗)의 복위를 꾀하다가 실패하여 일어난 사화이다.
3 성주 이씨로 이일근 혹은 이철근의 딸이라고 전해진다.
4 《조선왕조실록》에는 '비(斐)'로 되어 있다.

성종조에 박순의 동서 이극균[6]이 본 도에 관찰사로 와서 박비를 불러
보고는 눈물을 흘리며 말하기를,

"네가 이미 장성하였는데 어찌하여 자수하지 않고 조정에 숨기
느냐?"

라고 하고 바로 상경하여 자수하게 하였다.

朴彭年號醉琴軒順天人.[7] 丙子被禍之時, 子珣之婦有娠, 朝命"生子
則殺之". 婢亦有娠, 告于婦曰:

"主生女則幸矣, 若俱生男, 則願以婢生代之."

及俱生男(産主男婢女), 婢易而子之, 名曰朴婢. 及長, 上特宥之. 後
改名壹珊, 同知朴忠後, 乃其後也. 成廟朝, 珣之友婿李議政克均按本
道, 招見朴婢枚淚曰:

"汝旣長矣, 何不自首, 而終諱於朝廷乎?"

卽使上京自首.[8]

---

5 박충후(朴忠後) : 1552~1611. 1578년 처음 벼슬을 시작하여 음보(蔭補)로써 선공감(繕
工監) 감역(監役)이 되었고, 함창 현감(咸昌縣監)에 임명되었다. 1592년 임진왜란이
일어나자 대구 도호부의 명사들과 함께 의병을 일으켰다.

6 이극균(李克均) : 1437~1504. 본관은 광주(廣州)이다. 자는 방형(邦衡)이다. 집(集)의
증손이며, 할아버지는 지직(之直)이다. 아버지는 우의정 인손(仁孫)이며, 어머니는 노
신(盧信)의 딸이다. 갑자사화 때 조카 세좌(世佐)와 함께 연루되어 인동(仁同)으로 귀양
가서 사사되었고, 뒤에 신원되었다.

7 서미주에 "현손 계창에 비로소 녹용되어 참봉이 되었다[玄孫繼昌始錄用爲參奉]."라는
글이 있다.

8 이에 관한 이야기는 《연려실기술》 권4 단종조 고사본말에 실려 있다. 조선왕조실록
1603년 선조 36 4월21일자 기사에도 박충후와 관련한 이야기가 보인다. "사헌부가
아뢰기를, … 중략 … 태안 군수(泰安郡守) 박충후(朴忠後)는 … 중략 … '문종조(文宗朝)

2. 상전을 위해 복수하고 죽은 갑[9]

승상 유관[10]의 호는 송암이며 본관은 문화이다. 을사년에 화[11]를 입었을 때 정순붕[12]이 모역으로 엮어[13] 유관의 가족과 논밭과 땅을 자신의 집에 몰수하였다. 한 여종이 있었는데 이름은 갑이고 나이는 14세였는데 매우 총명하고 지혜로웠다. 정순붕이 여종을 아껴 입는 것과 먹는 것을 자식처럼 해주었다. 하루는 갑이 옥으로 된 그릇을 숨긴 것을 보고 정순붕이 꾸짖었다. 갑이 울면서 말하기를,

"제가 이곳에 온 이후로 먹는 것과 입는 것을 주인과 다르지 않게 하고 있는데 어찌 힘들게 도둑질을 하겠습니까?"

의 충신 박팽년의 후손이다. 세조가 육신(六臣)을 모두 주살(誅殺)한 뒤에, 박팽년의 손자 박비는 유복자이었기에 죽음을 면하게 된 것이다. 갓 낳았을 적에 당시의 현명한 사람을 힘입어 딸을 낳았다고 속여서 말을 하고 이름을 비(婓)라고 했으며, 죄인들을 점검할 때마다 슬쩍 계집종으로 대신하곤 함으로써 홀로 화를 모면하여 제사가 끊어지지 않게 되었다. 박충후는 곧 그의 증손으로서 육신들 중에 유독 박팽년만 후손이 있게 된 것이다."라고 하였다.

9 갑(甲) : ?~1548. 유관의 여종이다.

10 유관(柳灌) : 1484~1545. 본관은 문화. 인종 때 좌의정을 지냈다. 성품이 곧고 강직하여, 이조판서로 있을 때 병조판서 이기의 전횡을 탄핵했는데, 이기와 대립을 했고 결국 을사사화 때 사사되었다. 윤임, 유인숙과 대윤의 중심 축을 이루었다. 을사사화에 연루되어 한직으로 쫓겨났다가 사약을 받았다. 선조 즉위 후 신원되었다.

11 을사사화 : 1545년 왕실의 외척인 대윤과 소윤의 반목으로 일어나, 대윤이 소윤으로부터 받은 정치적인 탄압을 말한다.

12 정순붕(鄭順朋) : 1484~1548. 본관은 온양(溫陽). 자는 이령(耳齡), 호는 성재(省齋)이다. 1545년 대사헌을 거쳐 중추부지사로 있을 때 인종이 죽고 명종이 즉위하자 소윤으로서 윤원형·이기 등과 함께 윤임·유관 등 대윤을 제거하는 데 적극 활약, 을사사화의 중심인물이 되었다. 그 공으로 보익공신이 되고 우찬성 겸 경연지사에 승진, 온양부원군에 봉해졌으며 이 해 다시 우의정에 올랐다. 1570년 관작이 추탈되었고, 임백령·정언각과 함께 을사삼간(乙巳三奸)으로 불렸다.

13 정순붕이 상소하여 대역으로 논죄하여 극형에 처해졌다.

라고 하자 정순붕이 풀어주었다.

갑이 젊은 종과 통정을 하면서 말하기를,

"주인이 만약 나를 꾸짖으면 나는 반드시 너에 대해 말해야 할 거야."

라고 하니 젊은 종이 겁을 내며 말하기를,

"그러면 어떻게 해야 하지?"

라고 하였다. 갑이 말하기를,

"내가 쓸 데가 있으니 새로 죽은 자를 찾아 사지를 가지고 와. 그러면 너에 대해 말하지 않을게."

라고 하였다. 젊은 종이 정말로 역병으로 죽은 사람의 팔뚝을 가지고 왔다. 갑이 몰래 정순붕의 베개 속에 그것을 넣어두자 오래지 않아 정순붕이 역병으로 죽었다. 정순붕의 집에서 그 일을 벌인 사람을 찾아 다그치니 갑이 말하기를,

"너희가 내 주인을 죽였으니 내 원수다. 지금 내 원수를 갚았으니 이제 내가 죽을 때다."

라고 하고 마침내 죽었다. 《지봉유설》

柳丞相灌, 號松庵文化人. 乙巳被禍, 鄭順朋搆以謀逆, 柳之家屬田園, 沒入於鄭家. 有一婢名曰甲, 年十四頗聰慧. 鄭愛之衣食視子女. 一日甲匿其瑤器, 鄭詰甲, 甲泣曰:

"自吾來此, 衣食無異主人, 何苦爲賊?"

鄭釋之.

甲與其小奴通, 乃謂曰:

"主若責我, 我必證汝."

小奴懼曰:

"奈何?"

曰:

"吾有用處. 覓新死者肢體來. 然則不汝證也."

小奴果得疫死人臂來. 甲潛納于鄭枕中, 未久鄭死以疫. 鄭家覓而按之. 甲曰:

"爾殺吾主, 卽吾讐也. 今報吾讐, 吾知死所矣."

遂死之. 《芝峰類說》[14]

3. 무과에 급제한 아들에게 과거의 신분을 밝힌 여종

유극량[15]은 본관이 연안으로 어려서 아버지를 잃었다. 무과에 급제하여 높고 중요한 벼슬을 두루 지냈는데, 하루는 어머니가 말했다.

"나는 본래 상공 홍섬 댁의 종이었다. 어렸을 때 실수로 옥잔을 깨고는 벌을 받을까봐 겁이 나서 도망가다 너의 아버지를 만나 너를 낳았다."

공이 듣고 크게 놀라 바로 서울로 올라갔다. 그리고 주인집에 가서

---

14 《지봉유설》 권15 인물부 〈열녀조〉에 수록되어 있다.

15 유극량(劉克良) : ?~1592. 자는 중무(仲武). 연안 유씨(延安劉氏)의 시조이다. 어머니는 재상 홍섬의 노비였다. 어려서부터 고학을 해 무과에 급제하였다. 당시의 신분 제도에서는 과거에 응시할 수 없는 노비 출신이었으나, 홍섬의 깊은 배려로 노비 신분을 면제받았다. 개성 숭절사에 제향되었고, 병조참판에 추증되었다. 시호는 무의(武毅)이다.

과거 급제를 취소하고¹⁶ 종이 되겠다고 청하였다. 홍상이 말하기를,

"너는 내 종이 아닌데 어찌하여 이런 말을 하느냐?"

라고 하니 공이 말했다.

"어머니께서 이미 말씀을 하셨는데 어찌 감히 법을 어기고 주인을 배반하며 임금을 속이겠습니까?"

홍상이 유극량을 의롭게 여겨 노비 문서를 주니 유극량이 고마워하면서 갔다. 그래도 매번 홍상을 주인이라고 불렀다. 유극량의 벼슬이 부원수에 이르렀고 임진년에 수어사 신할¹⁷을 따라 임진강을 지키기 위해 힘을 다해 싸우다 죽었다. 이상은 《조야집》에 나온다.

劉克良延安人. 少孤登武科, 歷官清顯. 一日母氏曰:

"我本洪相公暹宅婢子. 少時誤碎玉盃, 恐被罪而逃, 遇汝父生汝也."

公聞之大驚, 卽上京詣主家, 請削科爲奴. 洪相曰:

"爾非我奴, 何出此言?"

公曰:

"母旣言之, 何敢冒法, 背主欺君乎?"

洪相義之, 給其文券, 公謝而去, 每以主稱之. 官至副元帥, 壬辰從守禦使申硈, 守臨津力戰而死. 以上《朝野集》

---

16 삭과(削科) : 과거를 볼 때 규칙을 어긴 사람의 급제를 취소한 일을 말한다.

17 신할(申硈) : 1548~1592. 본관은 평산(平山)이다. 임진왜란이 일어나자 함경도병사가 되어 선조의 몽진을 호위한 공으로 경기수어사 겸 남병사에 임명되었다. 이후 도원수 김명원과 임진강에서 9일 동안 왜적과 대치하다가 도순찰사 한응인의 병력을 지원받아 심야에 적진을 기습하였으나 복병의 공격을 받아 그 자리에서 순절하였다.

4. 남성을 유혹해서 상전을 위해 복수한 종

동계 정온[18]은 본관이 초계이고 정한강의 제자이다. 두 사람과 함께 증광[19] 회시[20]를 보러 가다가 한 곳에 이르렀는데 한 여종이 상여[21]를 앞서거니 뒤서거니 하며 따라가고 있었다. 여종의 자태가 출중하였는데 가다가 돌아보며 동계를 관심 있게 살폈다. 얼마 되지 않아 상여가 한 마을로 들어가자 동계가 말을 채찍질하여 여종을 뒤따라갔다. 같이 가던 두 사람이 말하기를,

"우리가 장래를 기대하는 사람은 휘원【동계의 자】인데[22] 어찌하여 한 요물을 보고 아무 생각 없이 정에 이끌리는가? 사람 일은 진실로 알기가 쉽지 않구나."

라고 하였다.

동계가 빈 행랑에 이르러 말에서 내려 멈춰 섰다. 조금 지나 여종이 이끌어 들어가 앉으니 해가 지자 저녁밥을 가지고 왔다. 깊은 밤이 되니 여종이 나와 마주하고 앉아 말하기를,

"저는 17살입니다. 일찍이 눈을 들어 사람을 본 적이 없으나 오늘 행차하는 사람을 끌어들인 것은 정욕에서 나온 것이 아니라 간절히 크게 원하는 바가 있어서입니다. 우리 집 상전은 여러 대의 독자인데

---

18 정온(鄭蘊) : 1569~1641. 본관은 초계(草溪). 자는 휘원(輝遠), 호는 동계(桐溪)·고고자 (鼓鼓子)이다. 이황-정구-허목으로 이어지는 기호남인학통 수립에 큰 역할을 하였다.

19 증광(增廣) : 조선 시대 나라에 경사(慶事)가 있을 경우 보이는 과거의 하나로, 식년시 (式年試)와는 별도로 치뤘다.

20 회시(會試) : 문·무과(文武科) 과거의 초시 급제자가 서울에 모여 제2차로 보는 시험이다. 복시(覆試)라고도 한다.

21 소교(素轎) : 장례에서 상제가 타기 위하여 희게 꾸민 가마이다.

22 정온의 자는 휘원(輝遠)인데 원문에 휘언(輝彦)으로 잘못 기록되어 있어 바로 잡았다.

음란한 부인의 손에 독살되었습니다. 원수를 갚을 사람은 없고 단지 저만 있어 애통함이 골수에 사무쳤지만 약한 여자라 대책이 없습니다. 다만 뛰어난 남자에게 몸을 허락해 손을 빌려 원한을 씻고자 생각했습니다. 오늘 음란한 부인이 본가에서 돌아오기에 제가 할 수 없이 따라가다가 길에서 행차를 마주쳤는데 동행 세 사람 중에 오직 선생님께 큰일을 부탁할 만하여 감히 눈길을 보낸 것입니다. 이제 원수놈이 와서 무람없이 즐길 것인데 이때가 진실로 천재일우의 기회이니 원컨대 속히 도모해 주십시오."

동계가 말하기를,

"네 뜻은 기특하고 장하다. 하지만 나는 서생으로 어떻게 큰 사내를 쉽게 죽일 수 있겠느냐?"

라고 하자 여종이 말하기를,

"이미 활과 화살을 준비해 놓았으니 이것으로 쏘면 어찌 죽지 않겠습니까?"

라고 하였다. 동계와 여종이 창 앞에 이르러 몰래 엿보니 그 사내가 옷을 벗고 가슴을 드러내고 온갖 음란한 짓을 하고 있었다. 마침내 창구멍에 활을 당겨 쏘니 가슴을 관통하여 곧바로 죽었다. 또 음란한 부인을 쏘려고 하자 여종이 말하기를,

"저 여자가 비록 원수이지만 제가 여러 해 모셨기 때문에 제 손으로 죽일 수 없습니다."

라고 하였다.

빈 행랑에서 나와 여종을 말에 태우고 동행이 묵고 있는 곳을 찾아 이르렀다. 동행한 친구가 준엄하게 꾸짖어 말하기를,

"과거 행차는 사군자가 출세하는 첫 관문인데 내 친구는 아무 생각 없이 이처럼 여자를 태우고 돌아왔는가?"

라고 하자 동계가 말하기를,

"내가 어찌 이것을 모르겠는가? 마음속에 다른 사람에게 말할 수 없는 것이 있네."

라고 하고 마침내 그 여자를 데리고 서울에 가서 과거에 합격한[23] 후 집으로 데리고 돌아가 함께 살았다. 여자는 어질기가 다른 사람보다 뛰어났고 아들을 낳았는데 모두 훌륭했다. 《야설》

鄭桐溪蘊草溪人, 鄭寒岡門人. 與同行二人, 赴增廣會試, 行至一處, 有素轎或先或後, 而女奴隨焉. 姿貌出衆, 且行且顧, 注目桐溪. 行未幾, 素轎入一村, 桐溪策馬, 跟女奴而去. 同行二人曰:

"吾輩之器待輝彦【桐溪字】, 何如而見一妖物, 白地牽情? 人固未易知."

桐溪至空廊, 下馬停立. 少頃女奴導而入座, 暮持夕飯而來. 至更沈出來對坐曰:

"吾年十七. 曾不擡眼示人, 今日邀入行次者, 非出情慾, 切有所大欲. 吾家上典, 累代獨子, 毒死於淫婦之手. 無人報仇, 獨有小女, 痛入骨髓, 而弱女無策. 只擬許身於傑男, 假手雪冤矣. 今日淫女, 自本家歸來, 吾不得已隨焉, 路逢行次, 同行三人中, 惟公可托大事, 故敢以目挑. 而讐漢方來媒戲, 此誠千載一時, 願速圖之."

桐溪曰:

---

23 결과(決科) : 과거에 합격하다.

x

"汝志則奇且壯矣. 我以書生, 何以輕殲大漢乎?"

女奴曰:

"已備弓矢, 以此射之, 渠安得不死乎?"

桐溪同女奴, 到窓前窺視厥漢, 披衣露胸, 淫狎備至. 遂自窓穴, 滿
彀射之, 洞胸立斃. 又欲并射淫女, 女奴曰:

"彼雖讐也, 吾多年事之, 不可以吾手戕之."

還出空廊, 馱女奴尋至同行所住處. 同行峻責曰:

"科行卽士君子發身初頭, 不料吾友之有此載女往還也."

桐溪曰:

"吾豈昧此, 裡面有不必告人者矣."

遂携其女到京, 決科挈歸同居. 賢淑過人, 生子皆峻峭. 《野說》

5. 주인에 끌려가다 시를 짓고 낙동강에 빠져 죽은 여종

박 아무개가 영남에 추노[24]하러 갔는데, 그중 한 여종이 아주 예뻤
다. 박생이 보고 마음을 두자, 여종의 남편과 부모가 비싼 값을 주고
속량하려 했다. 그러나 박 아무개가 허락하지 않고 데리고 가다가 낙
동강에 이르자, 여종이 뱃머리에서 시 한 수를 지었다.

위세는 서릿발 같고 신의는 산과 같으니,

---

24 추노(推奴) : 조선 시대에 주인과 따로 거주하면서 독립생계를 꾸려나가던 외거노비(外
居奴婢)에게 그 주인이 몸값을 징수하던 일이다.

안 가기도 어렵고 가기도 어렵구나.

머리 돌려 낙동강 바라보니 물이 푸르러,

이 몸은 위태로운 곳에 있지만 이 마음 편안하네.

마침내 강에 몸을 던져 죽었다.

有朴某者往嶺南推奴, 其中一婢, 頗有姿色, 生見而屬意. 其夫及父
母欲納重價贖之, 不許而率來. 至洛東江, 婢題一絶于船頭曰:

威如霜雪信如山,

不去爲難去亦難.

回首洛東江水碧,

此身危處此心安.

遂投江而死.[25]

6. 시를 잘 지었던 여종 취죽[26]

안동 권씨 집안 여종 얼현이는 호가 취죽으로 시를 잘 썼다.[27] 〈추

25 이 시와 전후의 일화는 유한준, 《자저(自著)》 권14, 〈선산이열녀(善山二烈女)〉의 첫
번째 열녀 일화 속에 실려 있다. 이에 따르면 여종의 이름은 애월(愛月)이다. 또 두
번째 열녀 일화로 실린 이는 향랑이다.
26 서미주에 "〈시인〉에 들어 있다[入於詩家]."라는 글이 있다.

사시〉에 이르기를

하늘은 마치 물빛 같고 달은 흰 서리 빛
우수수 지는 나뭇잎 밤에 빛나네.
열두 폭 주렴 드리우고 홀로 자는 이
도리어 옥 병풍 속 원앙에 부끄럽구나.

라고 하였다. 〈석전의 옛집을 찾아가〉 시에서

십 년 전 함께 석전과 거닐 때
몇 번이나 양자강 가에 취해 머물렀는지.
오늘 그 사람 떠난 뒤 혼자 와 보니
가을 강 흰 마름 붉은 여뀌만 가득할 뿐.

라고 하였다.

安東勸家婢孼玄, 號翠竹, 能詩. 秋思詩曰:

洞天如水月如霜
樹葉蕭蕭夜有光.
十二緗簾人獨宿

玉屏還羞兩元央.

訪石田舊居詩曰:

十年曾伴石田遊
楊子江頭醉幾留.
今日獨尋人去後
白瀕紅蓼滿江秋.

7. 남편을 위해 복수하고 정려를 받은 여종 춘옥

숙종 정묘년(1687)에 경상도의 사비 춘옥이 그의 남편을 위해 복수
했다. 사형 판결[28]을 내리는 것에 대해, 여러 대신들이 논의하였다.

"자식이 부모에 대한 것이나, 아내가 남편에 대한 것은 한 가지입
니다. 복수하는 도리에 대해 다르게 보는 것은 마땅치 않습니다. 또한
춘옥의 남편이 탄환을 맞아 죽었을 때, 춘옥이 관아에 고소장[29]을 냈
었으니, 함부로 죽였다는 죄로 다스릴 수 없습니다. 포상을 해야지,
죄를 주어서는 안 됩니다."

이에 임금이 전교하였다.

"춘옥은 남편이 비명에 죽은 것을 애통해하다가 원수에게 칼을 꽂

---

28 사형 판결 : 원문의 상명(償命)을 풀이한 것이다. 상명은 피살자의 목숨에 대하여 살인
  자의 목숨으로 갚음, 곧 사형에 처함을 말한다.
29 고장(告狀) : 사정을 적어서 위에 소송하는 것이다.

았다. 이는 장부도 해내기 어려운 일인데 하물며 시골의 천한 여인이 해냈음에랴. 지극히 가상하니, 특별히 정려하라."

肅宗丁卯慶尙道私婢春玉爲其夫復讎. 將償命, 諸大臣議:

"子之父, 妻之夫, 一也. 復讎之道, 不宜異視, 且其夫逢丸, 致死之時, 發狀告官, 則擅殺之罪, 亦不當施. 可褒而無可罪矣."

傳曰:

"春玉痛夫非命, 刺刃於讎人. 此丈夫之所難, 況鄉曲賤女乎? 極爲嘉尙, 特爲旌閭."[30]

8. 주인의 신주를 끝까지 모시고 후사를 이어준 여종 부부

양주의 김필대 처 아무개는 곧 송산 최씨의 여종으로, 최씨를 오랫동안 정성껏 섬겼다. 최씨 부부가 둘 다 자식이 없이 죽자, 최씨네 사람들이 그 할아버지와 아버지의 신주를 다 함께 묻으려고 하였다. 김필대 부부가 울면서 청하였다.

"소인이 부모와 같이 모신 지 지금 여러 해가 되었습니다. 목숨이 붙어 있는 한, 이는 차마 볼 수 없습니다. 바라옵건대 옛집에 신주를 봉안하고 소인 부부가 그 집에 살면서 기일이나 명절에 조상들의 제사를 받들게 해주시고, 저희 부부가 다 죽은 뒤에 묻으십시오."

그러나 최 씨네 사람들은 예법을 들어 허락하지 않았다. 다음날

---

30 관련한 일이 《숙종실록》, 숙종 13년 정묘(1687)년 5월 28일(을사) 기사에 실려 있다.

또 뜰에 나아가 울며 말하기를

"소인은 남에게 부림을 받는 사람이니 어찌 예문을 알겠습니까. 다만 노비에게 주인은 부모와 자식과 같은데, 예법이 어찌 또한 인정의 밖에 있겠습니까?"

라고 하자 최 씨네 사람들이 기특히 여겨 허락하였다.

김필대 부부는 힘을 다해 10여 년 동안 임시로 제사를 받들었다. 이미 늙어 장차 죽을 때가 되자, 기어서 나와 수현이라 하는 사람의 집으로 가 소리 내 울고는, 한참 있다가 말하였다.

"소인이 죽으면 우리 주인께서 제삿밥을 드시지 못합니다. 공께 두 아들이 있으니 만약 작은아들을 후사로 세워주신다면 우리 주인께서 영원히 굶주리지 않을 것이고, 소인 부부도 지하에서 눈을 감을 것입니다. 공께서 인자한 마음으로 끊어진 대를 이어주시고, 은혜를 베풀어 친척과 화목하게 지내신다면 또한 마땅히 내세에 복을 받으실 것입니다."

수현이 화내고 꾸짖으며 들어주지 않자, 그 처가 또 안뜰에 들어와 더욱 간절히 청하였다. 김필대가 또 최씨들을 찾아가서 같은 내용으로 힘써 그를 설득해주기를 두루 호소하였다. 또 수현에게 거듭 말하기를,

"친척 사이에 화목하고 화목하지 않음에 따라서 가문의 성하고 쇠함이 나뉩니다. 구구히 이렇게까지 하는 것은 최씨 집안을 위한 것이지, 저를 위한 것이 아닙니다."

라고 하였다. 수현이 답하지 않자 김필대가 정색하며 말하기를,

"의관을 갖춘 사대부와 상놈이 다르다는 것은 무엇을 말하는 것입니까?"

라고 하니, 말이 끝나기도 전에 수현이

"알겠다."

라고 하고는 그의 작은아들 아무개를 최씨 부부의 후사로 삼게 했다.

楊州金弼大妻某卽松山崔氏之婢也, 力事久之. 崔氏夫婦俱死無育,
諸崔欲悉埋其祖禰神主. 弼大夫妻泣請曰:

"小人事之如父母, 幾年於此矣. 一息尙存, 此不忍見. 願安舊宅, 使
小人夫妻居之, 忌日名節, 得奉諸位香火. 小人夫妻俱死, 然後埋之."

諸崔據禮不許. 明日又詣於庭, 嗚咽而言曰:

"小人, 人役也, 惡知禮文. 但奴主猶父子, 禮豈亦人情之外乎?"

諸崔異而許之.

弼大夫妻竭力權奉十餘年, 旣老將死, 匍匐造崔氏名秀賢之門, 聲淚
俱進, 良久乃言曰:

"小人死, 吾主不食. 公有二子, 若立少爲後, 吾主永世不餒, 小人夫
妻, 暝目於地下, 公之繼絕之仁, 睦族之恩, 亦當受福於來世矣."

秀賢怒叱不聽, 其妻又入內庭, 懇乞尤至, 而弼大又遍訴諸崔, 冀同
辭而力勸之. 且申言於秀賢曰:

"睦與不睦, 門族隆替之所由分也. 區區至此, 爲楚非爲趙也."

秀賢不答, 弼大正色曰:

"衣冠士夫, 所以異於常漢者, 何謂也?"

語未終, 秀賢曰:

"諾."

以其少子某爲嗣.

해제

이 항목에는 노비 신분으로 자기 삶을 모색한 8명의 여성 일화가 실려 있다. 자신의 딸을 주인댁 아들과 바꿔서 주인댁 후사를 살린 박팽년 집안의 여종, 주인 부부의 신주를 끝까지 모시고 집안 자제로 대를 잇도록 주선한 최씨 집안의 여종, 그리고 정순붕에게 역병을 옮겨 전 주인 유관의 원수를 갚은 여종 갑이, 간통한 아내에게 살해된 주인의 복수를 하고 정온의 첩이 된 여종 등은 자신의 모든 것을 바쳐 주인에 대한 의리를 지키고 충성을 다한 인물들이다. 이들의 순전한 충성심은 이 항목에서 가장 비중있게 다룬 윤리 의식이다. 또 아들이 무과에 합격하여 높은 벼슬에 오른 뒤에도 노비의 신분임을 밝힌 홍섬 집안의 여종과 남편과 주인에 대한 의리 사이에서 번민하다가 자결한 박씨 집안 여종은 어떠한 상황에서도 노비의 본분을 잃지 않았던 인물들이다. 그리고 남편을 죽인 원수에게 복수한 춘옥과 시를 잘했던 얼현은 천한 신분임에도 신분적 조건에 구애되지 않고 인간적 도리를 다하고 재능을 드러낸 여종들이다. 여종에 대한 기록들은 주인에 대한 충성과 의리, 그리고 신분 질서를 중시하며 주류에게 필요한 윤리를 강조하였다. 그러나 여종을 역사의 일 주체로 서술하면서 여종들의 치열한 삶의 현장과 그 삶이 놓인 질곡을 드러냈고 이들의 사고와 실천, 재능을 의미있게 조명하였다.

기녀

1. 지조 없는 정승을 부끄럽게 만든 설매

태조가 나라를 처음 세웠을 때 재상들에게 잔치를 열어주었는데 모두 고려조 때의 재상들이었다. 그 잔치 자리에 설매라는 기생이 있었는데 재주와 생김새가 남보다 뛰어났다. 정승이 술에 취해 희롱하며 말하기를,

"너는 아침에 동쪽 집으로 가서 밥 먹고 저녁이면 서쪽 집으로 가서 잔다고 하니 또한 늙은이를 위해 수청을 들어라."

라고 했다. 기생이 대답하기를,

"저는 동쪽 집에서 밥 먹고 서쪽 집에서 자는 천한 몸이고, 정승께서는 왕씨를 섬겼다가 이씨를 섬기셨으니 어찌 마땅히 그렇게 하지 않겠습니까?"

라고 하자 정승이 얼굴이 붉어져 고개를 떨구었고 좌중에서는 한탄하기도 하고 혹은 눈물을 흘리는 이들도 있었다. 강백년 《한거만록》

太祖開國, 賜宰臣宴, 皆前朝宰相也. 宴妓有雪梅, 才貌過人. 政丞醉戲曰:

"聞汝朝從東家而食, 暮從西家而宿. 亦爲老夫薦枕."

對曰:

"以東家食西家宿之賤軀, 侍事王氏事李氏之政丞, 豈不宜乎?"

政丞面赤低頭, 座中噓欷, 或有墮淚者. 姜栢年《閑居漫錄》

2. 문신과 무신 동시에 희롱한 기개를 가진 소춘풍

소춘풍은 영흥 기생이다. 성종이 신하들에게 술잔치를 베풀면서 소춘풍을 시켜 술을 돌리라고 했다. 영의정에게 술을 따라 올리면서 말하기를,

"순임금이 있어도 감히 바른말을 할 수 없지만, 고요[1]라면 정녕 나의 좋은 짝일 것입니다."

라고 했다.[2] 그때 무신으로 병조판서가 된 이, 이조판서, 문형을 잡은 이들이 좌중에 있었다. 소춘풍은 술을 따라 올리면서,

"고금에 박학하고 통달하여 명철하신 군자이니 어찌 감히 멀리하리오?"

라고 했다.

병조판서가 노기를 띠니 또 술잔을 올리며 나아가 말하기를,

"앞에 한 말은 희롱삼아 한 것입니다. 문무가 한 몸이니 늠름한 무부를 어찌 따르지 않겠습니까?"

라고 했다. 이조판서가

"그러면 나를 버리는 것이냐?"

---

1 고요(皐陶) : 순임금의 신하로, 법에 통달하였다.

2 이와 비슷한 내용의 시조가 《청구집설》에 있다. "有斐君子를 好逑로 가리올 제, 舜도 계시건마는 어대라 살우오리. 진실로 相國皐陶아 내님인가 ᄒ노라."라고 되어 있다.

라고 하니 술을 따라 올리면서

"제나라 또한 대국이요 초나라 또한 대국일세. 작고 작은 등국이
제초 사이에 끼었으니 어디를 섬기고 어디를 섬기지 않으랴. 제나라
도 섬기고 초나라도 섬기리."
라고 했다.

임금이 크게 칭찬하면서 비단을 상으로 주었다. 이로부터 소춘풍
의 이름이 나라 안에 자자하게 되었다.

笑春風, 永興妓也. 成宗置酒宴群臣, 命笑春風行酒. 酌進領相曰:
"舜雖在不敢斥言, 若皐陶則正我好逑."
時有武臣爲兵判者, 吏判典文衡者在座. 春風酌而進曰:
"博古通今, 明哲君子, 豈敢遐棄."
兵判有怒氣, 又酌而進曰:
"前言戲之耳. 文武一體, 赳赳武夫, 那可不從?"
吏判曰:
"然則舍我乎?"
又酌而進曰:
"齊亦大國, 楚亦大國. 小小騰國, 間於齊楚, 何事何否. 事齊事楚."
上大加稱賞賜帛甚多. 由是春風名傾一國.[3]

---

3 소춘풍에 관한 이 이야기는 차천로의 《오산설림(五山說林)》에도 자세히 나온다.

3. 장수의 통솔력을 비판하다 죽은 늙은 기생

임진왜란 때 창의사 김천일[4]이 다시 진주를 포위했는데 그 형세가 앞 사람들보다 열 배나 되어 모두들 가히 성을 잘 지킬 수 있겠다고 하였다. 늙은 기생이 있었는데 혼자 걱정하면서 말하기를,

"지난번 병사들은 비록 수가 적었지만 장수와 졸병들이 서로 사랑하고 명령이 나오는 것이 한결같았으므로 이길 수 있었습니다. 그런데 지금 군대는 통솔하는 기강도 없고 장수도 병사를 알지 못하며 병사도 장수에 대해 익숙하지 못하니 이 때문에 걱정됩니다."

라고 했다. 공이 요사스런 말이라고 여겨 베었다. 며칠 후 성이 함락되었다.

壬辰倡義使金千鎰之再圍晉州也, 形勢十倍於前, 人皆謂可守. 有老妓獨憂之曰:

"前者兵雖少, 將卒相愛, 號令出一 故勝. 今軍不統紀, 將不知兵, 兵不習將, 是以憂之."

公以爲妖言而斬之. 後數日城陷.

---

4 김천일(金千鎰) : 1537~1593. 조선 중기의 문신·의병장이다. 본관은 언양(彦陽), 자는 사중(土重), 호는 건재(健齋)이다. 나주 출신으로 할아버지는 주부 윤손(潤孫)이고, 아버지는 김언침(金彦琛)이다. 이항(李恒)의 문인(門人). 김인후(金麟厚)·유희춘(柳希春) 등과 교유했다. 1593년 6월 왜군의 2차 진주성 공격 때 항전하다 죽었다.

4. 왜장을 껴안고 함께 죽어 충절 세운 논개

진주 기생 논개는 용모가 아름다웠다. 임진왜란 때 온 부(府) 사람들이 도망갔지만 혼자 단장을 하고 바위 아래에 서 있었다. 한 왜군 장수가 유혹하여 이끄니 기생은 미소를 띠며 맞이하였다. 하루는 촉석루에 놀러 가 같이 춤을 추다가 왜군의 장수를 껴안고 바위 아래로 떨어져 둘 다 죽었다. 그 바위 이름을 의암이라 하고 비석을 세워 정려했다.

晉州妓論介, 有姿色. 當壬辰亂, 一府皆奔避, 而獨凝粧立於巖下. 一倭酋, 將誘而引之, 妓含笑迎之. 一日遊矗石樓, 與之對舞, 抱倭墮巖下而俱死. 名曰義巖, 立碑旌之.

5. 관서 기생 진이

관서 기생 진이(眞伊)는 미모와 기예 둘 다 빼어났다.
〈반달〉이라는 시를 지었는데 그 내용은 이렇다.

누가 곤륜산 옥을 잘라 내어
직녀의 얼레빗을 만들었나
견우가 한번 떠난 후에
부질없어 푸른 허공에 던져 버렸네

일찍이 혼조 때⁵의 난신 이이첨의 아들 이대엽⁶이 80살까지 데리고 살았는데 매번 이렇게 말했다.

"반정 후에 다른 집 잔치에 가서 대부들을 보니 팔을 휘두르고 침 튀겨가며 이이첨의 죄상을 말하는 이가 많았습니다. 그들은 지난날 밤에 몰래 이이첨의 집에 출입했던 사람들이었습니다. 그 후로 말과 겉모습을 꾸미고 거짓 명성을 얻은 선비가 남의 집에 드나드는 것을 보게 되면 그 사람 집안을 위해 걱정하지 않은 적이 없었습니다. 이첨이 문형을 잡고 있을 때 이른바 선비라고 하는 이들이 노비처럼 비굴하게 굴며 아첨하여 온갖 방법으로 이첨을 기쁘게 했습니다. 이첨이 이런 부끄러움 모르는 무리들을 길러 조정에 붙여 놓았으니 하늘이 어찌 벌을 내리지 않겠습니까?"【위 내용은 모두 《조야집요》에 있다.】⁷

關西妓眞伊, 色藝雙絕. 半月詩云:

誰斷崑山玉
裁成織女梳
牽牛離別後
謾擲碧空虛

---

5 광해군 때를 말한다.

6 이대엽(李大燁) : 1587~1623. 자는 문보(文甫)이고, 본관은 광주(廣州)이다. 부친은 이이첨(李爾瞻)이며, 모친은 이응록(李應祿)의 딸이다. 인조반정 때 인조의 특명으로 절도에 위리안치 되었으나 곧 사형하라는 어명이 있었다는 소식을 듣고 옥중에서 듣고 스스로 목숨을 끊었다.

7 서미주에 "《공사문견(公私聞見)》"이라고 되어 있다.

昏朝亂臣, 爾瞻子大燁, 所蓄年垂八十. 每言:

"渠於反正後赴人家宴, 見士夫攘臂噴沫罪狀爾瞻者多, 曩日冒夜出
入於爾瞻者也. 自後若見假名儒士紛飾言貌, 出入人家者, 未嘗不爲人
家之憂. 爾瞻主文衡時, 所謂士子奴顔婢膝, 媚悅百狀. 爾瞻簒如此無
恥之徒, 以充朝著, 天不降罰哉."【以上皆《朝野輯要》.】

6. 벼슬아치를 서슴없이 비판한 가련

함흥의 기생 가련[8]은 어렸을 때 목씨(睦氏) 성을 가진 사람에게 사
랑 받은 뒤 수절하고 다른 사람을 따르지 않았다. 남인의 의론을 준엄
하게 따랐는데 매번 갑술년의 일[9]을 말할 때면 눈물 흘리기를 그치지
않았다.

일찍이 〈출사표〉[10]를 읊다가

"선제께서 특별히 대우해주신 은혜를 좇아 폐하께 갚고자 합니다."
라는 대목에 이르면 눈물을 떨구지 않은 적이 없었다. 노론의 한 재상
이 언젠가 많은 사람들이 있는 자리에서 가련에게 말하기를,

---

8 가련(可憐) : 1671~1759. 가련 관련 글로는 이옥(李鈺)의 〈북관 기생의 한밤중 통곡−아
울러 원 사실을 적어둔다[北關妓夜哭論(并原)]〉와 이건창(李建昌)의 〈가련전(可憐傳)〉
이 있다.

9 갑술년의 일 : 갑술환국(甲戌換局)을 말한다. 1694년(숙종 20) 4월 1일에 발생한 숙종
시대의 3차 환국으로, 기사환국이 발생한 1689년 2월 2일 이후로 정권을 집권해온
남인이 몰락하고, 기사환국 때 몰락했던 서인(노론·소론)이 재집권한 사건이다.

10 〈출사표(出師表)〉: 제갈량이 위나라를 치려고 군대를 이끌고 나가면서 후주 유선(劉
禪)에게 올린 글이다. 〈출사표〉를 읽고 눈물을 흘리지 않으면 충신이 아니라는 말이
있을 정도로 지극한 충성을 표현한 것으로 유명하다.

"내가 만약 남론이었다면 분명히 남인의 영수가 되었을 터이다."

라고 하니 가련이 말하기를,

"남인이 비록 피폐하고 힘이 없지만 나리[11]처럼 투항한 이를 받아들여야 한다면 저는 부끄러워 죽을 것입니다."

라고 했다.

또 한 재상이 감영을 지나갈 때 본부의 기생들이 이미 먼저 들어와 인사하는데 자리에 가득하였다. 가련도 감영의 기생들과 같이 나와 인사하였다. 재상이 말하기를,

"새로운 이가 들어오고 옛 사람이 나가니 마땅히 환국이라 하겠구나."

라고 했다. 가련이 응답하기를

"나리께서 이미 조정에서 탕평을 주장하셨는데 기생 탕평은 주장하지 못하십니까?"

라고 했다. 대개 그 재상은 탕론을 주장했던 사람이었는데 그 말을 듣고는 스스로 부끄러워했다.

가련은 나이 70이 넘어서도 말하는 것이 격렬했다. 젊었을 때의 일을 많이 이야기하고 혹 앞선 사람들의 시구를 읊기도 했다. 또 노래를 많이 지어 읊었는데 청아하여 가히 들을 만하였다.

咸興妓可憐, 小爲睦姓人所眄, 守節靡他. 南論甚峻, 每談甲戌事, 涕泣不已. 嘗誦出師表, 至"盖追先帝之殊遇, 欲報之於陛下", 未嘗不垂

---

11 나리[進賜] : 이두어로 '나리'라는 말이다.

涙. 有老論一宰, 嘗於衆中, 謂可憐曰:

"吾若爲南論 則當爲南人領袖矣."

可憐曰:

"南人雖至疲劣, 如進賜投降者, 若容受則妾當愧死."

又有一宰過營門, 本府妓輩先入謁滿座. 可憐與營妓入謁. 宰曰:

"爾輩新入舊出當換局矣."

可憐曰:

"進賜旣主朝廷蕩平, 而不能主妓輩蕩平乎?"

盖其宰主蕩論者也, 聞而自愧.

可憐年過七十, 言論激烈. 多談少時事. 或誦前輩詩句, 又多作歌詞吟詠, 淸雅可聽.

7. 시화첩으로 생계를 꾸리며 절개를 지킨 춘절

동주 성제원[12]이 산을 유람하다가 청주를 지나가는데 고을의 목사가 시중드는 아이를 따르게 했다. 동주가 그 아이와 함께 두루 유람하며 몇 달을 보냈으나 함께 잠을 자면서도 범하지 않았다. 산을 나오는 날에 산수 시화첩을 주면서 말하기를,

"사람들은 반드시 네가 내게 사랑을 받았다고 생각해서 거들떠보지 않을 것이다. 그러면 네가 먹고살 다른 길이 없을 것이다. 네가

---

12 성제원(成悌元) : 1506~1559. 본관은 창녕(昌寧), 자는 자경(子敬), 호는 동주(東洲)·소선(笑仙), 시호는 청헌(淸憲)이다. 잦은 사화로 선비들이 화를 당하는 것을 보고는 일찍이 과거를 포기하고 이희안·조식 등과 교유하며 학문을 쌓고 후학을 가르쳤다.

이것을 가지고 사람들에게 보여주면 사람들이 반드시 너를 불쌍히
여길 것이다."
라고 하였다. 그 기녀의 이름은 춘절이다. 80살이 넘어서도 끝내 절
개를 바꾸지 않았다. 그 시화첩을 사람들에게 보여주면 생활을 꾸리
도록 후하게 돈을 주지 않은 사람이 없었다. 《조야집요》

　　成東洲悌元, 嘗遊山過西原淸州, 主牧以侍兒從之. 東洲與之周遊,
積以時月, 同床而不犯. 出山之日, 以山水詩畫帖贈之曰:
　　"人必以汝爲我所眄而不顧, 則汝之生計, 更無他路. 汝持此以示人,
人必恤汝."
　　其妓名春節, 年八十餘, 終不改節. 以其詩畫帖示人, 則莫不厚遺以
資活. 《朝野輯要》

8. 율곡의 3년 상을 치른 유지

　　율곡[13] 선생이 황해도 관찰사가 되어[14] 황주[15]에 이르자 황주목사가
한 기생으로 하여금 잠자리 시중을 들게[16] 했는데 기생의 이름은 유지
였다. 선생이 시를 주어 이르길,
　　"연약한 몸 부끄러워 고개 숙이고[17] 눈길 한 번 주지 않는구나. 부

---

13 율곡(栗谷) : 45쪽 주 1) 참고.
14 율곡은 1574년 10월에 황해도 관찰사가 되었다.
15 황주(黃州) : 황해북도 서북단에 있는 군이다.
16 천침(薦枕) : 잠자리 시중을 들다.

질없이 파도 소리 듣고 있을 뿐 운우의 꿈꾸지 못했네. 너 자라면 응당 이름 날릴 테지만 늙은 나는 방문 열어두었네.[18] 미녀에게 정해진 주인도 없이 기생으로 살아가니 가련하구나."[19]

라고 하였다.

그 후 원접사로 황주에 있을 때 유지가 방에서 모셨는데 일찍이 한 번도 눈길을 준 적이 없었다. 계미년(1583)에 또 일로 황주에 이르자 유지가 절[20]에서 송별하였다. 율곡이 강촌에 돌아오자 유지가 밤중에 문을 두드리며 말하기를,

"선생님의 명성과 의로움은 사람들이 모두 우러러 사모하는 바입니다. 하물며 기방에 있는 기생이야 오죽하겠습니까? 여색을 보고도 무심하시니 더욱 탄복하는 바이나 나중에 만날 기약 없어 이에 감히 멀리에서 왔습니다."

라고 하였다.

선생이 마침내 절구 한 수를 지어 이르길,

타고난 자태 아름다워 선녀같고,

십 년 동안 서로 알고 지내 정이 많구나.

---

17 원문에는 '愁'로 표기되어 있으나 '羞'의 오자로 보아 바로잡아 번역하였다.

18 진나라 왕돈(王敦)이 몸이 쇠약해지자, 합문(閤門)을 열고 기생을 모두 내쫓았다는 고사가 있다.

19 이희조(李喜朝)의 《지촌집》 권20에 실린 〈율곡의 유지사 초본 뒤에 쓰다(書栗谷柳枝詞草本後)〉를 참고하여 오자를 바로 잡고 번역하였다.

20 소사(蕭寺) : 소사(蕭寺)는 불교를 독실하게 믿던 남조 양(南朝梁)의 무제(武帝)가 절을 지은 다음 자신의 성(姓)인 소(蕭) 자를 쓰게 한 일에서 온 말로, 사찰을 뜻한다.

오나라 아이[21]처럼 마음 목석 아니나,

다만 나이 많아 향기 사양하노라.

라고 하였다. 다음 해 선생이 돌아가니 유지가 달려가 곡을 하고 3년 동안 상복을 입었다.[22] 《조야집요》

栗谷先生爲海伯, 巡到黃州, 使一妓薦枕名柳枝. 先生贈詩曰:

"弱質愁低眉, 秋波不肯回, 空聞波濤曲, 未夢雲雨坮, 爾長名應擅, 吾衰閣已開, 國香無定主, 零落可憐哉."

其後以遠接使在黃州, 柳在房未嘗一眠. 癸未又以事到黃州, 柳送別于蕭寺. 旣還栗谷江村, 柳乘夜叩門曰:

"公之名義人皆慕仰. 況號爲房妓者乎? 見色無心, 尤所歎服, 後會難期, 玆敢遠來."

先生遂製一絶曰:

天姿綽約一仙娥,

十載相知意態多.

---

21 오나라 아이[吳兒] : 진(晉)나라 때 오(吳) 땅에 살던 은사(隱士) 하통(夏統)을 가리킨다. 하통이 낙양의 물 위에서 가충(賈充)과 어울려 노닐 때 가충이 미녀들을 실은 배를 하통의 배 주위로 세 겹이나 둘러싸게 하였다. 그런데도 하통이 여전히 단정하게 앉아 미동도 하지 않자, 가충이 "이 오아(吳兒)는 정말 목인(木人)이요, 석심(石心)이다."라고 하면서 탄복했다는 고사가 전한다. 〈은일열전 하통(隱逸列傳 夏統)〉, 《진서(晉書)》 권94에 실려 있다.

22 율곡은 1584년 사망하였다.

不是吳兒腸木石,

只緣年老謝芬華.

翌年先生下世, 柳奔哭服喪三年. 《朝野輯要》[23]

9. 김수항을 그리워하다 죽은 금랑

문곡 김수항[24]은 매우 잘생겼다. 평장사[25]가 되었을 때 병마절도사[26]가 북병의 기생 금랑을 불러 말하기를,

"네가 만약 평장사에게 사랑을 받으면 마땅히 큰상을 주겠다."

라고 하였다. 금랑은 얼굴이 아름다웠고 기예도 뛰어났는데 공의 풍채를 사모하여 한 번 잠자리를 모시기를 바랐다. 그러나 겨울부터 봄이 될 때까지 끝내 그러지 못했다. 공이 짐을 꾸려 떠나려고 하자 금랑이 죽음을 무릅쓰고 울면서 호소했다. 공이 겸연쩍어 웃으며 말하기를,

"네 마음이 이와 같은 것을 일찍 알았다면 내 어찌 한 번의 기쁨을 아꼈을까 봐 떠날 때가 되어서야 말을 하느냐?"

라고 하고 앞으로 오게 하여 손을 잡고 치마에 절구 한 수를 써서

---

23 이우준이 지은 《몽유야담(夢遊野談)》(2권 2책의 한문필사본)에 이와 관련된 이야기가 실려 있다.

24 김수항(金壽恒) : 214쪽 각주 41) 참조.

25 북평사(北評事) : 조선 시대 함경도의 북영(北營)에 속한 정6품 무관 벼슬로, 함경도 병마절도사(兵馬節度使)의 보좌관이다.

26 북병사(北兵使) : 조선 시대 함경도 경성(鏡城)의 북병영(北兵營)에 두었던 병마절도사 (兵馬節度使)이다.

그 곡진한 정[27]을 말하고 떠났다. 금랑은 치마를 안고 삼 일 동안 울며 음식을 먹지 않다가 죽었다. 공이 그 소식을 듣고 안타까워하며 애도 하였다. 기사년(1689) 진도에 유배되었을 때[28] 아들과 조카들에게 말 하기를,

"내가 재앙을 쌓은 적이 없었는데 다만 금랑의 일 하나가 종신토록 내내 마음에 걸렸었다."

라고 하였다. 《조야집요》

金文谷壽恒妾容絕美. 爲北評事時, 北兵使招謂北兵妓錦浪曰:

"汝若得幸於評事, 當重賞."

錦浪色貌絕藝, 亦慕公風采冀一侍寢. 自冬至春終不得. 公束裝將 發, 錦浪冒死泣訴. 公憗然笑曰:

"早知汝如此, 吾何惜一歡, 乃言於三吹之頭乎?"

招令至前, 握手書一絕句於裳, 言其繾綣而發行. 錦浪抱裳, 泣三日 不食死. 公聞之嗟悼. 及己巳遭碧波之禍, 言於子姪曰:

"吾無積殃, 惟錦浪一着, 終身介念耳." 《朝野輯要》

10. 실상을 냉정하게 말한 서울 창기

서울에 창기가 있었는데 성질이 경망하고 천박하나 노래를 잘해서 세상에 이름이 나 매양 서울 부잣집이나 귀한 집의 놀이에 불려 다녔

---

27 견권(繾綣) : 곡진한 정을 말한다.
28 기사년(1689) 2월에 진도(珍島)에 유배된 일을 말한다.

다. 항상 말하기를,

"창기가 된 모든 이가 처음에는 비록 의복이나 음식이 조금 넉넉하지만 뒤에는 반드시 가난해져서 구걸을 한다. 그것은 다만 얼굴이 미워져 버림을 당하는 것이 아니라, 그 심술이 바르지 못해서 스스로 이러한 지경에 이르게 되는 것이다."

라고 하였다.

사람들이 그 까닭을 물으니 말하기를,

"창기가 된 자는 반드시 사람으로 하여금 그 아내와의 좋은 관계를 잃게 만들고 오로지 자신만을 이롭게 한 다음에야 그만둔다. 매번 젊은 남자를 만나면 온갖 아양을 떨면서 그 뜻을 맞춰 주어 그로 하여금 유혹에 빠져서 천성을 잃고 집안을 망치고 과업을 잃게 한 뒤에야 그만둔다. 부부와 부자 사이에 정도를 얻지 못하게 되는 것도 모두 우리들 때문이다. 이와 같이 남을 해롭게 하고서 어찌 끝이 좋을 수 있겠는가?"

라고 하였다.

有京娼, 輕妄浮淺, 而以能歌名於世, 每爲京中富兒及貴遊家所邀. 嘗言曰:

"凡爲娼妓者, 初雖衣食粗豐, 而後必貧婁乞丐. 非特色衰見棄也, 其心術不正, 自當致是也."

人問其故曰:

"爲娼者, 必使人失其室之好, 而專其利已後已. 每逢少年, 必百般獻媚以迎其意, 使之沈惑喪性, 破家失業而後已. 其夫婦父子之間, 不得其道者, 皆由於我. 其害於人如是, 則安得善其終乎?"

11. 문과 급제자의 잘못을 꼬집은 늙은 기생

숙종 기묘년(1699)에 과옥[29]이 있었는데 한 문과 급제자가 팔뚝을 걷어 올리고 큰 소리로 말하기를,

"이 사람들을 모두 목 베고 역적을 처벌하는 법률로 조사한 다음에 라야 선비의 풍습이 바로잡힐 것이다."

라고 하였다.

문과 급제자의 아버지가 일찍이 아꼈던 기녀가 나이가 들어 문관의 집에서 더부살이하고 있었다. 기생이 문과 급제자 옆에서 말하기를,

"이는 음란한 창기 월대선과 같다. 행동은 제멋대로이면서 남자라고 하면 잘나고 못남을 가리지 않고 만나 반드시 사통하고 겉으로는 말과 얼굴을 꾸미며 자신은 정조를 지킨다고 했다. 언젠가 '몸이 불행히 창기가 되어 수없이 음란한 짓을 했으니 죽여도 무엇이 문제가 되리오?'라고 했다. 이에 세상 사람들이 입을 가리고 웃지 않는 사람이 없었다. 지금 과옥의 죄인을 공법으로 말한다면 누군들 죽여야 한다고 말하지 않겠냐마는 공이 바른 방법으로 급제한 것이 아닌 것을 사람들이 다 안다. 그런데 엄중한 말로 자신의 자취를 덮으려고 하니 어쩌면 월대선보다 더 심하지 않은가?"

라고 하니 문과 급제자가 부끄러워 땀을 줄줄 흘렸다.

---

29 과옥(科獄) : 과거(科擧)의 부정으로 일어나던 형사 사건이다.

肅廟己卯有科獄, 一文及攘臂大言曰:

"盡斬此輩, 勘以逆律, 然後士習可正."

文及父嘗有所眄妓, 年老寄食於文官家者. 在傍曰:

"此有淫娼月坮仙. 則所行無狀, 以男爲名, 不計精麤, 逢必私焉, 外飾言貌, 自謂持貞. 嘗曰:'身雖不幸爲娼, 行淫無度, 殺之何傷?'世人莫不掩笑. 今科獄罪人, 以公法言之, 孰不曰可殺, 而公之不以正道擢第, 人皆知之. 及欲峻論, 以掩其迹, 何其如月坮仙之甚也."

文及大慚流汗.

12. 재치 있게 응대한 기생

지사 이자견[30]이 전에 강원 감사에 임명되었을 때 사랑하는 기생이 있어 부채 한 자루를 주었는데 1년이 지나도 다른 부채로 바꾸지 않았다. 사람들이 놀리자 기녀가 말하기를,

"한 부채를 얻었으니 부지런히 간직하여 잃지 말아야 한다."[31]

라고 하니 자리에 있던 사람들이 포복절도 하였다. 대개 '부채 선(扇)'과 '착할 선(善)'의 음이 같기 때문에 그렇게 한 것이다.[32]

---

30 이자견(李自堅) : 1454~1529. 본관은 성주(星州). 자는 자고(子固)이다. 1495년 정언·지평·사간·전한 등을 거쳐 1503년 대사간이 되고, 이해 강원도관찰사로 나갔다가 이듬해 갑자사화로 경상도 함창에 유배되었다. 1506년 중종반정으로 풀려나와 홍문관부제학·한성부우윤 등을 역임하였다. 1519년 한성부판윤·호조참판 등을 지내고, 1521년 호조판서에 승진, 1527년 지중추부사가 되었다.

31 복응(服膺) : 교훈 따위를 몸에 간직하여 잊지 않는다는 뜻이다.

32 《중용》 제8장에 "안회(顔回)의 사람됨은 중용의 길을 택하여 행하면서, 한 가지 선을 얻으면 가슴에 새겨서 잃어버리지 않았다[回之爲人也, 擇乎中庸, 得一善, 則拳拳服膺

李知事自堅, 嘗拜關東伯, 有愛妓, 以一把扇贈之, 周年不改他扇. 人譏之, 妓曰:

"得一扇, 則惓惓服膺, 而勿失."

一座絕倒, 蓋扇與善音同故也.

13. 적에게 살해된 홍림의 장례를 치르고 면천된 해월

홍림[33]은 본관이 남양이고 첨사 홍수명의 아들이다. 일찍이 병사 이봉상을 따라 청주 막부에 있었다. 무신년(1728) 이인좌의 난 때 홍림이 변고를 듣고 급히 일어나 따르는 사람의 군모를 빼앗아 쓰고 검을 빼 들고 진영에 들어갔다. 함께 지내던 기생 해월이 놀라고 당황하여 홍림을 안고 말하기를,

"변고를 예측할 수 없는데 어찌하여 사지로 들어갑니까?"

라고 하자 홍림이 기생을 밀쳐내고 나왔다. 진영 문이 닫혀 있자 그

而弗失之矣]."라는 구절이 있다.

33 홍림(洪霖) : 1685~1728. 조선 후기의 의사(義士). 본관은 남양(南陽). 초명은 진(震). 자는 춘경(春卿)이다. 아버지는 첨절제사 홍수명(洪受命)이다. 1727년(영조 3) 충청도 병마절도사 이봉상(李鳳祥)에 의하여 청백함이 인정되어 막료가 되었다. 1728년 이인좌(李麟佐)의 난으로 청주성이 함락되고 이봉상이 잡힌 다음 죽음을 당하자 그는 자신이 절도사라 하며 반란군을 꾸짖었다. 반란군은 그를 충신이라 칭찬하고 후일 자손들을 녹용(錄用)하겠다고 하자, "나는 아들도 없거니와 있다 하여도 너희 같은 역적놈의 부하로 쓰이게 할 수는 없다." 하고 죽었다. 뒤에 호조참판에 증직되고 정문(旌門)이 내려졌다. 1729년 6월 조현명(趙顯命)의 주청으로 청주기(淸州妓)가 낳은 그의 아들이 면천(免賤)되고, 7월에 예조의 계(啓)에 따라 증직, 정려되었다. 1742년 검토관 이성중(李成中)이 청주를 지나다가 그 곳 사람들이 홍림의 충의에 대하여 칭찬하는 것을 듣고 왕에게 아뢰어 그의 처에게 늠료(廩料 : 녹봉으로 주는 쌀)가 하사되었으며, 손자대에 이르기까지 각종 특혜를 베풀어 그 충절을 기렸다.

벽을 밀고 곧장 들어가 크게 소리 지르며 말하기를,

"내가 병사이다."

라고 하였다. 적이 그를 잡았는데 얼굴을 아는 자가 말하기를,

"병사가 아니다."

라고 하니 놓아주고 얼마 후 진영 뒤 대나무 숲에서 병사 이봉상을 잡아 장차 베려고 하였다. 홍림이 뛰어가서 병사 위에 엎드리며 말하기를,

"내가 바로 진짜 병사이다."

라고 하자 적이 잡아 묶고 항복하도록 하였다. 홍림이 일어나 적을 발로 차고 그의 칼을 빼앗아 몇 사람을 죽이고 눈을 부릅뜨고 꾸짖어 말하기를,

"내가 어찌 너에게 항복하여 살기를 바라겠는가?"

라고 하였다. 적이 칼로 어지러이 베어 마침내 죽였다. 해월이 적에게 구걸하여 시체를 가지고 나와 성 밖에서 염을 하였다. 해월이 임신 중이었는데 홍림이 죽은 지 몇 달 뒤에 아들을 낳았다. 풍원 조현명이 경연에서 아뢰어 홍림에게 병조참판이 추증되었다. 다시 아뢰어 해월은 천민 신분에서 벗어났다. 《동계집》

洪霖南陽人, 僉使受命之子也. 嘗隨李兵使鳳祥, 在淸州幕府. 戊申獜左之亂, 霖聞變, 急起奪從者氈笠, 拔劍入營. 同昉妓海月, 驚惶抱持曰:

"變不測, 奈何入死地?"

霖推而出. 門閉矣, 挈其壁, 直入大呼曰:

"我乃兵使也."

賊執之, 有認者曰:

"非也."

舍之, 已而得兵使於營後竹林中, 將斬之. 霖走伏兵使上曰:

"我乃眞兵使也."

賊捽去, 縛之使降, 霖起而蹴賊, 奪其釰殺數人, 瞋目罵曰:

"吾豈降若以求活耶?"

賊以劍亂斫, 遂死. 海月乞于賊, 以尸出, 斂殯城外. 海月有娠, 霖死

數月生子. 趙豊原顯命筵白, 贈霖兵曹參判. 復白海月免賤. 《東溪集》

14. 전란 중에 최경창의 시문집을 지킨 홍랑

홍원 기생 홍랑[34]이 젊었을 때 고죽 최경창[35]에게 사랑을 받았다.
최고죽이 서울로 돌아가 병이 나자 홍랑이 그 소식을 듣고 7일 밤낮이
걸려 서울에 도착하여 간병하였다. 최경창이 임종 때 시를 주었다.

---

34 홍랑 : 홍원 출생이다. 1573년 가을에 최경창이 북도평사로 경성에 갔을 때, 그녀도
   따라가 그 막중에 있었다. 이듬해 봄에 최경창이 서울로 돌아오자 쌍성까지 따라와
   작별하고, 돌아가다가 함관령(咸關嶺)에 이르러 시조 1수를 지어 최경창에게 보냈다.
   그 뒤 3년 동안 소식이 끊겼다가 최경창이 병석에 누웠다는 말을 듣고 바로 떠나 7일
   만에 상경하였다.

35 최경창(崔慶昌) : 1539~1583. 본관은 해주(海州). 자는 가운(嘉運), 호는 고죽(孤竹).
   전라도 영암 출생이다. 최충(崔冲)의 18대손이며 최자(崔滋)의 13대손이다. 아버지는
   최수인(崔守仁)이다. 1568년에 증광문과에 을과로 급제하여 북평사(北評事)가 됐다. 예
   조·병조의 원외랑(員外郎)을 거쳐 1575년(선조 8)에 사간원정언에 올랐다. 1576년(선
   조 9) 영광군수로 좌천됐다. 최경창은 상경 도중에 종성객관에서 죽었다. 저서로《고죽
   유고》가 있다.

그저 바라보다 향기 그윽한 난초를 주니,

이제 하늘 끝으로 가면 언제 다시 오려나.

함관의 옛 노래[36] 부르지 말게.

지금도 구름과 비에 푸른 산 어두우니.

최고죽이 죽은 후 홍랑은 자신의 얼굴을 훼손하고 무덤을 지켰다. 임진왜란 때 고죽의 시집 원고를 지고 피난하여 전란에서 유실되는 것을 면하였다. 홍랑이 죽은 후 고죽의 무덤 아래 장사 지냈다. 아들 이 하나 있다.

洪原妓洪娘, 少爲崔孤竹慶昌所眄. 崔還京沈疾, 洪娘聞之, 七晝夜 到京視病. 臨死時, 贈詩曰:

相看脉脉贈幽蘭,

此去天涯幾時還.

莫唱咸關舊時曲.

至今雲雨暗青山.

崔沒後, 毁其容守墓. 壬辰亂, 負孤竹詩藁, 免於兵火. 死仍葬孤竹墓 下. 有一子.

---

36 홍랑이 불렀다는 시조 "묏버들 갈히 것거 보내노라 님의 손듸 자시는 창밧긔 심거두 고 보소서/밤비에 새닙곳나거든 날인가도 너기소서[擇折楊柳寄千里, 人爲試向庭前種, 須知一夜生新葉]."를 말한다.

15. 절개와 충절을 지킨 능화 [37]

제봉 고경명[38]이 광주에서 지내다가 과거를 보러 가는 길에 공주를 지나게 되었다. 중간에 한 할미가 자신의 집에 맞아들이고 아름다운 여자를 나오게 하고는 이르길,

"이 아이는 제 딸인데 이름은 능화이고 16세입니다. 지난밤 죽은 남편이 꿈에 나와서 '우리 딸의 배필은 광주 사는 고 진사인데 내일 아무 때에 반드시 앞길을 지날 것이다.'라고 했습니다. 그래서 제가 가서 기다렸다가 모신 것입니다. 이것은 분명히 하늘이 정한 인연이니 오늘 밤 잠자리를 모시게 해 주십시오."

라고 하니 공이 허락했다. 하얗게 칠한 벽과 비단 창, 옷이나 이불 등이 아주 화려하였고 저녁밥과 밤참 또한 매우 사치스러운 음식들로 차렸다. 또 여자는 아리땁고 여리여리한 모습으로 진실로 으뜸가는 미인이었다.

며칠을 편안히 지내고 길을 떠나 시험을 본 뒤에 과거에 붙지 못하고 내려오니 할미가 가슴을 치고 크게 울며 이르길,

"딸이 본래 양가의 여자가 아니고 이름이 기적에 올라 있습니다. 그런데 하늘이 노하고 귀신이 시기하는지 사또가 새로 부임했는데 딸아이의 자색을 사모하여 불러다 수청을 들게 하려 했습니다. 그러

---

37 서미주에 "야담에서 나온 이야기로 믿을 만한 것인지 모르겠다[出於野說, 未知信然]." 는 글이 있다.

38 고경명(高敬命) : 1533~1592. 임진왜란 때 의병을 일으켜 관군과 함께 금산에서 왜적과 싸웠으나 관군이 도망하여 의병의 진용도 무너졌다. 고경명은 왜적에 대항해 싸우다 전사했다.

나 형벌을 가하고 옥에 가두어도 딸아이가 죽을 각오로 따르지 않았습니다. 비록 옥에 있지만 만약 오신 줄 알면 올 것입니다."

라고 하고 소리 내 울면서 갔다. 조금 지나자 그 여자가 기어서 왔다. 흐트러진 머리가 얼굴을 덮었고 아름다운 용모가 변해버렸는데 공을 보고는 통곡하였다. 공이 말하기를,

"너는 지나치게 몸을 상하게 하지 말거라. 이미 기적에 올라 있는데 어찌 굳이 정절을 지켜 곤장을 맞아 죽은 귀신이 되려고 하느냐?"

라고 하니 여자가 말했다.

"정절을 지키고 의롭게 죽는 것에 남자와 여자가 무슨 차이가 있겠습니까? 다만 진사님께서 시 한 수를 지어 주시어 영원히 이별하는 밑천으로 삼게 해 주신다면 황천에 가서도 위로를 받을 수 있을 것입니다."

공이 바로 시 한 수를 지어 그 여자가 입고 있던 붉은 치마에 써 주었다.

모래밭에 말 세우고 헤어질 마음 머뭇거리니
수양버들 가운데 가장 미운 건 긴 가지라네.【감사의 이름이 '류장지'이다.】
아름다운 사람은 인연이 적지만 새로운 모습을 띠고
탕자는 정이 많아 나중에 만날 것 기약하네.
복숭아 꽃 흩날리는 한식절
자고새 날아가는 저물녘에
남쪽 호수로 돌아가는 길은 멀기만 한데
능화를 꺾어 가고 싶지만 생각만 할 뿐.

여자가 손을 잡고 옷을 끌어당기니 이별의 정이 서글펐다.

바로 감영으로 들어가 고하길,

"제가 이제 다행히 그리던 님을 만났으니[39] 빨리 죽여주십시오."
라고 하자 방백이 정인을 만났다는 이야기를 듣고 마음에 화가 치밀
어 급히 시종을 불러 그 여자를 결박해 끌어내서 형벌을 가했다. 곤장
을 한 대 두 대 맞을 때마다 옥 같은 피부가 문드러지고 눈물을 비
오듯 흘렸다. 문득 치마폭에서 먹물 흔적을 보고 치마를 풀게 해서
직접 보고는 크게 놀라 말했다.

"이는 당세에 빼어난 문장과 필력이니 어떤 사람이 이것을 썼단
말인가? 네가 만약 사실대로 말하면 반드시 네가 원하는 대로 해주마."

여자가 전말을 자세히 아뢰니 방백이 탄복하여 칭찬했다.

"이 선비에 대해서는 내가 익히 들어서 알고 있다. 나중에 반드시
크게 성공할 것이다."

그리고는 형틀에서 풀어 편안히 있게 하고 건장한 말 한 마리를
보내서 선비를 모셔 오게 했다. 처음 만났으나 오랜 친구처럼 대하며
능화를 내어주고 공손히 지난 잘못을 사과하고 영중에 머물도록 했다.
얼마 지나 진사가 과거에 장원하고[40] 와서 능화를 데려가 함께 지냈다.

여러 해 뒤에 임진왜란이 일어나자 능화가 군중에 따라가기를 원
했는데 말려도 듣지 않았다. 금산 전투에서 팔백 명의 의병들이 모두

---

39 원문에서 '鵲橋之會'라고 했는데, 작교(鵲橋)는 음력 칠월 칠석에 견우와 직녀가 만났다
는 오작교(烏鵲橋)를 이른다. 오작교에서의 만남, 즉 멀리서 서로 그리워하던 사람과의
만남을 말한다.
40 고경명은 1552년(명종 8) 식년문과에 장원급제하였다.

죽임을 당하자 많은 군사들이 별처럼 뿔뿔이 흩어져 달아났다. 달무리만 흐릿한 밤에 제봉이 상에 높이 앉으니 능화도 따라서 상 아래 앉아 있다가 동시에 화를 당했다. 능화의 정려문은 충절사의비[41] 곁에 있다. 일개 천한 기녀가 절개를 지키는 것으로 시작하여 끝내 나랏일을 위해 죽었으니 사람들이 이야기를 전하며 기이한 일로 여겼다.

高霽峰敬命居光州時, 以科行路由公州. 中路有一嫗迎入其家, 引一美娥出來曰:

"此是小女之女, 而名菱花, 年今二八. 去夜亡夫見夢曰: '吾女之配卽光州高進士, 而明日某時必過前路'云. 故小女之所以往待而迎接者也. 此必天定之緣, 願今夜薦枕."

公許之. 粉壁紗窓, 衣服衾枕, 極其華麗, 夕飯夜啖, 亦甚奢味. 且美娥之婷婷嫋嫋眞國色也.

穩度數日, 發程觀光後, 不見榜眼而下來, 嫗推胸大哭曰:

"女息本非良家, 名在妓案. 天怒神忌, 使道新莅, 慕其姿色, 招欲守廳. 刑之囚之, 女抵死不從. 雖在牢獄, 使知卽來矣."

因呼哭而去. 俄而其女匍匐而至. 亂髮覆面, 玉容頓改, 見而痛哭. 公曰:

"汝勿過傷. 旣是妓流, 則何必固守貞節, 徒作杖下之鬼耶?"

---

41 고경명선생비(高敬命先生碑)를 이르는 것으로 보인다. 고경명의 충혼을 기리는 비로 정확한 건립연대는 알 수 없다. 비각 안 좌대 위에 세워진 순절비에는 '제봉고선생순절지기(霽峰高先生殉節地記)'라는 글씨가 음각되어 있다. 충청남도 금산군 금성면 양전리에 있다.

女曰:

"守節死義, 男女何異? 只望進士主製給一詩, 以作永訣之資, 則黃泉之下, 庶得慰懷."

公卽製一詩, 書于所着紅裳曰:

立馬沙頭別意遲

生憎楊柳最長枝.【監司姓名, 柳長枝】

佳人緣薄含新態

蕩子情多問後期.

桃花落來寒食節

鷓鴣飛去夕陽時

漫漫歸路南湖闊

欲採菱花有所思.[42]

女執手牽衣, 別意悽愴.

直入營門, 告曰:

"小女今則幸得鵲橋之會, 但願速殺."

方伯聞鵲橋之說, 中心火急, 急呼左右, 縛下施刑. 一杖二杖, 玉膏靡爛, 珠漏如雨. 忽見裳幅墨痕, 乃命解裳親覽, 大驚曰:

---

42 이 시와 유사한 고경명의 시가 〈보고운, 증우인이도석별지의(步古韻, 贈友人以道惜別之意)〉,《제봉집(霽峯集)》권1에 있다. 벗에게 헤어지는 마음을 전한 시다. "立馬沙頭別意遲, 生憎楊柳最長枝. 佳人緣薄多新態, 蕩子情深問後期. 桃李落來寒食節, 鷓鴣飛去夕陽時, 草芳南浦春波綠, 欲採蘋花有所思."

"乃是當世文章巨筆, 何人能此乎? 汝若直告, 必從汝願."

女乃細告顚末, 方伯歎賞曰:

"此儒吾已熟聞. 終必大成."

卽解枷安處, 命一健騎, 往追請來. 一面如舊, 許給菱花, 悚謝前過, 挽留營中. 俄而登第魁捷至, 仍爲率去同居.

屢年値壬辰亂, 菱花願從軍中, 挽止不得. 錦山之戰, 八百義士盡殲, 萬軍星散. 月彙三匹, 霽峰高坐床, 菱花亦從床下, 同時被禍. 菱花旌門在於忠節死義之傍. 以一介賤妓, 自初守節, 終死於國事, 人傳之爲奇事.

16. 창암정에서 풍취를 읊은 추향

관서의 기생 추향[43]이 〈창암정〉 시를 지었다.

맑은 강어귀로 노 저어 가니,

자던 해오라기 날아 사람 놀래키네.

산 붉어 가을 자취 있는데,

모래 희고 달은 티 없이 밝구나.

關西妓秋香蒼巖亭詩云:

---

43 추향(秋香) : 장성(長城)의 기생으로 시에 능해 〈창암정〉 시를 남겼다. 본문에서 관서 기생이라 한 것은 미상이다.

移棹淸江口,

驚人宿鷺翻.

山紅秋有跡,

沙白月無痕."⁴⁴

17. 기생의 처지를 시로 읊은 매창

부안의 기생 두계향은 호가 매창⁴⁵이다. 시를 지었다.

취한 손님이 명주 저고리 잡으니,

명주 저고리가 손길을 따라 찢어졌네.

명주 저고리 하나야 아깝지 않으나,

님의 은정 끊어질까 두렵다네.

이 사람 저 사람 만날 줄⁴⁶은 알지 못하고,

매화 핀 창가에 비낀 달만을 사랑했네.

---

44 홍만종이 《소화시평》에서, 추향이라는 기생이 시를 잘하였다고 하며 그가 지은 〈창암 정〉 시를 실어 놓았다.

45 매창(梅窓) : 1573~1610. 선조 때 부안 기생이다. 성은 미상으로, 이름은 향금(香今), 계생(桂生, 癸生). 자는 천향(天香). 호는 매창(梅窓), 섬초(蟾初)이며, 별칭으로 계낭(桂娘, 癸娘)이 있다. 노래를 잘했고 거문고도 잘 탔으며 한시뿐 아니라 시조에도 능했다.

46 이 사람 저 사람 만날 줄 : 원문의 동가숙(東家食)을 풀이한 것이다. 이는 제(齊)나라의 한 여자가 자기에게 청혼을 해온 동쪽 집은 부자이면서 추남이고, 서쪽 집은 가난하면서 미남이었으므로, "동쪽 집에서 먹고 서쪽 집에서 자겠다[東家食兮西家宿]."라고 한 데서 온 말이다.

시인들은 나의 깊은 뜻 알지 못하고,

지나가는 구름 가리키며 제 맘대로들 얘기하네.

扶安妓杜桂香號梅窓. 詩云:

醉客執羅衫,

羅衫隨手裂.

不惜一羅衫,

但恐恩情絶.

平生不解東家食,

只愛梅窓月影斜.

詞人未識幽閒意,

指點行雲任自多.[47]

18. 〈백마강 회고〉 시를 남긴 설죽

기생 취선은 호가 설죽이다. 〈백마강 회고〉 시에서

---

47 이 시가 이수광, 〈기첩(妓妾)〉, 《지봉유설》 권14에는 "平生不學食東家, 只愛梅窓月影斜. 詞人未識幽閒意, 指點行雲枉自多."라 되어 있어, 여기 원문의 '不解'가 '不學'으로, '任自多'는 '枉自多'로 되어 있는 차이가 보인다. 또 《매창집》에는 "平生耻學食東家, 獨愛寒梅映月斜. 時人不識幽閒意, 指點行人枉自多."라 되어 있어, '不解'가 '耻學'으로, '只愛'가 '獨愛'로, '梅窓'이 '寒梅'로, '月影斜'가 '映月斜'로, '詞人'은 '時人'으로, '未識'은 '不識'으로, '任自多'는 '枉自多'로 되어 있는 차이가 보인다.

저물녘 고란사에 배를 대고,
서쪽 바람맞으며 홀로 누대에 기댔네.
용은 사라진 채 구름이 오래도록 떠가고,
흰 모래에 달빛만 길이 비추는구나.

라 하였다. 또 〈송인〉 시에서

낙장봉 위에서 처음 그대 만났는데,
보제강 머리에서 또 그대와 이별하네.
복사꽃은 땅에 떨어져 붉은 자취 없으니,
달 밝은 어느 곳에서 그대와 다시 만나리.

라고 하였다. 〈우음〉[48] 시에서,

봄 단장 서둘러 마치고 거문고 잡으니,
구슬발이 훤해지며 붉은 해 떠올라 가벼이 비추네.
짙은 밤안개 퍼지다 아침 이슬 흠뻑 내리니,
야트막한 담장에 해당화가 작은 방울 떨구네.

라고 하였다.

---

48 〈우음〉 : 이 시는 이덕무, 《청장관전서》 권33, 〈청비록〉 2에 〈춘장(春粧)〉이라는 제목
으로 실려 있다.

妓翠仙號雪竹, 白馬江懷古詩云:

晩泊臯蘭寺,
西風獨倚樓.
龍亡雲萬古,
沙白月千秋.

又送人詩曰:

落壯峰上初逢君,
保齊江頭又別君.
桃花落地紅無跡,
明月何處更逢君.

偶吟詩曰:

春粧催罷倚焦桐,
珠箔輕明日上紅.
香霧夜多朝露重,
海棠花泣小墻東.

19. 윤계선과 이별하며 시를 지은 의주 기생

의주 기생이 윤계선[49]과 이별하며 시를 지었다.

눈 높은 평양에서는 아름다움 짝할 이 없더니,
의주[50]에서는 장이 끊어질 듯한 이별이 있네.

그러자 머리털을 잘라내어 기생에게 주었다.

지봉 이수광이 장난삼아 이르기를,

"'장이 끊어졌다[腸斷]'가 아니라 '머리를 끊었다[髮斷]'로 고쳐야
한다."

라고 하였다. 신판서가

"이는 '머리 자른[斷髮]' 신하인 것이다."

라고 하자, 들은 사람들이 배꼽을 잡고 웃었다.

義州妓別尹繼善詩曰:

眼高箕浣[51]無佳麗,

腸斷龍灣有別離.

---

49 윤계선(尹繼善) : 1577~1604. 조선 중기 문신. 본관은 파평(坡平). 자는 이술(而述),
호는 파담(坡潭)이다. 1600년 설화(舌禍)로 황해도 옹진현령에 좌천되고, 그 뒤 평안도
도사가 되었으나 신병으로 사직하였다.

50 의주 : 원문에 용만(龍灣)이라고 되어 있는데, 용만은 의주의 옛 이름이자 별칭이다.

51 기완(箕浣) : 이수광(李睟光), 〈해학〉, 〈언어부〉, 《지봉유설》 권16에는 '기원(箕院)'이
라고 되어 있다.

仍剪其髮而贈之.

李芝峯睟光戲謂:

"宜改腸斷爲髮斷."

申判書曰:

"此乃斷髮之臣也."

聞者絕倒.[52]

20. 유배 가는 윤선도를 정성껏 돌보아 준 홍원의 기생 조생

고산 윤선도[53]는 본관이 해남이다. 정사년(1617)에 이이첨[54]을 논하는 상소를 올렸다가 경원[55]에 유배되었다. 행차가 홍원[56]에 이르렀는데, 기생 조생이 길가에 나와서 맞이하였다. 노고를 위로하며 하룻밤에 세 번이나 음식을 올리니, 그 정성이 아주 간절했다.

시를 지어 주었다.

52 이 일화는 이수광, 〈해학〉, 〈언어부〉, 《지봉유설》 권16에 실려 있다.

53 윤선도(尹善道) : 1587~1671. 본관은 해남(海南). 자는 약이(約而), 호는 고산(孤山)이다. 1616년 성균관 유생으로 권신(權臣) 이이첨(李爾瞻) 등의 횡포를 상소했다가 함경도 경원(慶源)과 경상도 기장(機張)에 유배되었다. 1623년 인조반정(仁祖反正)으로 풀려났으나, 모든 관직을 사양하고 낙향했다.

54 이이첨(李爾瞻) : 1560~1623. 본관은 광주(廣州). 자는 득여(得輿), 호는 관송(觀松) 또는 쌍리(雙里)이다. 좌찬성 이극돈(李克墩)의 후손이다. 1617년 인목대비(仁穆大妃)의 폐모론을 발의했다가, 1623년 인조반정으로 광해군이 폐위되자 참형되었다.

55 경원(慶原) : 함경북도 경원군을 이른다.

56 홍원(洪原) : 함경남도 남부 해안 중앙에 위치한 도시이다.

내 일이 본디 때가 아니었음을,

그대는 아는데 나는 알지 못했구나.

독서가 그대에게도 미치지 못했으니,

천생 바보라고 이를 만하네.[57]

무오년(1618)에는 기장으로 귀양지를 옮겨 가며 시를 주었다.

네가 사랑의 노래[58] 부르기를 좋아하지 않으니,

내 어찌 젊은 기생의 예쁜 얼굴[59] 보기를 즐기리오.

단지 기쁜 것은 비단옷 걸친 몸속에서,

세상과 다른 말이 과감히 나오는 것이라네.[60]

또 시에 답하기를

한유가 노승 태전에게 글을 남긴 뒤로

세상에서 놀리는 평이 이미 천년이 되었네.[61]

---

57 윤선도, 〈희증노방인(이하적경원시, 노방인, 홍원기조생. ○정사)(戱贈路傍人(以下謫慶源時, 路傍人, 洪原妓趙生. ○丁巳))〉, 《고산유고》 권1에 있다.

58 사랑의 노래 : 원문의 '少游歌'를 풀어 쓴 것으로, 소유는 송나라 진관의 자이다. 소유가 지은 남녀의 애정 노래를 고산이 여기서 '소유가'라 칭한 것이다.

59 젊은 기생의 예쁜 얼굴 : 원문의 '黎頰渦'를 풀어 쓴 것으로, 이협은 배의 속살처럼 하얀 얼굴을 뜻한다. 여기서는 젊은 기녀(妓女)의 예쁜 얼굴을 비유한 말이다.

60 윤선도, 〈희증노방인(이하이배기장시, 노방인, 조생.○무오)(戱贈路傍人(以下移配機張時, 路傍人, 趙生.○戊午))〉, 《고산유고》 권1에 있다.

61 한유가 … 되었네. : 당나라 한유(韓愈)가 조주 자사(潮州刺史)로 좌천되었을 때 조주에

내 지금 그대가 객을 잘 알아줌에 감격하여,

다시금 노래를 지어 작은 종이에 쓰노라.[62]

그 후 경자년(1660)에 또 삼수에 귀양 갈 때[63]는 조생이 이미 죽고 없었다. 두 딸 예순과 승례가 나와서 뵙는데, 은근히 대하는 것이 완연히 그 어미가 손님을 잘 돌보아 주던 것과 같았다. 다시 전에 지은 시의 운을 써서 주었다.

다시 와도 그때와 같은데,

심사를 알아줄 이 뉘 있으리오.

낭자가 홀연히 세상을 떠났으니,

나의 모자람을 논할 사람이 없구려.[64]

있던 태전(太顚)이라는 노승과 교유하였다. 그 후 한유가 조주(潮州)를 떠나면서 태전에게 옷을 남겨주고 작별하였는데, 이를 두고 사람들이 한유가 불교를 배척하다가 좌천되자 불씨(佛氏)를 신봉(信奉)한다고 전한 일을 말한다. 맹간이 한유에게 편지하여 이 일을 묻자 한유가 터무니없는 말이라고 하며 전후 사정을 말하고, 인정으로 한 것이지, 불법을 신봉하여 복과 이익을 구하려 한 것이 아니라고 변명한 내용이 〈여맹간상서서(與孟簡尙書書)〉에 자세히 실려 있다.

62 윤선도, 〈답홍헌조낭(홍헌, 홍원야. 조낭, 조생야.○무오)(答洪獻趙娘(洪獻, 洪原也. 趙娘, 趙生也.○戊午))〉, 《고산유고》 권1에 있다.

63 경자년(1660)에 또 삼수에 귀양 갈 때 : 1660년(현종 1) 4월에 윤선도가 기해년 복제의 잘못을 논하는 상소를 올렸다가 삼수(三水)에 안치된 일을 말한다. 기해년 복제는 이 전해에 효종(孝宗)이 승하하자 그 복제(服制)를 정할 때 송시열(宋時烈)이 '체이부정(體而不正)'의 의론을 내세워 기년복으로 결정한 것을 말한다. 이에 대해 사대부들이 잇달아 논열하였으나, 화(禍)가 두려워 감히 지적하여 논하지 못하였는데, 윤선도가 상소하였다가 귀양 가게 된 것이다. 《현종실록》, 현종 즉위년 기해(1659) 5월 5일(을축) 기사에 실려 있다.

64 윤선도, 〈복용전운, 증홍헌례, 승이낭(復用前韻, 贈洪獻禮, 勝二娘)〉, 《고산유고》 권1

용주 조경이 〈홍원의 의로운 기생 조생의 시첩〉에 글을 써 주었다.

"홍원의 기생과 유배객 윤선도로 말하면, 윤선도는 남쪽의 선비이고, 기생은 북쪽 출신이다. 그 거리가 매우 멀어 서로 만나지 못하는[65] 정도가 아니라, 영향도 거의 받지 못했음을 알 수 있다. 또 어찌 마치 벗들끼리 의기가 서로 감응해서, 매일 밤 꿈속에서나 보는 정신적인 교류 같은 게 있었겠는가. 그러니 이렇게 선비의 어려움을 보고 달려가는 것은 옛날 협객의 풍모보다 나은 것이다. 덕을 좋아하고 의를 사모하는 천성에서 나온 것으로, 그 마음의 넉넉하고 인색함에는 남녀의 차이가 없다. 게다가 이 기생은 북관의 요충지인 큰 고을에서 태어나 성장하고 늙었으니, 북쪽 지역에 유배 온 객을 얼마나 많이 보았겠는가. (그러나) 손수 빚은 술을 가지고 와서 자리를 마련하고 친근히 이야기 나누며[66] 전송한 이는 오직 백사 이 상국[67]과 고산 윤

<hr>

에 실려 있다.

65 서로 만나지 못하는 : 원문의 '風馬牛之不相及'을 풀이한 것이다. 본래 '풍마우불상급(風馬牛不相及)'이란 말이 《춘추좌씨전》 희공(僖公) 4년 조에 나오는데, 이는 바람난 말과 소도 서로 미치지 못하는 거리라는 뜻으로, 거리가 멀리 떨어져 있어서 만나지 못하는 것을 비유하여 쓰인다.

66 자리를 마련하고 친근히 이야기 나누며 : 원문의 '班荊'을 풀이한 것이다. 이는 옛 친구를 만난 기쁨을 표현할 때 쓰는 말이다. 춘추 시대 초(楚)나라 오거(伍擧)가 채(蔡)나라 성자(聲子)와 세교(世交)를 맺고 있었는데, 두 사람이 우연히 정(鄭)나라 교외에서 만나 형초(荊草)를 자리에 깔고 앉아서[班荊] 옛날이야기를 주고받았다는 고사에서 유래한다. 《춘추좌전(春秋左傳)》 양공(襄公) 26년에 내용이 보인다.

67 백사 이상국 : 이항복(李恒福, 1556~1618)을 가리킨다. 백사는 이항복의 호이다. 백사가 홍원을 지나다가 조생의 집에 머물게 되었는데 윤선도와 조생의 얘기를 듣고 다음날 일어나 시를 지어 남겼다. 이항복, 〈사인윤선도항소언사(士人尹善道抗疏言事)〉, 《백사집》 권1에 실려 있다.

참의뿐이라고 한다. 사람들이 조생을 일러 여사가 아니라고 한다면,
나는 믿지 않겠다."[68] 《고산집》

尹孤山善道海南人. 丁巳疏論爾瞻, 謫慶原, 行到洪原. 妓趙生出迎
路傍, 問勞進饋, 一夕三至, 誠意懇至. 贈詩曰:

吾事固非時,
汝知吾不知.
讀書不及汝,
可謂天生癡.

戊午移配機張, 贈詩曰:

汝非愛唱少遊歌,
我豈耽看黎頰渦.
只喜身編綺羅裏,
語言敢與世殊科.

又答詩曰:

韓子留書與太顚,

---

68 윤선도, 〈제홍헌의기조생첩후(용주판서조공경)題洪獻義妓趙生帖後(龍洲判書趙公絅)〉,
《고산유고》 권1에 실려 있다.

世間譏評已千年.

我今感汝能看客,

復作歌謠寫短箋.

其後庚子又謫三水時, 趙生已沒, 有二女禮順勝禮, 出見慇懃, 宛如其母, 好看客之情, 復用前韻, 以贈曰:

重來如一時,

心事有誰知.

娘子忽焉沒,

無人論我痴.

趙龍州綱, 題洪原義妓趙生帖曰:

"洪原妓之於尹謫客也, 尹南士也, 妓北産也, 地之相距不啻若風馬牛之不相及, 影響昧昧, 其可知也. 又豈有若士友之義氣相感, 神交昔昔夢事哉. 然則此非特赴士之阨窮如古者節俠風而止, 其好德慕義根於天性, 而無間男女之豐嗇也, 且是妓生於管轂北關[69]之邑, 長而老, 眼見遷客之投有北者何限, 持私釀班荊送之者, 惟白沙李相國, 孤山尹參議云. 人謂趙生之非女史, 吾不信也." 《孤山集》

---

69 管轂北關：縮轂北關의 오기이다. 관곡(縮轂)은 교통의 요충지로서 사방의 물산이 집중하는 곳이다. 《사기(史記)》 권129 〈화식열전(貨殖列傳)〉에 나온다. 여기서 관곡북관(縮轂北關)은 함경남도 경원을 가리킨다.

해제

이 항목에는 총 20편의 일화가 수록되어 있다. 조선 개국을 축하하는 연회에서 변절한 고려말 신하를 향한 설매의 통쾌한 일갈이 기녀 항목의 첫 예화로 등장한다. 이어 기녀의 환심을 사려고 하는 문관과 무관의 비위를 맞추는 듯하면서 그들을 조롱하는 소춘풍과 근거 있는 이유로 전주성의 패전을 예견했다가 죽임을 당한 노기(老妓)의 이야기가 이어진다. 왜놈 추장을 끌어안고 죽어 정려를 받은 논개, 시세에 따라 변절하며 권세를 쫓는 양반을 비판한 진이, 〈출사표〉를 잘 부르고 남론에 동조하는 정치적 입장을 드러낸 가련의 이야기가 순서대로 수록되어 있다. 김상집은 이처럼 정치적 안목을 키우고 통찰력이 있으며 소신있게 말하는 기녀를 앞부분에 배치하고 있다. 성제원과 수개월 간 함께 여행한 후 산수시화첩을 받아 그것으로 생계를 유지하며 수절한 춘절, 율곡의 시 받고 율곡 사후 3년 동안 상복을 입은 유지, 김수항을 연모했으나 결연이 이루어지지 않고 시 한 수 받은 후 단식하다 죽은 금랑의 이야기는 기녀와 사대부의 애정과 인정에 관한 면모를 보여준다. 기녀의 단점을 스스로 진술한 서울의 창기, 기묘과옥 때 불평하는 문과 급제자를 비난한 노기, 이자견의 시에 재치 있게 대답한 관동의 기생, 남편 홍림 사후 시체 수습하고 유복자 낳아 기르다 면천된 해월, 최경창이 아플 때 7일 동안 걸어 서울에 가서 간호하고 최경창 사후 전란에 시고(詩稿)를 지킨 홍랑, 고경명을 따라 죽어 정려를 받은 능화의 이야기가 있다. 관서기 추향의 〈창암정〉 시, 부안기 매창의 시, 취선(호 설죽)의 시, 의주 기생의 시를 수록하고 있으며 조생이 유배 온 윤선도를 만나 시를 주고 받으며 지기(知己)의 관계를 이루었던 이야기가 수록되어 있다. 소신있게 발언하는 기녀, 연륜과 통찰력이 있는 나이 든 기녀, 애정과 인정을 욕망한 기녀, 남성과 탈성 애적 관계를 맺은 기녀 등 다양한 이야기가 보인다.

부록

1. 꿈에서 전실부인의 칭찬을 들은 이씨

윤비경[1]은 본관이 파평이다. 이씨에게 세 번째 장가를 들었는데[2] 하루는 이씨의 꿈에 한 여자가 사당으로부터 와서 말하기를

"나는 우리 영감의 부인이다. 전에 둘째 부인이 내 아이를 박대하고, 조상 제사에 정성이 없기에 내가 죽였지. 그대의 아름다운 덕은 저승까지 감동시키고 믿음을 주었으니 반드시 귀한 아들 둘을 낳을 것이네."

라고 했다. 두 아들은 유일(遺逸)[3]로 대사헌을 역임한 병계 윤봉구[4]와 감사를 역임한 석문 윤봉오다.

　尹飛卿坡平人. 三聘李氏, 一日, 夢一女子自祠堂來語曰:

　"吾乃家翁前室也. 前者繼室待吾兒薄, 享先無誠, 故吾殛之. 君懿德

1　윤비경(尹飛卿) : 1607~1680. 본관은 파평. 자는 충거(沖擧)이다. 우승지, 호조참판 등을 역임했다. 여기서는 윤봉구의 아버지로 되어 있는데 윤비경은 윤봉구의 할아버지 이다. 윤봉구의 아버지는 윤명운이며, 전주 이씨, 화순 최씨, 전주 이씨와 결혼했으며 세 번째 전주 이씨와의 사이에 윤봉구, 윤봉오, 딸을 두었다.

2　전주 이씨로 이경창(李慶昌)의 딸이다.

3　유일(遺逸) : 등용되지 못하고 초야에 묻혀 있는 선비를 말한다.

4　윤봉구(尹鳳九) : 1683~1767. 윤비경의 손자. 자는 서응(瑞膺), 호는 병계(屛溪)이다. 권상하의 문인으로 1760년 대사헌이 되었다.

感孚幽明, 必生貴子二人."

二子卽屛溪鳳九逸大憲石門鳳五官監司.

2. 정승 부인이면서도 검소했던 권씨

이월사[5]의 부인은 판서 권극지[6]의 딸로 덕행이 있었다. 두 아들 백
주 이명한[7]과 현주 이소한[8]이 모두 현달했으나 살림이 검소하고 화려
한 옷을 가까이하지 않았다. 당시 아무개 공주 집에서 며느리를 맞았
는데 임금이 명을 내려 조정 관료와 왕족의 부인[9]들을 모두 잔치에
참석하게 했다. 여러 집안의 부녀들이 화려함과 사치함을 다투어 뽐
내니 이날의 잔치는 보석과 비단의 화려함이 사람들의 눈길을 빼앗았
다. 그 뒤를 이어 가마가 들어오더니 한 노부인이 지팡이를 짚고 들어
왔다. 갈옷에 베치마가 아주 거칠고 볼품이 없었다. 노부인이 마루에
오르려 하자 주인인 공주가 내려와 신을 거꾸로 신을 정도로 다급히

---

5 이정귀(李廷龜) : 1564~1635. 본관은 연안. 자는 성징(聖徵), 호는 월사(月沙)이다.
   우의정, 좌의정 등을 역임했다. 문장이 뛰어나 사대가 중 한 명으로 일컬어졌다.

6 권극지(權克智) : 1538~1592. 본관은 안동. 자는 택중(擇中)이다. 성혼의 문인으로 대사
   헌, 예조판서 등을 역임했다.

7 이명한(李明漢) : 1595~1645. 본관은 연안. 자는 천장(天章), 호는 백주이다. 이정귀
   (李廷龜)의 아들이며, 이소한의 형이다. 대제학·이조판서, 예조판서 등을 역임하고,
   시문에 뛰어났다.

8 이소한(李昭漢) : 1598~1645. 본관은 연안. 자는 도장(道章), 호는 현주(玄州)이다.
   이정귀의 아들, 이명한의 동생이다. 아버지 이정구, 형 이명한과 함께 삼소(三蘇)라
   일컬어졌으며 형조참판 등을 역임했다. 시문에도 뛰어났다.

9 명부(命婦) : 국가로부터 작위를 받은 부인. 왕비, 종친, 정부인, 숙부인 등 문무관의
   부인 등이 여기에 속한다.

맞이하였다. 어린 부녀들이 손가락으로 가리키며 비웃다가 의아해했으나 어느 집 부인인지 알지 못했다.

공주가 노부인을 맞아 상석에 앉게 하고 예를 다해 공손하게 모시자 옆에 있던 사람들이 더욱 궁금해 했다. 식사를 마친 뒤에 노부인이 먼저 일어나 돌아가겠다고 했다. 공주가 날이 아직 이르다고 하며 붙잡자 노부인이 말했다.

"저희 집 대감이 약원의 도제조라 새벽에 벌써 대궐에 나갔고, 큰 아이는 이조판서로 지금 정사를 다스리는 자리에 나갔고, 작은 아이는 도승지로 숙직을 하고 있습니다. 제가 집에 돌아가야 저녁밥을 준비해 보낼 수 있습니다."

그 자리에 있던 사람들이 깜짝 놀라며 비로소 월사의 부인임을 알았다.

李月沙夫人權判書克智女也, 有德行. 二子白洲玄洲皆顯達, 而治家儉素, 華麗之衣未嘗近於身. 時某公主家迎婦, 自上命滿朝命婦, 皆赴宴. 諸家婦女, 競以華侈相尙, 伊日之宴, 珠翠綺羅, 奪人眼目. 追後有轎子入來, 而一老婦扶杖而來. 葛衣布裳, 麤劣極矣. 將升堂, 主人公主, 倒屣下迎. 年少諸婦, 莫不指笑, 而訝不知爲誰家婦人.

主人迎之上座, 執禮甚恭, 傍人尤訝之. 進饌後, 老婦人先起告歸, 主人以日勢之尙早挽止, 則老婦人曰:

"鄙家大監以藥院都提調, 曉已赴闕, 伯兒以長銓, 方赴政席, 小兒以都承旨坐直. 老身歸家然後, 而可備送夕飯矣."

座中大驚, 始知爲月沙夫人.

3. 계실로서의 권리를 당당하게 선언한 부인

판서 윤강[10]은 첫 부인[11]과의 사이에 참판을 지낸 지완과 통정을 지낸 지선, 두 아들을 두었는데 부인이 먼저 죽었다. 만년에 호서 안찰사가 되어 각 부를 돌아다니는 길에 부녀들이 울타리에 기대어 촘촘히 서 있었다. 그런데 울타리가 기울어 쓰러지자 여자들이 모두 황망히 달아나 피했다. 오직 한 처녀만이 조용히 몸을 돌려 갔다. 윤강이 그 모습을 보고 물으니 곧 이 고을 좌수의 딸이었다.[12] 현에 들어간 후 좌수를 불러 묻기를

"자네에게 딸이 있다는데 나이가 몇인가?"

하니 대답하기를

"제 딸은 스무 살입니다."

라고 했다.

윤강이

"내가 아내로 맞아 계실로 삼고 싶네."

라고 하고 다음날 관대를 갖추고 납채를 보냈다. 예식을 치르고 하룻밤 자고 돌아갔는데 다시 생각해보니 망령된 행동이었다. 벼슬이 바뀌어 돌아갈 때 그냥 내버려 두고 데리고 가지 않았고 집안사람들에게 알리지도 않았다.

하루는 문밖에서 시끄럽게 '부인의 행차가 문에 도착했다.'는 말을

---

10 윤강(尹絳) : 1597~1667. 본관은 파평(坡平). 자는 자준(子駿), 호는 무곡(無谷)이다. 아버지는 윤민헌(尹民獻)이며, 어머니는 김찬선(金纘先)의 딸이다.

11 그의 첫 부인은 정광성(鄭廣成)의 딸이다.

12 이때 좌수는 유익(柳杙)이다.

전했다. 두 아들이 그 아버지에게

"이게 무슨 일입니까?"

하니 윤강이 얼굴을 찡그리면서

"네 아비가 늙어 노망이 들어 이런 일이 있게 되었구나."

라고 했다.

얼마 지나지 않아 망가진 가마 하나와 멍에 채운 소가 오더니 중문 안에서 내렸다. 한 여자가 나왔는데 얼굴은 네모지고 입은 컸다. 마루 위에 올라가 자리 잡고 앉아 종들을 부르며 큰 소리로 꾸짖었다.

"내가 들으니 네 집안에는 참판과 승지 두 영감이 있다고 하더구나. 빨리 들어오라고 하여라."

윤강이 이를 듣고 두 아들에게 말하기를

"다만 가서 보기만 하여라."

라고 했다.

두 사람이 들어가니 부인이 이르기를

"탕건과 옷을 잘 갖추어 입고 오너라."

하니 두 사람이 밖으로 나가 도복을 갖추어 입고 들어왔다. 부인은 뜰 가운데 서게 하고는 품속에서 혼서지를 꺼내 그들 앞에 던지면서

"너희들은 이것을 봐라. 이미 이것이 있으니 내가 너희들의 계모이다. 너희는 이미 벼슬에 나아가 지위가 금옥관자[13]를 다는 반열에 올랐는데도 인사를 이와 같이 하면서 어떻게 임금을 섬기겠느냐?"

라고 말했다. 두 사람이 엎드려 사죄하니 마루로 올라와 앉게 하고는

---

13 금옥관자 : 망건에 금관자와 옥관자를 붙인 벼슬아치를 통틀어 이르는 말이다.

그 아들과 며느리들의 절을 받았다. 또 안채의 안방을 수리하도록 명하고 들어가 살았다. 한 달이 지나자 맏며느리를 불러

"내가 안방에 오래 있을 계획은 아니다. 안주인이라고 하지만 집안 살림살이가 어찌 되는지 알 수 없구나. 지금 대개 모든 게 잘 다스려지고 있으니 자네가 다시 살림을 맡는 것이 좋겠고 나는 건넌방으로 물러나는 게 좋겠다."

고 하고서 곧 옮겨 살았다.

그 후 두 아들을 낳았는데 지인(趾仁), 지경(趾慶)이 모두 현달하였다. 윤강이 세상을 떠난 후 네 아들 중 두 명은 재상을, 두 명은 판서가 되었는데 서로 돌아가면서 부인을 봉양했다. 부인의 나이 80이넘어 장차 죽을 무렵 네 아들이 약을 받들고 울면서 권하니 부인이 말하기를

"내가 먼 향촌의 미천한 몸으로 높은 집안에 들어와 다행히 의탁하게 되어 공들의 지극한 정성과 효도까지 받아 일생동안 편안하고 즐거웠다. 나이 이제 팔십이니 어찌 다시 살고자 하겠느냐? 내게 조카한 명이 있는데 부디 말단 벼슬이라도 더해준다면 죽어 장차 눈을감을 수 있겠구나."

라고 했다. 네 명이 울면서 대답하기를

"삼가 그 말씀 받들어 따르겠습니다."

라고 했다. 드디어 약을 먹지 않고 생을 마쳤다.

네 아들이 상례를 치르는 데 예를 다하였다. 이조판서[14]를 대하여

---

14 전장(銓長) : 이조판서를 말한다.

울면서 어머니가 임종 때에 했던 말을 전하자 과연 조카가 장작감(匠
作監)[15]에 임명되었다.

尹判書絳, 初娶有二子趾完亞卿趾善通政. 而喪配, 晚按湖西巡部之
路, 婦女倚籬簇立, 籬乃仆, 諸女皆慌忙走避, 惟一處女從容回身而去.
尹見其狀貌問之, 則此邑座首女也. 入縣後招座首問曰:

"汝有女年今幾何?"

對曰:

"有女年二十"

尹曰:

"吾欲聘以爲繼室."

明日仍爲具冠帶, 送綵而成禮, 一宿而歸. 更思之卽一妄擧也. 遞歸
時置而不率來, 不使家人知之.

一日門外喧傳, 夫人行次到門. 二子問於大人曰:

"此何事也."

尹顲蹙曰:

"汝父老妄有如此事矣."

未幾有一弊轎駕牛而來, 下於中門之內. 一女子方面巨口. 於廳上定
坐 呼婢子大叱曰:

"聞汝家有參判承旨兩令監云 斯速入來."

---

15 장작감(匠作監) : 조선 시대의 토목, 건축 등을 담당하던 선공감(善工監)을 가리킨다.
장작감은 고려시대 관청이름이었다. 첨정은 종4품 관직이다.

尹聞之謂二子曰:

"第往觀之."

二人入來 夫人曰:

"具巾服而來."

二人出外具道服而入. 夫人使立於庭中, 自懷中出婚書紙擲于前曰:

"汝輩試見此 旣有此則吾爲汝繼母矣. 汝輩旣是出身, 位至金玉之班 人事如此, 何以事君乎?"

兩人俯伏謝罪, 命使升堂坐, 受其子與婦之拜. 又命修內上房而入處. 過一朔呼伯婦謂曰:

"吾之處上房, 非欲久計, 稱以主母 不知家産之如何矣. 今皆有鞠領, 君可以更爲主饋, 吾則退處越房可也".

仍爲移處.

其後産二子趾仁趾慶, 皆顯達. 尹棄世後, 四子二相二判書, 遞相榮養. 夫人年過八十. 將至屬纊, 四子奉藥泣勸, 夫人曰:

"吾以遐鄕微蹤幸托高門, 以公等誠孝, 一生安樂. 年今八十, 更何衛生耶? 吾有一佅, 幸忝一命之官, 則死將瞑目矣."

四人泣對曰:

"謹當奉教矣."

遂不飮藥而終.

四人執喪盡禮. 對銓長泣傳母氏臨終之言, 果除匠作監.

4. 원호에게 감화되어 개가 않고 절개 지킨 과부

단종이 왕위를 선양한 뒤 영월로 유배간 원호(元昊)는 날마다 관란정[16]으로 나가 동쪽의 행재소[17]가 있는 쪽을 바라보면서 소리를 삼키며 눈물을 흘렸다. 마을에 살던 한 과부가 물가에서 옷을 빨고 있다가 괴이하게 여겨 그 이유를 물었다. 원호는 눈물지으면서

"열녀는 두 지아비를 섬기지 않고 충신은 두 임금을 섬기지 않는다고 하였네. 우리 임금이 이제 영월에 계시므로 나와서 멀리 바라보며 임금을 그리워하는 마음을 풀고 있네."

라고 했다.

그 여자가 울면서

"제가 곧 개가하려 했습니다. 물가에 나와 옷을 빤 것은 그것 때문입니다. 그런데 제가 비록 비천하나 공의 말씀을 들으니 저절로 감동해서 차마 이런 행실은 못하겠습니다."

라고 말했다. 그리고는 눈물을 비 오듯 흘리며 절개를 온전히 지켜 생을 마쳤다.

元昊, 端廟遜國後竄身於寧越, 日出觀瀾亭 東望行在吞聲飮泣, 里中有孀婦浣澼于川邊, 恠問其由. 元昊泫然曰:

"烈女不更二夫, 忠臣不事二君. 吾君方在越中, 故出而展望美之懷".

其女泣曰:

---

16 관란정(觀瀾亭) : 충북 제천에 있는 정자 이름이다.
17 행재소(行在所) : 임금이 궁을 떠나 멀리 나들이할 때 머무르는 곳을 이른다.

"妾將不日改適. 臨流澣衣者, 卽爲此也. 妾雖卑賤, 聞公言, 自然激感不忍爲此行."

遂泣下如雨, 全節而畢生.

5. 102세까지 장수한 김씨

관찰사 이정간[18]은 본관이 전의이다. 어머니 김씨의 나이 102세 때 공의 나이는 80세였는데 색동옷을 입고 재롱을 부렸다.[19] 세종이 특별히 상을 하사하고 장려하였다.

觀察使李貞幹全義人. 母金氏年百二歲, 公年八十爲老萊戲. 世宗特賜褒奬.

---

18 이정간(李貞幹) : 1360~1439. 본관은 전의(全義), 자는 고부(固夫), 시호는 효정(孝靖) 이다. 사헌부의 요직과 내외의 관직을 두루 역임하고 강원도 관찰사로 재임하던 중, 100세의 노모를 봉양하기 위해 사직하고 향리에 은거하면서 노모를 봉양하는 데 전심 전력하였다. 특히 자신도 80세의 노령이면서 100세의 어머니 앞에서는 색동옷을 입고 병아리를 희롱하는 등 출천지효(出天之孝)로 이름을 날렸다. 세종(世宗)도 이 사실을 알고 그의 품계를 정2품으로, 부인을 정대부인(貞大夫人)으로 봉하고 궤장을 하사하는 한편, 친필로 '가전충효 세수인경(家傳忠孝世守仁敬)' 여덟 자를 내렸는데, 이는 뒤에 전의이씨의 가훈이 되었다.

19 노래희(老萊戲) : 중국 춘추시대 초나라의 현인(賢人) 노래자가 70세에 어린아이 옷을 입고 어린애 장난을 하여서 늙은 부모를 위안하고,《노래자(老萊子)》15편을 지었다고 전한다.

6. 103세까지 장수한 채씨

남촌 이거[20]는 벼슬이 참판이었고 본관은 신평이다. 어머니 채씨[21]의 나이는 103세이다.

李南村蘧, 官參判, 新平人. 母蔡氏年百三歲.

7. 문행과 지행지감을 갖추고 102세까지 장수한 허종의 누나

충정공 허종의 누나는 문장을 잘하고 행실이 훌륭했으며 사람을 잘 알아보는 안목이 있었다. 102세까지 살았는데 허종은 모든 중요한 의논이 있으면 반드시 누나에게 물었다. 【〈혜식〉에 나온다.】

許忠貞琮之妹[22]氏, 有文行知鑑. 享年百二歲. 公凡有大議, 必咨之. 【見慧識】.

8. 43세에 아들 낳고 122세까지 장수한 조씨

장수현에 사는 마유량의 아내 조씨[23]는 122세를 살았다. 43세에 아

---

20 이거(李蘧) : 1532~1608. 본관은 신평(新平). 자는 중상(仲尙), 호는 남촌(南村)이다. 1552년 진사시에 합격, 이듬해 친시문과에 병과로 급제하여 승문원장자에 제수, 1561년 예종정랑을 지내고 공조정랑·장령·교리를 거쳐 1603년 한성부우윤·경기감사를 역임하였다.
21 송화현감을 지낸 채년(1454~1511)의 딸이다. 남편은 조광조의 문인이었던 이세순이다.
22 허종의 누나이므로 '姉'로 고쳐야 한다.

들을 낳았는데 이름이 행곤이다. 그의 나이 80세에 관찰사[24]가 임금에게 알려 본도에서 옷과 음식을 내리도록 명령하였다.【중종조】

長水縣民馬惟良妻趙氏, 年百二十二歲. 四十三生子名行坤. 年八十道臣以聞命本道給衣食.【中宗朝】

9. 예양과 비견될 만한 재혼녀 홍씨

이육[25]이 지은《청파극담》[26]에 이른다. 영남에 어떤 무관[27]이 군법을 어기자 세종이 왜인이 보는 곳에서 베어 죽이라고 명령하였다. 그의 아내 홍씨가 죽은 남편의 시체 위에 엎드려 무려 3일 동안 손으로 동강 난 몸을 잇고 절차에 따라 염습하여 장례를 치르고, 그 묘를 3년간 지켰다. 성창산 부원군[28]이 감사가 되어 임금님에게 아뢰어 포상하

---

23 순천의 장수한 할머니로 유명하다. 중종이 장수 비결이 궁금해 김시원이라는 사람 보내 물어보니 물과 소식, 효가 장수 비결이라고 했다는 이야기가 전한다.

24 도신(道臣) : 관찰사를 말한다.

25 이육(李陸) : 1438~1498. 본관은 고성, 자는 방옹, 호는 청파거사 또는 부휴자이다. 아버지는 돈녕부정 이지(李墀)이다. 1464년 세조의 온양행차(溫陽行次) 별시에 장원하여 성균관직강을 제수(除授)받았다. 사헌부 장령, 공조참의, 강원도관찰사, 공조참의, 예조참의, 형조참판, 병조참판을 지냈다. 1476년 명나라 사신의 접대도사로 파견되었으며 1491년 정조사로, 또 1494년 12월에 부고사로 명나라에 파견되었다. 주요 저서로《청파집》,《청파극담》,《철성연방문집》이 있다.

26《청파극담》: 조선 성종 때 청파(靑坡) 이육(李陸, 1438~1498)이 중국에 사신으로 다녀온 견문기를 엮은 책이다. 사대부 익주변의 생활을 가벼운 필치로 그려 놓았다.

27 만호(萬戶) : 무관이란 뜻이다.

28 성희안(成希顔, 1461~1513)을 말한다.

려고 했으나, 아내 홍씨는 이미 재가한 여성이기 때문에 그만두었다. 나는 이렇게 말한다.

"장부에 비한다면, 예양[29]과 같은 사람이 아닌가? 예양은 범씨와 중행씨를 위해서는 죽지 않았지만, 지백을 위해서는 목숨을 바쳤다. 군자가 절의로써 허락한 것이니 홍씨 또한 예양보다 못하지 않다."

李陸所著, 靑坡劇談曰. 嶺南有萬戶犯軍法, 世宗命斬於倭人所見處. 其妻洪氏伏於夫屍, 凡三日手續其斷軆, 斂襲如法, 守墓三年. 成昌山爲監司, 欲上聞褒賞, 以洪乃再嫁女止之. 余曰:

"比之丈夫, 其豫讓之流乎? 不死於范中行, 能死於智伯. 君子以節許之, 洪亦無讓於豫讓矣."

10. 풍수에 밝아 본인의 무덤 자리를 따로 정한 최항의 아내

최항[30]의 호는 태허정이고 본관은 삭녕이다. 세조조에 정란과 좌익의 두 가지 공을 세웠고[31] 벼슬이 영의정에 올랐다. 죽어서 남한산성

---

29 예양(豫讓) : 중국 전국시대의 진나라 의사(義士)이다. 지백(智伯)의 신하로서 지백을 죽인 조양자(趙襄子)에게 보복을 하려다 발각되어 칼로 자결하였다.

30 최항(崔恒) : 1409~1474. 본관은 삭녕. 자는 정보, 호는 태허정(太虛亭)·동량이다. 최충의 증손으로, 할아버지는 최윤문이고, 아버지는 증영의정 최사유이다. 서거정의 자부(姊夫)이다. 1453년 계유정난 때 협찬한 공이 있다 하여 수충위사협찬정난공신(輸忠衛社協贊靖難功臣) 1등에 녹훈되고, 도승지가 되었다. 1467년 좌찬성과 우의정을 거쳐 영의정이 되었다. 18년 동안 집현전관원으로 있으면서 경연관·지제교(知製敎)로서뿐만 아니라, 유교적인 의례·제도를 마련하기 위한 고제연구와 각종 편찬사업에서 주도적인 역할을 하였다.

아래 장사를 지냈다. 그의 부인³²이 장지를 보고 말하기를,

"이곳은 후손이 없을 땅이니 마땅히 묘지를 옮겨야 한다. 그러나 나라에서 예장³³은 감히 옮길 수 없다고 정해놓았으니 나는 마땅히 따로 장사를 지낼 것이다."

라고 하고 마침내 스스로 그 가까운 곳에 무덤 자리를 정하고 죽은 후 따로 장사지냈다. 《회은집》

崔恒號太虛亭, 朔寧人. 世祖朝參靖亂佐翼兩功, 至領相. 死葬于南漢山城下. 其夫人見之曰:

"此是無後之地, 宜改葬. 而國制禮葬不敢遷, 吾宜別葬."

遂自卜於其近地, 而卒乃別葬. 《晦隱集》

11. 80세 홍유손과 결혼해 두 아들을 낳은 여성

홍유손³⁴의 호는 소총이며 본관은 남양이다. 현리 점필재³⁵의 제자이며 남추강,³⁶ 김매월³⁷과 세속을 벗어나 사귀었다. 나이 80세에 아내

---

31 계유정란 때 정난공신이 되었고 세조 즉위 후 좌익공신이 되었다.

32 달성 서씨로 달성부원군에 추증된 서미성(徐彌性, 1383~1431)의 딸이고 서거정(徐居正, 1420~1488)의 누나이다.

33 예장(禮葬) : 예식을 갖추는 장례이다.

34 홍유손 : 1431~1529. 본관은 남양. 자는 여경, 호는 소총·광진자이다. 가세가 청빈하였으나 경(經)·사(史)를 섭렵하고, 방달한 기질에 얽매임이 없었다. 1498년 무오사화 때 제주도에 유배되고 노비가 되었다가 1506년 중종반정으로 풀려나왔다. 저서로《소총유고》가 있다.

35 김종직(金宗直, 1431~1492)을 말한다.

를 구하니 한 처녀가 그 아버지에게 말하기를,

"홍유손은 도를 터득한 사람이니 반드시 백 살까지 살 겁니다. 어진 사람의 아내가 되고 싶습니다."

라고 하고 마침내 홍유손에게 시집가서 아들을 낳았다. 아들의 이름은 지성[38]이며 호는 불정산인이다. 제자백가에 두루 해박하여 세상 사람들에게 알려졌다. 소총은 94세에 죽었고 불정은 나이 70여 세에 또한 천수를 누리고 죽었다. 불정의 아들 이름은 찬천인데 또한 80살까지 살았다. 세종[39] 때부터 인조[40] 때까지 270여 년간 홍씨 삼 대가 살았다고 한다.

洪裕孫號篠叢南陽. 縣吏佔畢門人, 與南秋江, 金梅月爲方外之交. 年八十求室, 有一處女, 謂其父曰:

"洪郎得道者, 必享百歲, 願爲賢者妻."

遂適于洪, 生子. 名志性, 號佛頂山人. 博於百家爲世聞人. 篠叢九十四昇化. 佛頂年七十餘, 亦以壽終. 佛頂子名贊天, 亦八十. 自莊獻王時, 至純孝之時, 二百七十餘年, 洪氏三世云.[41]

---

36 남효온(南孝溫, 1454~1492)을 말한다.
37 김시습(金時習, 1435~1493)을 말한다.
38 홍지성(洪至誠) : 1528~1597. 자는 강중, 호는 불정산인이다. 학문에 깊이 침잠하여 읽지 않은 책이 없었고, 후진을 교육하는 데 온갖 힘을 다하였다. 1597년 정유재란 때 왜병에 의하여 해를 입어 죽었다.
39 장헌왕(莊憲王) : 세종의 시호이다.
40 순효왕(純孝王) : 인조를 말한다.
41 서미주에 "〈처녀〉에 넣어야 한다[當入於處女]."라는 글이 있다.

12. 63세에 아들을 낳은 토정의 아내

토정 이선생[42]의 부인은 63세에 아들을 낳았다. 아들의 이름은 산휘이다.

土亭李先生夫人, 六十三歲, 生男. 名山輝.

13. 기녀 대신 수청을 들게 한 남편의 요구를 거부한 아내

광해군[43] 때 난신[44] 한찬남의 아들 희[45]가 이조 정랑이었을 때였다. 한 미관말직에 있던 사람이 아첨할 생각으로 말하기를,

"우리 이웃에 기생이 있는데 매우 아름다우니 만일 보고 싶으시면 방을 청소하고 데려다 놓겠습니다."

라고 하였다. 한희가 수긍하고 약속을 잡아 그 집에 이르렀는데 그 기생이 마침 다른 곳에 가고 없었다. 그 사람은 초조하여 자신의 아내에게 말하기를,

---

42 이지함(李之菡) : 1517~1578. 자는 형중, 호는 토정, 시호는 문강이다. 본관은 한산으로, 아버지는 치(穉)이고, 어머니는 광산 김씨로 판관 김맹권의 딸이다. 1578년 아산현감에 임명되어 걸인청(乞人廳)을 만드는 등 백성들의 구호에 힘썼으며, 과도한 군역 부담을 줄일 것을 건의하는 소를 올리기도 했다. 1713년에 이조판서에 추증되었다.

43 혼조(昏朝) : 임금이 혼미하여 국사를 잘 다스리지 못하는 조정이라는 뜻으로, 여기서는 광해군의 조정을 이른다.

44 난신(亂臣) : 나라를 어지럽게 하는 신하를 말한다.

45 한희(韓噲) : 1583~1623. 자는 진보. 서성부원군 한확의 6대 손으로, 아버지는 한찬남이다. 인조반정이 일어나자마자 그 아버지는 복주(伏誅)되었으며, 이듬해 아버지의 죄에 연좌되어 주살되었다.

"내가 만약 신의를 잃으면 벼슬길이 막힐 것이오. 당신이 대신 잠자리 시중을 들면 어두운 밤이라 누가 알아보겠소?"
라고 하고 두 번 세 번 간청하였으나 그 아내가 끝내 들어주지 않자 그 사람이 마침내 아내를 안아서 방에 들여놓았다. 그 아내가 소리를 지르고 거부했다. 한희가 돌아가 다른 사람들에게 말하니 그 사람을 쫓아냈다고 한다.

昏朝亂臣韓纘男之子, 曦爲吏郎也. 有一微官, 思有以媚之言:
"吾隣有妓甚美, 如欲眄, 則當掃室邀之."
曦首肯爲期, 至其家, 其妓偶出他. 其人焦燥, 謂其妻曰:
"我若失信, 官路休矣. 君可替寢, 昏夜有誰知之?"
再三懇請, 其妻終不聽, 其人遂擁而納之. 其妻發聲以拒. 曦歸語於人, 其人廢棄云.

14. 중전 유씨의 언문 상소

광해군 임술년(1622)에 중국에 오랑캐의 화가 있었다. 오랑캐가 화친을 맺자고 하자 우리나라는 오랑캐에 미움을 받지 않으려고 아직 명나라에 군사를 보내 돕지 않고 있었다. 이때 중전 유씨가 올린 언문 상소를 요약하면 다음과 같다.

오랑캐가 우리나라와 호의를 맺자는 것은 우리나라를 좋아해서 그런 것이 아닙니다. 우리나라와 명나라가 협력하여 토벌하면 대개 대적할 힘이 분산될 것이 분명하기 때문입니다. 오랑캐가 우리나라를 한없이 유혹하고 있고 우리나라 또한 저들에게 미움을 사지 않기 위해 명나라를 돕지 않고 있습니다. 들으니 모유격[46]이 진강을 회복하고 우리나라에 군대를 청했는데 또한 흔쾌히 허락하지 않았다고 합니다. 혹시 적이 쫓아 나와 명나라 군사를 다 죽이면 우리나라가 천하의 일을 그르치는 것이니 어찌 애석하지 않겠습니까?

주상의 뜻은 명나라에 죄를 짓고 싶지 않으시고 또한 저들 오랑캐에게도 노여움을 받고 싶지 않아 두 가지 모두 온전하게 하고자[47] 하십니다. 천하의 일은 반드시 한 가지에 전념해야지 결코 둘 다 이로운 이치는 없습니다. 부득이 저 오랑캐가 노여움이 더해 사이가 벌어지면 군신 상하가 한 번 죽기를 기약하고 명나라 군대와 함께 싸운다면 비록 흉노를 섬멸하지는 못하더라도 천하의 대의를 잃지 않게 될 것이니 옳지 않습니까?

제가 《춘추》와 《사기》를 보니 이웃 나라에 환란이 있으면 서로 돕지 않는 나라가 없던데 하물며 부모의 나라에 있어서겠습니까? 임진왜란 때 명나라가 우리를 구해준 것을 돌이켜 생각하면 감격의 눈물이 저절로 나옵니다. 옛날 역사를 두루 보아도 송이 금과 화친한 후 마침내 패망하게 되었는데 우리나라가 그 전철을 밟고 있으니 어찌

---

46 모유격 : 1576~1629. 중국 명나라의 장군 모문룡(毛文龍)을 말한다. 명은 1622년 모문룡으로 하여금 빼앗긴 요동지방을 수복하게 했다. 모문룡은 평안도 가도에 진을 치고 조선을 이용하여 후금을 공격하려 했다. 이러한 전략은 후금의 침공을 저지하는 데 어느 정도 효력이 있었으나 점차 조선에 군량을 강요하고 조공 무역에 제금을 매겨 폭리를 취했다. 명의 원숭환에게 살해되었다.
47 양전(兩全) : 두 가지 모두 온전하고 무사하다.

될지 모르겠습니다.

악비[48]는 5백 명의 남은 병사를 거느리고 올출[49]을 크게 쳐부수었고, 사현[50]은 8천 명의 군사를 거느리고 부견(符堅)[51]을 크게 쳐부수었고, 우윤문[52]은 금나라 임금 양(亮)을 크게 쳐부쉈습니다. 우리나라가 비록 힘이 없지만 정병 1만 명은 낼 수 있는데 조정에는 나라를 근심하는 마음이 없고, 변경을 지키는 군영에는 방패같고 성같은 든든한 장수[53]가 없습니다. 주상께서는 분발할 마음이 없으시니 누가 나라를 위해 전쟁터에서 죽으려 하겠습니까? 또한 우리나라가 비록 명나라와 협력해서 토벌한다 할지라도 장수와 병사들은 김경서·강홍립 등을 본받아 반드시 화살 한 발도 쏘지 않을 것입니다. 그러나 변방의 장수들은

---

48 악비(岳飛) : 1103~1141. 자는 붕거(鵬擧)이며 상주 탕음현의 가난한 농민 출신이지만 금(金)나라 군사의 침입으로 북송(北宋)이 멸망할 무렵 의용군에 참전하여 전공을 쌓았다. 무능한 고종과 재상 진회에 의해 살해되었다.

49 올출(兀朮) : 금(金)나라 임금의 이름이다. 태조(太祖)의 넷째 아들인 완안종필(完顔宗弼)의 본명으로, 알철(斡啜) 혹은 알출(斡出)이라고도 한다.

50 사현(謝玄) : ?~388. 자는 환도(幻度), 시호는 헌무(獻武)이다. 사안(謝安)의 조카로, 진(晉)나라 장수이다. 전진(前秦)의 왕 부견(符堅)이 남하하여 진나라에 쳐들어 갈 때에 사안의 명을 받아 사석(謝石)과 더불어 8천 명의 군사로 1백만 대군을 비수(淝水)에서 격파하였다.

51 부견(符堅) : 중국 전진(前秦)의 3대 군주로서 왕맹을 등용하여 부국강병을 이루었으나 왕맹의 충언을 듣지 않고 백 만 군사를 동원하다가 8천의 군사에 불관한 진(晉)의 사현에게 패하여 몰락하였다.

52 우윤문(虞允文) : 송 고종 연간의 정승으로 금의 공세로부터 송나라를 지켜낸 문신. 금의 기세에 밀려 사직이 기울던 때에 채석강의 전투에서 참모 군사란 미미한 직함과 미약한 군사로 금의 백만 대군을 꺾음으로써 사직을 안정시키는 큰 공훈을 세웠다. 이어 과주의 전쟁에서는 금의 장수들이 금의 제왕인 양(亮)의 시달림을 견디지 못해 반란을 일으켜 살해하여 윤문은 요행에 가까운 승리를 얻었다.

53 간성지장(干城之將) : 방패 같고 성 같은 든든한 장수를 말한다.

오랑캐를 토벌하지 못해 저와 같이 화가 나서 반드시 등에 종기가 나서 죽을 것입니다. 바닷길은 왕래가 매우 위험하여 토산물은 비록 싣고 가지 못하나 다만 표문[54]을 가지고 가는 성절사[55]나 동지사[56]는 다 갈 수 있는데 1년이 넘도록 보내지 않고 있으니 3백 년 동안 사대하던 정성이 헛되게 될 것입니다. 사신과 역관들이 싫어하고 꺼리는 것을 어찌 따질 수 있겠습니까.【왕비를 이 책에 넣는 것이 비록 온당하지 않다는 것을 알지만 상소의 뜻이 매우 간절하여 기록한다.】

光海壬戌, 虜構禍於中朝. 通好于我國, 我國不欲見惡於虜, 未嘗助兵於天朝. 中殿柳氏諺書畧曰:

虜賊與我國爲好, 非愛我也. 我與天朝, 協力征討, 則渠之對敵之力分矣. 彼於我國, 無限致誘, 我亦不欲見忤於彼, 不助天朝. 今聞毛游擊恢復鎭江, 請兵于我國, 亦不快諾. 倘賊追逐盡殺, 則我國誤天下事矣, 豈可不惜哉.

上意不欲得罪於天朝, 亦不欲激怒於彼賊, 欲爲兩全. 天下事, 須專於一, 決無兩利之理. 不得已彼賊增怒爲釁, 君臣上下, 期以一死, 與天兵合戰, 雖未滅凶奴, 我不失天下大義, 不其可乎.

---

54 표문(表文) : 외교문서의 하나이다.

55 성절사(聖節使) : 조선시대에 명나라 또는 청나라의 황제와 황후의 생일을 축하하기 위해 보내던 사절 또는 그 사신이다.

56 동지사(冬至使) : 명나라와 청나라에 정기적으로 파견한 사신으로, 동지 절기를 전후하여 보냈으므로 동지사라 한다.

窃見春秋史記, 隣國有患, 莫不相救, 況於父母之國? 追思壬辰天朝救我, 感淚自出矣. 歷觀古事, 宋與金始雖媾和, 終至敗亡, 我國循與轍, 未知何爲也.

岳飛以五百殘兵, 大破兀朮, 謝玄以八千兵, 大破苻堅, 虞允文大破金主亮. 我國雖疲, 精兵一萬, 可以辦出, 而朝廷無憂國之心, 邊鎮乏干城之將. 自上又無奮發之意, 誰能爲國死於戰乎. 且我國雖與天朝協力致討, 將士效金景瑞姜弘立等, 必不發一矢矣. 邊方將帥以不討賊, 如我憤惋, 必疽發背而死矣. 水路往來甚危, 方物雖未載持, 但陪表文而去, 聖節冬至皆可往, 而經年不送, 三百年事大之誠, 歸虛. 使臣譯官之厭避, 何可計乎.[57]【王妃之入於此册, 雖知不可妥, 然疏意甚切, 故錄之.】

15. 강홍립의 아내 소씨[58]

강홍립[59]이 오랑캐에게 항복하고 공을 세운 뒤 오랑캐[60]가 요동성

---

57 서미주에 "이하는 여성의 역사가 아니다[以下非女史]."라는 글이 있다.

58 이 이야기는 강홍립을 다룬 소설 〈강로전〉 중 강홍립과 첩 소씨를 중심으로 한 부분을 가져온 것으로 보인다. 강홍립의 생애를 다룬 〈강로전〉은 이건(李健, 1614~1662)이 언문으로 전하는 것을 번역한 〈강로전〉, 권칙(權侙, 1599~1667)의 〈강로전〉, 《화몽집》 소재 〈강로전〉, 안정복이 편한 것으로 추정되는 《동사잡록》 소재 〈강로전〉, 유한준(俞漢雋, 1731~1811)의 〈강홍립전〉, 국사편찬위원회 소장 〈강로전〉 등 6종의 이본이 남아 있다.

59 강홍립(姜弘立) : 1560~1627. 이조판서 강신(姜紳)의 아들이다. 1618년 명나라의 원군 요청에 따라 오도도원수(五道都元帥)로 1만 3천 여 군사를 이끌고 출정했다가 패하여 후금에 투항해서 포로가 되어 계속 억류되었다. 뒤에 정묘호란 때 후금군과 함께 조선으로 왔다가 역신으로 몰려 관직을 삭탈당하고 죽었으며 이후 복권되었다.

60 〈강로전〉에 의하면 누르하치를 가리킨다.

에서 붙잡아 와 양녀로 삼은 한족 여자 중 젊은 미인을 골라 예를 갖추어 아내로 삼게 했다. 이른바 소학사의 딸로 오랑캐들 사이에서 옥면공주라 불리는 여자였다. 홍립은 흔쾌히 장가들었으며 몹시 사랑하고 아꼈는데 그 손을 잡고 이렇게 자기 이야기를 하곤 했다.

"내가 본국에 있을 때 아내가 죽고 아들도 잃고 노모만 계셨는데 지금은 노모도 돌아가셨을 것 같소. 고개를 들어 천지를 돌아보니 그림자만 위로할 뿐이라 이 늙은이의 마음이 슬프고 또 참담하다오. 그대를 의지하고 따를 테니 나의 깊은 외로움을 위로해주오. 이제 생사를 함께할 사람이 정해졌소."

여자가 눈물을 머금고 답했다.

"연약하고 가냘픈 몸으로 문 앞의 길도 알지 못하다가 하루아침에 붙잡혀 차마 요하를 건넜습니다. 저는 그때 살고 싶은 마음이 없었습니다. 그러나 하늘이 도와 두 아름다운 사람이 만나 오랑캐[61]에게 욕을 당하는 일을 면하고 아내로 그대를 받들게 되었으니 참으로 있을 곳을 얻게 되었어요. 더구나 어르신은 넓은 집에 재물을 쌓아놓고 높고 좋은 관직에 계시니 바람이 이미 이루어졌습니다. 몸을 맡겨[62] 해로하는 것은 제게는 영광스러운 일이지요. 어르신은 오늘의 말씀을 잊지 말아주세요. 저도 감히 평생토록 의리를 저버리지 않겠습니다."

홍립이 그 뜻을 가련하게 여기고 아리따운 여자를 얻은 것을 기뻐

---

61 궁려(窮廬) : 가난한 사람이 사는 집을 가리킨다. 여기서는 흉노가 치고 사는 천막을 가리키는 '궁려(穹廬)'를 잘못 쓴 것으로 보고 오랑캐로 옮겼다.

62 위질(委質) : 이름을 신하의 명부에 쓰고 몸을 맡겨 임금에게 충성한다는 '책명위질(策名委質)'에서 온 말로, 신하가 된다는 뜻이다. 여기서는 시집간다는 뜻으로 쓰였다.

하였다. 홍립은 밤낮으로 함께 술을 마시고 술에 취해 노래하지 않는 때가 없었는데

"인생은 즐기는 것이 중하지 반드시 고국에 있을 필요가 있겠는가?"라고 말하곤 했다.

홍립이 오랑캐를 유인해서 군대를 이끌고 조선으로 돌아오게 되자【한윤[63]에게 속은 것이다.】소씨 여자가 말했다.

"저와 어르신은 만 번 죽을 고비에 만나 함께 했습니다. 그 사랑하는 마음과 은밀한 약속은 신명도 밝히 아실 것입니다. 이제 절 버리고 조선으로 가시면 호랑이 소굴에서 이제 누구를 의지하겠어요? 따라가고 싶지만 부녀자가 군대를 따르는 것은 병법에서 꺼리는 것이라 이러지도 저러지도 못하니 기꺼이 죽음으로 이별하겠습니다."

홍립이 그 허리를 끌어안고 옷소매를 당겨 눈물을 닦아주며 말했다.

"걱정하지 마오. 훗날 화려한 수레[64]로 그대를 맞으리다. 잠시 헤어지는 것이니 너무 슬퍼 마시오."

홍립이 조선에 머물며 돌아오지 않자 소씨 여자가 편지 한 통을 써서 보냈는데 대략 다음과 같았다.

저는 깊은 규방에서 자라 일찍부터 부녀가 지켜야 할 정절을 배웠습니다. 팔자가 박명하고 기구하여 뜻밖에 난리를 만나 누런 먼지 속

---

63 한윤(韓潤) : 이괄과 함께 반란을 일으킨 한명련(韓明璉)의 아들이다. 한명련이 반란을 일으켜 살해되자 후금에 망명, 후금에 투항한 강홍립의 휘하로 들어갔다. 정묘호란 때 조선을 침략하는 데 앞장섰다.

64 휘적(翬翟) : 왕후의 옷이나 왕후의 수레 치장을 말한다.

을 헤매게 되니 눈물도 다하고 왕소군처럼 오랑캐 땅에서 죽을 줄 알았습니다.[65] 그런데 생각지도 않게 죽음 가운데서 어르신을 만났습니다. 고향을 떠난 두 마음은 산과 바다에 맹세하며 금석 같은 굳은 약속을 했습니다. 그러나 참으로 못된 사람[66]【한윤을 가리킨다.】이 우리의 깊은 사랑을 그르치고 일이 마음대로 되지 않아 한 번 헤어진 뒤로 돌아오지 않으시니 그 다정한 목소리가 자나 깨나 귓전을 맴돕니다. 어르신 향한 마음은 물이 동쪽으로 흐르듯 동쪽으로 흘러가고 깊은 정이 얽혀 있으나 하늘에도 하소연할 수가 없습니다. 장부가 기약한 마음은 강철 같고, 저의 진실한 마음도 돌처럼 움직이지 못하나 봉수[67]처럼 다시 만나기 어렵고 나비처럼 훨훨 날아가[68] 보기도 어려울 듯합니다. 천지가 다할 때까지 외로운 몸과 외로운 그림자로 지내다 죽어 혼이 되면 바위[69]를 따라 흩어지고 핏자국은 대나무에 어리겠지요.[70] 죽기 전에는 만날 기약이 없으니 편지를 앞에 두고 목메어 웁니

---

65 청총(靑塚) : 흉노의 왕비였던 왕소군의 무덤을 가리킨다. 왕소군은 전한 효원제 때의 궁녀로 흉녀의 왕비로 시집가서 흉노에서 살았는데 죽은 뒤 그녀의 무덤만 유독 푸르렀다고 한다.

66 탄주거얼(吞舟巨孼) : 권칙의 〈강로전〉에는 '吞舟巨魚'로 되어 있다. 탄주거어는 몹시 나쁜 악인을 말한다.

67 봉수(鳳髓) : 봉의 골수. 아교 같이 잘 붙는 것을 가리킨다. 봉수난합(鳳髓難合)은 아교로도 다시 붙이기 어렵다는 뜻이다. 이규보의 고율시에 "끊긴 거문고 줄 봉의 골수로 이었네[已斷絃還鳳髓連]."라는 구절이 있다.

68 접몽(蝶夢) : 나비 꿈이란 뜻이다. 《장자》의 〈제물론〉에 장주가 꿈에 나비가 되어, 기뻐하며 훨훨 나는 것이 분명 나비였는데 깨고 보니 장주 모습 그대로였는데 장주가 꿈에 나비가 된 것인지, 나비가 꿈에 장주가 된 것인지 알 수 없었다고 한 말이 나오는데 여기서는 소씨가 나비가 되어 꿈에서라도 강홍립을 만나기 어렵다는 뜻으로 보인다.

69 산골(山骨) : 산의 뼈라는 말로 바위를 말한다.

70 혈반상죽(血斑湘竹) : 핏자국이 어린 듯한 상강 가의 대나무을 가리킨다. 상죽(湘竹)은

다. 글로는 이 마음 다 쓸 수가 없군요.

홍립이 편지를 다 읽고 눈물을 쏟으며 미친 듯이 울부짖으며 뛰쳐
나가려 하다가 집의 아이종에게 가로막히자 말했다.

"온 세상 사람이 나를 뭐라고 하겠느냐? 하물며 저 편지에 죽음을
기약한다고 했으니 내 어찌 두꺼운 낯으로 온 세상의 갖은 조롱을
받으며 지하의 외로운 넋을 저버린단 말이냐? 맹세코 죽어서 황천으
로 따라가리라."

그리고 먹을 것을 물리치고 병들어 누웠다. 임종 때 그 아이종에게
말했다.

"착한 사람은 복을 받고 나쁜 사람은 벌을 받는 것은 하늘의 이치
다. 높고 높은 상제께서 세상을 환히 내려다보시니 사람은 속일 수
있어도 하늘은 속일 수 없다."

말을 마치고 세상을 떠났다.

姜弘立之降虜立功後, 虜以遼城所搶漢女之爲養女者, 擇其妙麗, 備
禮妻之. 所謂蘇學士女, 而虜中號爲玉面公主者也. 弘立欣然入贅, 情
愛甚篤, 握手自敍曰:

"吾在本國, 妻亡子失, 惟一老母, 想亦入地. 擧顔宇宙, 形影相吊,
老夫情懷吁亦慘矣. 賴子相從, 慰我幽獨, 死生契活, 從此定矣."

소상강 가의 대나무로 순임금의 두 부인인 아황과 여영이 순임금이 죽은 뒤 눈물을
흘려 대나무에 뿌렸더니 대나무에 얼룩이 생겼다는 데서 나온 말이다.

女含淚而答曰:

"伶俜弱質, 不識門前之路, 一朝被拘, 忍渡遼河之水. 妾於此時, 無意生全. 天與其便, 兩美相合, 免窮廬之羞辱, 奉君子之巾櫛, 得其所哉, 得其所哉. 況見老爺廣廈積金, 高官好爵, 志願已足. 委質偕老, 妾有榮耀. 願老爺毋忘今日之言. 妾不敢負終身之義."

弘立悲憐其意, 喜得佳姬. 靡日靡夜, 相與對酒酣歌曰:

"人生貴行樂, 何必故國爲哉?"

及誘虜引兵東來也【爲韓潤所賣】, 蘇女曰:

"妾與老爺, 相從萬死之中. 歡情密約, 澄在神明. 今若棄妾東行, 豹虎叢中, 將安所依? 雖欲隨往, 婦人從軍, 兵法所忌, 似此兩難, 甘心死別."

弘立就抱其腰, 引袖拭淚曰:

"毋用煩惱. 他日當以翬翟迎之. 一時離別, 莫浪悲也."

弘立留本國不歸, 蘇女手裁一書以送. 畧曰:

妾養在深閨, 早學婦貞. 薄命險釁, 遭亂蒼黃, 行遍黃沙, ○[71]盡青塚. 不料老爺, 萬死相逢. 離鄉去土, 二人懷抱, 誓海盟山, 一約金石. 呑舟巨蘗【指韓潤】, 敗我深歡, 事不從心, 一別無還, 丁寧好音, 寤寐在耳. 向君之誠, 如水東注, 深情縷縷, 難訴九天. 丈夫心期, 一寸剛鐵, 兒女衷腸, 匪石可轉, 鳳髓難合, 蝶夢稀到. 地老天荒, 形單影隻, 惟當魂隨山骨, 血斑湘竹. 不及黃泉, 無相見期, 臨緘嗚咽. 書不盡意.

---

71 권칙의 〈강로전(姜虜傳)〉에는 '淚' 자가 들어 있다.

弘立讀罷, 淚下如雨. 欲狂叫蹶起, 爲家僮所阻. 乃曰:

"擧世之人, 謂我何如? 況彼書中死以爲期, 吾何强顔, 受熏天之羣嘲, 負入地之孤魂也? 誓將下從于泉壤."

逐却食臥病, 臨死語其僮僕曰:

"福善禍淫, 天之道也. 高"上帝, 赫"臨下, 人可欺也, 天不可誣也."
言訖而沒.

해제

《본조여사》의 마지막 항목인 부록에는 15명의 일화가 수록되었다. 앞서 11개의 항목에 포함되지 않는 인물들의 이야기를 부록으로 묶었다. 죽은 전실 부인을 감동시킨 이씨와 부친과 남편, 아들이 모두 높은 벼슬을 지냈으나 검소하게 생활했던 권씨, 단종이 폐위된 뒤 섬기는 마음을 바꾸지 않은 원호에게 감화되어 개가하지 않고 평생 절개를 지킨 과부, 군법을 어겨 참형을 당한 남편의 시신을 잇고 염습하여 장례를 치른 뒤 훗날 개가한 홍씨 등 행실이 남다른 인물들에 대해 기록하였다. 또 계실로서의 처우와 권리를 당당하게 주장하여 자식들의 봉양을 받고 천수를 누린 부인과 기녀 대신 세력가에게 수청을 들라는 남편의 요구를 거부한 아내, 풍수에 밝아서 후손을 볼 수 있는 자리로 자신의 무덤을 정한 최항의 아내는 현명하게 자신의 의지를 관철시킨 인물들이다. 이 항목에는 100세가 넘도록 장수하거나 늦은 나이에 아들을 낳은 여성, 80세가 넘은 홍유손에게 시집가서 아들을 낳은 처녀까지 흔치 않은 수를 누리고 출산을 경험한 여성의 사례들도 담았다.

특히《본조여사》발문 앞뒤에 수록한 중전 유씨의 언문 상소나 강홍립의 첩인 한족 소씨에 대한 일화는 왕가(王家)의 일이거나 조선 여성의 범위를 넘어선 일이다. 그러나 광해군의 외교 정책을 비판하는 중전의 상소와 강홍립의 아내 소씨가 조선으로 돌아간 강홍립에게 영결의 편지를 보낸 일 역시 조선 여성사와 관계된 주목할 만한 일로 부록에 담았다. 여기서《본조여사》의 체제나 범주에 속하지 않은 여성들의 사적도 빠짐없이 남기고자 했던 김상집의 편찬 의식을 엿볼 수 있다.

본조여사 발문

태사공[1]은 이릉[2]의 화를 만나 침침한 방에서 책을 쓴 뒤 그 자서에서 말했다.

"굴원[3]은 쫓겨나 《이소》를 짓고, 좌구명[4]은 실명한 뒤 《국어》를 썼으며, 손자[5]는 다리가 베이는 형을 당하고 《병법》을 논했다. 여불위[6]는 촉에 귀양 가서 세상에 《여람》[7]을 전했고, 한비자[8]는 진나라에 갇혀 있으면서 〈세난〉과 〈고분〉을 썼다. 이 사람들은 모두 마음에 억울함이 맺혀 지나간 일을 서술하고 앞으로 올 것을 생각했다."

이는 내가 일찍이 읽고 외우곤 하던 것이다.

---

1 태사공(太史公) : 전한(前漢) 때 태사령(太史令)을 지낸 사마천(司馬遷, BC. 145~86)을 말한다. 흉노족에 투항한 이릉 장군을 변호하다가 궁형(宮刑)을 당하고 역사서 《사기》를 완성했다.
2 이릉(李陵) : 한 무제 때의 장수이다. 흉노를 정벌하러 갔다가 패배하여 항복하고 거기에 살았다.
3 굴원(屈原) : 전국시대 초나라의 대부이다. 간신의 모함을 받아 간했으나 받아들여지지 않자 멱라수에 빠져 죽었다. 쫓겨난 뒤 장편의 서정시인 《이소(離騷)》를 지었다.
4 좌구명(左丘明) : 노나라의 역사가로 《춘추좌전》 30권을 지었다.
5 손자(孫子) : 손무(孫武). 춘추시대 제나라의 병법가로, 《손자병법》을 지었다.
6 여불위(呂不韋) : 전국시대 조나라의 큰 상인으로 이후 진나라의 재상이 되었다. 《여씨춘추》를 지었다.
7 《여람》 : 《여씨춘추》를 달리 부르는 말이다.
8 한비자(韓非子) : 한비(BC. 280?~233). 전국시대 한(韓)나라의 정치사상가로 법가 사상을 집대성했다. 〈세난(說難)〉, 〈고분(孤憤)〉, 《한비자》를 지었다.

늘그막에 바위와 수풀 사이에 자취를 감추고 자리에 누워 병을 앓곤 했으나 책을 엮는 데 뜻을 두었다. 하늘의 도리와 백성의 떳떳함으로 그만둘 수 없는 것은 삼강오륜 정도뿐이니 사람에게 이것이 없으면 곧 짐승에 불과하다고 생각해왔다.

우리 조선은 절의를 표창하고 높여 집집마다 정려문이 휘황찬란하게 서로 바라보고 있다. 부인의 행실은 남자의 충효보다 어렵다. 세상의 유학자들 중 남성들 가운데 충신과 효자에 대해 잘 아는 사람들은 많지만, 부인의 행실에 대해 잘 아는 사람은 드물다. 그래서 위로는 현모와 절부로부터 아래로는 여종과 첩, 기녀에 이르기까지 그 아름다운 말과 정절과 문장과 지혜를 모두 채록해서 모아 한 책을 만들었다.

그러나 서적을 널리 구해 보지 못하고, 또 대신 써 줄 사람이 없는 것이 한스럽다. 궁벽한 산 속 북쪽 창 아래에서 침침한 눈에 안경을 끼고, 아픈 팔로 붓을 휘두르니 때때로 기침과 울화가 치밀어 올라 아픈 데를 쓸어내리고서야 멈추곤 했다. 이 또한 마음속에 우울함이 맺혀 있어서가 아니겠는가?

무술년(1898) 삼월 사일, 월성 김상집이 농암산중에서 쓰다.

本朝女史跋

太史公遭李陵之禍, 陰室著書, 其自序曰:

"屈原放逐, 著離騷, 左丘失明, 厥有國語, 孫子臏脚, 而論兵法, 不韋遷蜀, 世傳呂覽, 韓非囚秦, 說難孤憤, 此人皆意有所鬱結, 述往事, 思來者."

余嘗誦讀者也. 晚年祕迹巖藪, 伏枕吟病, 有意於編書, 而竊惟天理民彛之所不能已者, 不過曰三綱五常而已. 人而無此, 則乃獸乃禽.

惟我本朝, 表崇節義, 家〃棹楔, 煌耀相望. 然婦人之行, 難於男子之忠孝也. 世之儒者, 能知男子之忠孝者, 多矣, 而至若婦人之行, 則鮮能知之. 故上自賢母節婦, 下至婢妾妓女, 其嘉言貞節, 文詞慧識, 無不採而拾之, 成一册子.

而只恨書籍不廣, 且無代書者. 窮山北牖, 昏眸遮鏡, 病腕揮毫, 時〃痰火上升, 按摩而止, 亦可謂意有所鬱結也否.

戊戌三月四日, 月城金商楫, 書于籠巖山中.

찾아보기

인명

황수연

홍익대학교 초빙교수. 연세대학교 국어국문학과 졸업. 문학박사.
조선 여성의 삶과 역사에 대한 글을 번역하고 연구하고 있다. 「사화의 극복, 여성의 숨은 힘」, 「조선 여성의 공적 발언」, 「《본조여사》 연구」, 「식민지 지식인의 신여성 담론」 등의 논문과 『문자와 권력』(공저), 『재난과 여성』(공저), 『19세기·20세기 초 여성생활사 자료집』(공역) 등의 저서가 있다.

김기림

조선대학교 부교수. 이화여자대학교 국어국문학과 졸업. 문학박사.
역서 『규범』, 『18세기 여성생활사 자료집』(공역), 『19세기 및 20세기 초 여성생활사 자료집』(공역)이 있으며, 「조선 중기 여성의 인적 관계망 고찰–미암일기를 중심으로」, 「노백헌 정재규 시세계 일고찰–애도시를 중심으로」, 「19세기말 20세기초 여성 교훈서의 복수일화와 그 의미」 등의 논문이 있다.

서경희

한신대학교 평화교양대학 부교수. 이화여자대학교 국어국문학과 졸업. 문학박사.
「강빈옥사에 대한 사실과 소문의 길항」, 「조선후기 여성의 개인적 자살에 대한 시선과 그 의미」, 「조선후기 여성의 질병 경험에 대한 기억 서술과 의미」, 「여성이 쓴 한글 제문의 기억 소환 방식과 의미–조승의 남편 제문을 중심으로」 등의 논문과 『18세기 여성생활사 자료집』(공역), 『19세기·20세기 초 여성생활사 자료집』(공역), 『우리 안의 나쁜 여자』(공저) 등의 저서가 있다.

이연순

이화여자대학교 강사. 이화여자대학교 국어국문학과 졸업. 문학박사.
「미암 유희춘의 속몽구 연구」, 「창계 임영의 「日錄」에 나타난 독서기록의 특징」, 「하서
김인후 시에 나타난 鶴의 우의적 표현 연구」, 「해좌 정범조의 百韻詩 고찰」 등의 논문과,
『시대, 작가, 젠더』(공저), 『성재일기-16세기 재지사족의 올곧은 삶과 문화의 기록』(공저)
등의 저서가 있다.

김경미

이화인문과학원 부교수. 이화여자대학교 국어국문학과 졸업. 문학박사.
『소설의 매혹』, 『家와 여성』, 『19세기 소설사의 새로운 모색』, 『임윤지당 평전』, 『플롯의
발견』, 『격정의 문장들』, 『조선의 여성들』(공저) 등의 저서가 있으며, 『금오신화』, 『17세
기 여성생활사 자료집1』(공역), 『완월회맹연 2』(공역), 『19세기 서울의 사랑』(공역), 『심양
장계』(공역), 『여성, 오래전 여행을 꿈꾸다-의유당관북유람일기·호동서락기·서유록』 등
의 옮긴 책이 있다.

본조여사 本朝女史

조선 여성의 숨은 역사

2023년 10월 13일 초판 1쇄 펴냄

편저자 김상집
역주자 황수연·김기림·서경희·이연순·김경미
펴낸이 김흥국
펴낸곳 보고사

책임편집 이순민
표지디자인 오동준

등록 1990년 12월 13일 제6-0429호
주소 경기도 파주시 회동길 337-15 보고사
전화 031-955-9797(대표)
팩스 02-922-6990
메일 bogosabooks@naver.com
http://www.bogosabooks.co.kr

ISBN 979-11-6587-534-3 93910
ⓒ 황수연·김기림·서경희·이연순·김경미, 2023

정가 26,000원